本书为教育部人文社会科学研究规划基金项目
（项目编号：14YJA880032）研究成果

中学教师教育观念的发展研究

李海芳◎著

RESEARCH ON THE DEVELOPMENT OF
MIDDLE SCHOOL TEACHERS' EDUCATIONAL IDEAS

中国社会科学出版社

图书在版编目(CIP)数据

中学教师教育观念的发展研究 / 李海芳著 . —北京：中国社会科学
出版社，2016.6

ISBN 978 – 7 – 5161 – 8343 – 4

Ⅰ.①中… Ⅱ.①李… Ⅲ.①中学教师 – 教育观念 – 研究
Ⅳ.①G632.0

中国版本图书馆 CIP 数据核字(2016)第 133273 号

出 版 人	赵剑英
责任编辑	任　明
责任校对	王　斐
责任印制	李寡寡

出　　版	中国社会科学出版社
社　　址	北京鼓楼西大街甲 158 号
邮　　编	100720
网　　址	http://www.csspw.cn
发 行 部	010 – 84083685
门 市 部	010 – 84029450
经　　销	新华书店及其他书店

印刷装订	北京君升印刷有限公司
版　　次	2016 年 6 月第 1 版
印　　次	2016 年 6 月第 1 次印刷

开　　本	710 × 1000　1/16
印　　张	16
插　　页	2
字　　数	263 千字
定　　价	65.00 元

目　录

绪　论

我们对实在的洞察产生我们科学的美感，它向我们指出哪些问题是合理的、有研究价值的问题。[①]

——迈克尔·波兰尼（Polanyi，M.）

一　研究的缘起

（一）问题的提出

《国家中长期教育改革和发展规划纲要（2010—2020 年）》明确提出，深化教育体制改革，关键是更新教育观念，核心是改革人才培养体制，目的是提高人才培养水平。可见，观念作为行动的先导，在教育改革中具有关键性作用。教育观念作为一个社会心理事实，与中国社会转型背景下的教育实践活动密切相关，是理论界需要深入思考和探究的重要课题。

教师是教育改革过程中的身体力行者，如果教师的教育观念没有实现与教育改革的同步转向，教师本身便会成为教育改革推进的掣肘。"教师作为变革的因素，其重要性不仅体现在教师是改革不可或缺的力量，同时也来自变革的时代导致教师本身也已经成为改革的对象。"[②] 教师教育观念是教师对学校教育实践活动所持的基本观点和看法，是教师文化构成要素的核心。教师教育观念属于教师心理层次的文化内容，直接作用于教育的深层价值取向层面，对教师的教育认知、教育情感及行为意向具有重要影响，教师持有的教育观念直接影响着教师在教育活动中的行为选择。

教师教育观念的发展是教师教育观念内涵的不断更新、演进与丰富的

---

① Polanyi，M.，*Personal Knowledge：Toward a Post - Critical philosophy*，Chicago：University of Chicago Press，1958，p. 26.

② 联合国教科文组织国际教育发展委员会：《教育——财富蕴藏其中》，教育科学出版社 1996 年版，第 75 页。

过程，是教师社会化的重要组成部分，具有一定的规律性。探索教师教育观念的发展规律，对教师教育观念的发展进行有效调控，是教育改革取得成功的前提条件之一。寻求教师教育观念自觉与更新的路径，对教师社会化发展乃至教育改革都具有重要意义。目前，无论是微观的研究转型社会中教育变迁的学术界，还是宏观的政府决策与管理部门，均高度关注有关教师教育观念的研究进展情况。教师教育观念是一种复杂的社会认识现象，其发展规律包括对于群体而言具有普遍意义的发展阶段特征，也包括对于个体而言具有个性化的发展历程，发展机制必然异常复杂。解释教师教育观念的发展现状与趋势，揭示教师教育观念的发展规律，是预测和调控教师教育观念的逻辑前提。

不同阶段的教育面对不同年龄段的学生，具有不同的教育目标，不同阶段的教师的教育观念也具有一定的差异性，研究任何一个阶段的教师教育观念都具有重要的价值。中学阶段的学生处于身心快速成长期，中学阶段也是学生与教师面对面交往频率较高的时期，教师对学生的影响较大，因此，研究中学阶段的教师教育观念发展具有尤为重要的意义。

但是，目前研究者在"如何界定教师教育观念""教师教育观念的内在结构是怎样的"等基本理论问题上还没有形成共识，直接影响了人们对教师教育观念现状的把握和对教师教育观念发展规律的认识，这正是本书的出发点。

(二) 研究的目的

韦伯曾指出，"社会行动是指行动者的主观意义关涉到他人的行为，而且指向其过程的这种行动。社会学的意图就在于对社会行动进行诠释性的理解，并进而对社会行动的过程及结果予以因果性的解释"。[①] 为了揭示教师教育观念的发展机制，本书追本溯源，首先回归教育实践活动的原点，从教育实践活动的结构与过程切入，确立教师教育观念发展研究的内容纬度，即考察教师对教育目的、教育主体、教育客体、教育中介和教育评价的基本观点与看法。同时，运用社会调查揭示中学教师教育观念的现状和发展趋势，运用质的研究方法分析教师个体教育观念的发展历程和影响教师教育观念发展的社会环境，在此基础上，运用社会心理学理论对中

---

① [德] 马克斯·韦伯：《社会学的基本概念》，顾忠华译，广西师范大学出版社 2008 年版，第 3 页。

学教师教育观念发展机制进行解释，并提出中学教师教育观念自觉与更新的可能路径。

研究期待对宏观层面的教育政策制定、中观层面的学校教育管理与教师教育及微观层面的教师个体教育观念自觉与更新具有启示作用。

（三）研究的意义

本书依据交往实践理论和辩证唯物主义认识论对教师教育观念的内涵与结构进行了阐释，并在量的研究与质的研究相结合的基础上，运用社会心理学"个体与环境相互建构"的视角，分析教师社会化过程中教师教育观念的发展机制，探索教师教育观念自觉与更新的可能路径。

在理论方面，研究深化了对教师教育观念基本内涵的理论研究，形成了对教育观念内涵研究与发展研究的基本理论框架，有助于拓展教师教育观念研究的视界，丰富教师教育观念研究的基本理论内涵，完善教师教育观念研究的理论体系，为人们深入认识教师教育观念提供一定的理论依据。同时，研究从教师的日常教育实践活动入手，对教师教育行为背后的教育观念进行描述和解释，力图发现教师在社会变迁过程中如何进行思考与行动，对其他类型的观念研究也具有一定的参考价值。

在实践方面，研究从教育改革需要出发，对教师教育观念发展进行研究具有四点意义：一是为制定教育政策、调控教育观念提供理论依据，突破制约教师教育观念良性发展的社会因素，为教师教育观念自觉与更新提供宏观的社会支持环境；二是为学校教育管理提供思路，通过准确把握教师教育观念的现状与发展趋势，学校可以有针对性地为教师教育观念自觉与更新创设提供中观的社会支持环境；三是为教师教育提供思路，根据教师教育观念的发展现状、发展趋势、发展历程和发展机制，有针对性地选择教育内容和教育方式，使教师教育真正关照到教师的日常教育实践；四是为教师个体教育观念的发展提供理论解释与现实路径，使教师在清晰认识自身教育观念发展脉络的基础上，更好地实现教育观念的自觉与更新。

二　研究的背景

20世纪80年代，国内外逐渐对教师教育观念展开了专门的研究。研究者在阐释教师行为时发现，要想正确解释所获得的教师行为信息，就必须了解教师对教育的基本观点和看法，这是教育观念研究兴起的主要原因。随后，对教师教育观念的研究逐步成为国际教师研究的一个热点。[①]20 世纪 90 年代中期，研究者开始对教师教育观念与教育行为进行比较分析，用教师的教育行为表现特征来检验教师教育观念变革的力度。

（一）教师教育观念研究溯源

不同研究者分别从来源、内容、特征与作用等不同的角度定义教师教育观念，形成了对教师教育观念的不同定义和理解。对教师教育观念的称谓也体现在诸多相近概念的通用与混用中，如教师态度、教师价值观、教师信念、教师理念、教师教育观念、教师内隐理论、教师个人理论等。目前的研究中，大多数研究者在引用英文文献时把 "belief" 翻译为 "观念"，在《教育大百科全书》（第 8 卷）中，胡森等人把 "教师观念和观念系统" 翻译为 "Teachers' Beliefs and Belief Systems"。[②] 有研究者对教师教育观念界定研究作了如下归纳[③]，本书将其进一步扩充，如表绪 –1 所示：

表绪 –1　　　　　　　　　教师教育观念概念界定与解释

分类		研究者	术语	界定与解释
成分角度	认知 知识	Nisbett&Ross（1980）Feinman – Nemser & Remillard（1996）	教师理论和观念（teacher's theories and beliefs）教师概念（teacher's concepts）	教师所拥有的对于物体、人、事件和它们之间关系的丰富的、总体性的认识，这些知识影响着教师的计划、对互动的思考与决策以及教师在教室中的行为
	认知 理解	Goodman（1988）Britzman（1991）Calderhead&Robson（1991）Candinin（1986）	教师视角（teacher perspective）教师头脑中的形象（images）	强调教师对于观念的解释，例如：两个教师也许会表达出类似的关于教学或教育的观念，但选择的教学策略和采取的行动不同，这就说明，实际上是对观念的理解与解释在指导着行为
	行动	Janesick（1977）Tabachnick&Zeichner（1984）	教师视角（teacher perspective）	视角不仅包括教师关于工作的观念（如对于教学工作的目标、对学生、对课程的观念），而且包括教师通过教室里的实际行动赋予这些观念的意义

---

① Nespor, J., "The Role of Beliefs in the Practice of Teaching", *Curriculum Studies.* Vol. 19, No. 4，1987，pp. 317 – 328.

② ［瑞典］T. 胡森编：《教育大百科全书》第 8 卷，张斌贤等译，海南出版社 2006 年版，第 195 页。

③ 胡娟：《幼儿教师的儿童观研究》，博士学位论文，北京师范大学，2002 年。

续表

分类	研究者	术语	界定与解释
具体内容	Porter & Freeman (1986) 辛涛、申继亮 (1999)	教学取向（orientations to teaching）教师教育观念	包括教师关于学生和学习过程的观念、教师关于学校在社会中作用的观念以及教师关于自身、课程、教与学的观念。教师基于对儿童发展和教育的主体性认识而形成的对相关教育现象的基本观点和看法
	庞丽娟，叶子 (2000)	教师教育观念	教育观念是教师基于对儿童发展和教育的认识而形成的基本观点和看法，是进行教育的内在依据和基础，是其在一定的历史文化背景下形成的个人看法①
	王小棉 (2003)	教师的教育观念	教师的教育观念是一个信念系统，对教师在教育工作中的态度、情感和行为的影响支配作用极其明显。教师的教育观念构成了教师教育态度的认知因素②
	鞠玉翠 (2003)	教师个人实践理论	教师个人关于教育的实践理论，等同于教师所持有的教育观念，指教师对教育——学校教育、教育目的、教与学、学生、学科、自己角色和责任等的观念③
特征（个体性、主观性、与实践密切联系）	Clark (1988) Elbaz (1983，1990)	教师的观念预设和内隐理论（beliefs preconceptions and theories）教师个人实践知识与思考（personal practical knowledge and thinking）	主要来自对教师个人经验的概括和抽象，其中夹杂着个人成见和偏见。其作用与教科书或教授讲座笔记的作用完全不一致

比较表绪 - 1 研究，目前关于教育观念概念的界定可以分为三个大类：第一类是从教师作为观念主体对教育的认知和行动角度界定教育观念的内涵。该类别的概念侧重教师对教育过程中物体、人、事件和它们之间特有关系的认识，强调教师个体对观念的理解和解释以及通过实际行动赋予这些观念的意义。第二类是从教育观念所蕴含的具体内容方面界定教师

---

① 庞丽娟、叶子：《论教师教育观念与教育行为的关系》，《教育研究》2000 年第 7 期。

② 王小棉：《论教师隐性教育观念的更新》，《教育研究》2003 年第 8 期。

③ 鞠玉翠：《教师个人实践理论的叙事探究》，博士学位论文，华东师范大学，2003 年，第 4 页。

教育观念的内涵。该类别的概念侧重教师在实践过程中形成的对学生、课程乃至对教育形成的基本观点和看法。就目前的研究内容来看，不同的研究者对于教师教育观念构成内容有不同的研究视角与看法。Pajres 认为教师教育观念包括教师对学校的定位与角色、学生的学习过程、学校课程、教师教法和教师自己认识的观念。① Calderhead, J. 认为教师教育观念包括教师对学习者和学习、学科、教学、教师角色和教师自我的观念。② 辛涛、申继亮认为，教师教育观念包括教育价值观、学生观、人才观、师生观、课程观等。③ 高潇怡、庞丽娟认为，教师教育观念包括对儿童、学习、教学（或者课程）、学科、自我和教师角色的观念。④ 以上各研究虽然立足的视角不同，得出的结论也不完全一致，但都不同程度地关涉教师教育观念的若干基本方面。第三类是从教育观念的实践性出发界定教师教育观念。教师教育观念源于对个人经验的概括，其中夹杂着个人成见和偏见，是教师个人关于教育的实践理论，是教师真正信奉的、在教育实践中体现出来的教育观念，与宏观的教育观念相比更强调个体性与实践性。研究者揭示出教师的教育观念对教育行为具有重要影响。Pajares 指出，教师的教育观念影响教师的认知加工过程，比教师的知识更能影响其教学计划、教学决策和课堂实践。庞丽娟等认为，教师教育观念与教育行为彼此联系，相互影响，教师的教育观念是教育行为的基础和内在依据，对教育行为具有指导作用。⑤

　　以上关于教师教育观念的界定，多数研究者根据不同的理论视角，例如哲学、教育学、心理学、社会学等，对教师教育观念内涵的直接推定，关于教师教育观念内涵与结构缺乏充分的理论论证。还有的研究者则在约定俗成的意义上使用教育观念的概念，径直讨论教师教育观念与教育行为、学生学习、课程改革、教师专业发展等其他现象之间的关系，或论述

---

① Pajares, F., "Teacher's Beliefs and Educational Research: Cleaning up a Messy Construct", *Review of Educational Research*, Vol. 62, No. 3, 1992, pp. 307 – 332.

② Calderhead, J., "Teachers: Beliefs and Knowledge", *Handbook of Educational Psychology*, 1996, pp. 709 – 725.

③ 辛涛、申继亮：《论教师的教育观念》，《北京师范大学学报》（社会科学版）1999 年第 1 期。

④ 高潇怡、庞丽娟：《论教师教育观念的本质和结构》，《社会科学战线》2009 年第 3 期。

⑤ 庞丽娟、叶子：《论教师教育观念与教育行为的关系》，《教育研究》2000 年第 7 期。

教师教育观念的形成与转变。缺乏对教师教育观念的操作化定义，将直接影响对教师教育观念发展规律的诠释性解释和对教师教育观念发展机制的因果性解释。

（二）教师教育观念研究的主要视角

国内外关于教师教育观念的研究，主要有四种视角，从宏观到微观依次为：基于教育改革视角的研究、基于课程改革视角的研究、基于教师专业发展视角的研究和基于学生发展视角的研究。这四种视角紧密相关，其逻辑也正是教师教育观念价值最重要方面的关联。

1. 基于教育改革视角的研究

第一种视角是基于教育改革视角对教师教育观念的研究。罗斯沙（Rosenshine）认为，教师是所有教育改革的动因——教师一方面被期望去扮演促进学校与班级进步的重要角色，但另一方面却被认为是教育改革的阻挠者。教师如果愿意反省与更新自己的教育观念，教师的教育观念对于教育改革而言则可能化阻力为动力。[1] 叶澜认为，新教育观念是新基础教育的灵魂，想要创建新基础教育，首先要认识现有教育实践所蕴含的教育观念，分析造成教育实践落后的观念根源，根据时代发展的要求和教育改革的需要，不断更新教育观念，并用新的教育观念指导和改革既有的教育实践。基础教育阶段教师的教育观念需要明确认识基础教育具有未来性、生命性和社会性，并在此基础上形成新的教育观念、学生观念和教育活动观念。同时，新生成的教育观念必须落实到教育实践活动中，只有通过教育实践活动的改造，才能真正构建起新的基础教育。[2] 王小棉认为，转变教师传统的教育观念，构建起体现时代精神的现代教育观念是推进学校教育改革的首要任务，教师继续教育课程和校本培训要重视现代教育理论的学习，这对于教师内化现代教育理念，转变传统教育观念，从而进一步调整教育态度，改善教育行为具有重要意义。[3]

2. 基于课程改革视角的研究

第二种视角是基于课程改革视角对教师教育观念进行研究。布西斯

---

[1] Rosenshine, B. V., "Synthesis of Research on Explicit Teaching", *Educational Leadership*, No. 53, 1986, pp. 60 - 66.

[2] 叶澜：《更新教育观念，创建面向21世纪的新基础教育》，《中国教育学刊》1998年第2期。

[3] 王小棉：《论教师隐性教育观念的更新》，《教育研究》2003年第8期。

（Bussis）等人研究发现，教师的教育观念直接关系到课程改革的成功与失败，任何课程改革计划想要取得成功，必须先让教师了解和认同课程改革的理念。布西斯选择 60 位教师作为研究对象进行观察，发现教师个体的教育观念与开放、民主的教育理念有差异的教师，在开放的教室中依旧遵循着传统的教育方式，如以教师权威而不是通过民主沟通来解决问题。①

　　基于课程改革视角对教师教育观念研究认为，教师教育观念的变化才是真正的教师变革。反观教育日常实践活动，教师教育观念影响着教师对教学情境的认知、对课程执行的认知、对教学的判断决策和对教学方法的选择应用。在课程改革过程中，只有教师的教育观念实现了更新与变革，教师才能实现真正意义上的变革，进而才有可能引发课堂教学的变革。朱宁波认为，课程改革会对传统的教育教学观念及课程和教学的管理、实施、评价等产生冲击，教师需要提高认识，转变传统教育教学观念，关注学生全面发展和个性化的发展，创造性地理解和使用教材，具有课程意识，掌握课程开发的知识与技能，正确认识和评价并及时调整自己，形成自主、持续的专业成长意识。② 姜美玲通过研究发现，教师教育观念与新课程理念基本一致，但与教学实践具有不一致性。新课程背景下的教师教育观念同时包含着新、旧两套观念系统，具有双重性和矛盾性，教师正处在一个"两难""激荡"的境地，教师观念常以观念系统的形式对教师的决策产生影响，进而影响和改变教师的教育行为。③

　　研究认为，教师教育行为特征体现着课程改革理念转化为自觉行为的程度。霍尔等人提出"关注为本采用模式"（Concerns Based Adoption Model，CBAM），他们认为，课程改革过程中教师的行为会经历"未实施、定向、准备、机械地实施、常规化、精制化、整合及更新"等八个阶段，在每一个阶段，教师会有不同的行为表现特征，根据教师行为特征可以判断教师从课程改革理念转化为课程实施过程中自觉行为的程度，教师的使用水平达到"常规化"，即水平 5 时，改革方案才可认为被教师有

---

　　① Bussis, A. M., & Chittenden, E. A., & Amarel, M, *Beyond Surface Curriculum: An Interview Study of Teachers'Understandings*, Boulder, CO: Westview Press, 1976, p. 84.

　　② 朱宁波：《新课程与教师专业成长》，《教育科学》2004 年第 6 期。

　　③ 姜美玲：《课程改革情境中的教师信念与教学实践：一项叙事探究》，《当代教育科学》2005 年第 10 期。

意识地实施。① 菲尼姆等人认为教师对学校教育的主观认识决定了课堂实际运作情况，教师教育观念影响教师对课程改革的理解和实施。傅道春等人用课堂实录展现新旧课堂中教师行为的现实变化，对新旧课堂中教师行为背后深层次的课程理念、教学理念进行思考，并提出教师教育观念应然状态应与新课程理念要求一致，教师可以在新课堂的教师行为观摩中习得新的行为，形成对新课程实施中教师行为的自觉，进而实现新课程实施中教师从思想到行为的完全转变。②

　　3. 基于教师专业发展视角的研究

　　第三种视角是基于教师专业发展的视角对教师教育观念进行研究。对同一个问题不同的学科有不同的解读视角，教师社会化是社会学的议题，教师专业发展是教育学的议题。③ 研究认为，教师专业发展包含教师的教育观念、知识、能力、专业态度和动机、自我专业发展需要意识等不同侧面。作为教师专业发展的维度之一，教师教育观念是教师对教育、学生以及学习等内容的基本主张与看法，教师教育观念形成之后就具有了一定的稳定性，教师教育观念处于教师专业结构中的较高层次，统摄着教师知识、能力、专业态度和动机、自我专业发展需要和意识等方面。教师教育观念系统的改变是一种较深层次的专业发展。④ 在教师专业化的进程中，促进教师教育观念转变与更新是提高教师素质的前提条件。教育观念的转变是教师专业结构中其他方面发展转变的基础，只有解决了教育观念上的问题，才能解决知识、能力、专业态度等其他方面的问题。在教师专业化的发展历程中，教师需要校正自己头脑中一些陈旧的教育观念，形成适应社会发展需求的新的教育观念。

　　受近现代以来的工业文明和科技文明的浸染，教师专业化成长的"专业化"发生了知识化、学科化、理论化、工具化和技术化变异的情况，有研究者提出教师专业化成长的完整内涵包括三个共存、互流和互动

---

①　Hall，G. & Hord，S. M.，*Changes in Schools：Facilitating the Process*，Albany，NY：SNUY Press. 1987，p. 168.

②　傅道春：《新课程中课堂行为的变化》，首都师范大学出版社 2002 年版，第 28 页。

③　卢乃桂、操太圣：《中国教师的专业发展与变迁》，华东师范大学出版社 2008 年版，第 4 页。

④　叶澜、白益民、王枬、陶志琼：《教师角色与教师发展新探》，教育科学出版社 2001 年版，第 226—232 页。

的系统：观念系统、知识系统和伦理与心理人格系统。其中，观念系统对教师的成长最为重要。教育的实施过程中渗透和体现着教师教育观念，教师教育观念需要在一定的教育场景中进行个人化。一个教师对教育有什么样的理解，就会把这种理解带进自己的教育实践，从而构成一种特殊的教育面貌。教师对教育、德育、课程都具有健康的理念，是教师成功"专业化"的一个非常重要的标志。① 有研究者认为，教师专业发展中的"发展"至少有两重含义：一是指并非具体的运动变化的过程，是指渐进的变化着的动态动势；二是指运动变化过程的"度"或者"水平"，它意味着事物运动变化中所达到的境界或者程度水平。它不能只是一系列规定性的僵化指标，而是渐进中的不同境界、层次或者水平。② 事实上，教师具有合理的教育观念是教师成功实现社会化的标志。

4. 基于学生发展视角的研究

第四种视角是基于学生发展的视角对教师教育观念进行研究。研究认为，教师教育观念是教师从事教育工作的心理背景，它影响着教师的知觉与判断，进而影响教师的课堂行为。③ 教师教育观念对于他们的教育态度和教育行为有显著的影响。研究者越来越关注教师如何认识自己的教学效果以及这种认识与学生学业成绩之间的关系等问题。

林崇德、俞国良等研究者认为，个人教学效能感与一般教学效能感构成了教师的教学效能感，前者指向教师对个体是否有能力完成教学任务和教好学生的信念；后者则反映了教师个体对教与学两者的关系、对学生个人成长与发展过程中教育的作用等方面的判断。研究者运用量化研究进一步指出，教师的个人教学效能感随着教师教龄的增长呈现出上升趋势，而教师的一般教学效能感则随着教龄的增长而显示出下降趋势。教师教学效能感的总体水平与教龄关系不密切，尽管随教龄增长教师教学效能感的总体水平呈现出增长趋势，但变化很小，并不存在显著性。辛涛、申继亮的研究认为，教师的学生观包含宏观层次和微观层次两个方面，前者是教师的学生发展观，表现为教师对学生发展的认识和看法，后者主要是指教师对学生的期望。教师根据学生的社会经济地位、家庭、性别、身体特征等

① 朱小蔓：《谈谈"教师专业化成长"》，《南通师范学院学报》（哲学社会科学版）2001年第1期。

② 杨启亮：《教师专业发展的几个基础性问题》，《教育发展研究》2008年第12期。

③ 林崇德：《教师素质的构成及其培养途径》，《中国教育学刊》1996年第6期。

各种因素综合形成对于学生的期望，教师对学生的期望通过教学过程中的一系列方式，如强化、提问、分组等来影响学生，使学生形成自我角色认知与期望，学生的期望通过行动表现出来，也影响教师的期望。如此，形成一种循环，教师对学生的期望将会对学生的成长与发展产生重要影响。①

（三）教师教育观念研究的趋势

1. 教师教育观念的研究取向：理论研究与实证研究相结合

研究取向上注重理论研究与实证研究相结合，使理论研究和实证研究相互支撑，既关注对教师教育观念的内涵、结构和特点等抽象理论的研究，又注重对不同特质教师教育观念现状的实证性分析，两者相互结合，教师教育观念的理论研究逐步深化，实证研究更加细致与多样，进一步增强了教师教育观念研究的现实指导意义。

2. 教师教育观念的研究内容：宏观研究与微观研究相结合

研究内容上注重宏观研究与微观研究相结合，研究过程中既关注教师教育观念领域中具有一般性、普遍性的问题，如对教师教育观念宏观层面的理性分析，又注重对教师教育观念中具体问题，如教师教育观念形成机制、教师教育观念对学生的影响机制等微观层面的现实分析。两者相互结合可以探求教师教育观念生成与发展的共性特征与个性特质，提升教师教育观念理论研究的实践价值。

3. 教师教育观念的研究方法：量的研究与质的研究相结合

目前，国内主要采取理论思辨研究、量化研究和有限的质的研究方法对教师教育观念进行研究。其中，以理论分析为主的研究多注重演绎分析与价值研究，建构教师教育观念的本质、内容及其与实践之间的关系等，较少对在具体情境下的教师教育行为解释基础之上的教师教育观念进行研究，无法再现教师日常教育实践活动经历，较少探讨教师对自身教育行为的意义解释，致使理论研究的成果难以为教师教育观念的实践转化和教师教育行为改变提供富有成效的规范性指导。而量化研究通常截取特定教育阶段、单一学科的教师，采用问卷调查的方法对教师教育观念进行测量和评价，考察教师教育观念对于学生成长与发展、教师专业化成长、课程改

---

① 辛涛、申继亮：《论教师的教育观念》，《北京师范大学学报》（社会科学版）1999 年第 1 期。

革等方面的影响。

教师教育观念具有个体性、情境性和生成性，这要求采取适切的研究方法。仅仅采用量化研究方法或仅仅采用质的研究方法，都无法把握教师教育观念的整体样态和微观特质。国外关于教师教育观念的研究，日益采用量的研究与质的研究相结合的方法，质的方法使用深度访谈、反思札记、田野札记和录像带等。近年来，国内关于教师教育观念研究出现质的研究转向，采用质的研究方法对教师教育观念展开的研究逐渐增多。

（四）教师教育观念研究的局限

国内外对教师教育观念的研究对改变学生学习，改进课堂教学，推进教育改革，促进教师专业化发展都具有重要的现实意义。国内学者主要以研究教师教育观念本身为主，同时逐步探讨教师教育观念与学生学习、教育行为、课堂教学、教师专业化发展等方面的关系；国外相关研究则较为多元，不仅检验教师教育观念的特点与构成，深入研究教师的教育观念与教育行为、课堂教学、教师专业化发展等方面的关系，同时还考察知识、学生、社会环境等对教师教育观念发展具有影响的外部因素。国内研究的主题在范围上应予以拓展与延伸。

概括来讲，目前关于教师教育观念研究有以下局限：一是缺少在理论观照下对教师教育观念内容维度的研究；二是缺少沿时间维度对教师教育观念诸方面的发展进行综合分析；三是缺少从空间维度上对教师教育观念本身与外部影响因素间相互作用的横向分析。

事实上，教师教育观念内涵丰富，复杂多变，想要整体把握显然需要更为统整周密的研究。要探究教师教育观念的发展机制，首先需要对教师教育观念本身进行结构划分，研究教师教育观念主要维度的变化趋势，从而进一步探究教师教育观念整体的发展阶段特征，并在此基础上探究教师教育观念的发展机制以及教师教育观念自觉与更新的可能路径。

已有研究成果为本书的发挥与创新提供了逻辑前提和合理依据。本书在对相关文献进行梳理分析的基础上，借鉴国内外研究成果与方法，确定了以下研究思路。

三　研究的思路

（一）理论研究与实证研究相结合

事实与理性相互制约，在事实约束理性的同时，理性则是所有学术领域的前导。① 理论并非孤立存在，而是与事实紧密相连、相互影响。在理论与社会事实之间，始终存在相互对话、相互促进、相辅相成的关系。一方面，社会事实鲜活生动，可以为理论的选择提供依据；另一方面，理论具有抽象性和概括性，可以为社会事实提供分析框架，赋予社会事实以意义。理论研究和实证研究相互结合，可以将经验世界和理论世界联系起来，在理论变得更加充实的同时，社会事实所表现的内容也更加有条理。

本书采用理论研究与实证研究相结合的方法。首先，运用交往实践理论和辩证唯物主义认识论对教师教育观念的内涵和结构进行理论阐释，确立教师教育观念发展研究的主要维度；其次，综合运用社会调查和质的研究方法，对教师教育观念的现状、发展趋势和发展历程进行表征；最后，在实证分析的基础上，基于社会心理学的视角，依托教师社会化理论，对教师教育观念的发展机制、自觉与更新给予因果性解释。除此之外，本书的视野还拓展到复杂性思想。

（二）质的研究与量的研究相结合

研究的目的不仅仅能够解释现存事物，也可以在价值判断和实践理性的基础上导引社会和人的未来发展。本书的初衷是为了对教师教育观念的发展规律进行诠释性解释，对教师教育观念的发展机制进行因果性解释，并在此基础上探讨教师教育观念自觉与更新的路径。

"教育问题不是发展的单纯生物的与社会的事实，而是指依据一定的价值观而做出取舍选择的有目的的行为。"② 但是，教师教育观念就像一个"黑匣子"，具有内隐性，作为研究者，如何才能获得内在于教师个体的教育观念，并对其进行描摹和解释，这是研究之初萦绕在笔者脑海中的第一个疑问。有研究者认为，教育观念渗透在教育行为中，判断教师的教育观念，一方面要倾听教师诉说，另一方面要观察其教育行为，教师教育观念的力量会在教育实践中得到体现。③ 通过直接观察教师行为，倾听教师对自己在特定情境下行为的解释，可以获得教师的教育观念。这是本书

---

① ［美］C. 赖特·米尔斯：《社会学的想象力》，陈强、张永强译，生活·读书·新知三联书店 2010 年版，第 222 页。

② ［日］筑波大学教育学研究会：《现代教育学基础》，钟启泉译，上海教育出版社 1986 年版，第 71 页。

③ 叶澜：《更新教育观念，创建面向 21 世纪的新基础教育》，《中国教育学刊》1998 年第 2 期。

重要的转化之一，即从尊重教师个体专业自觉意识与个体自我经验的独特价值出发，观察教师日常教育实践的教育行为，并倾听教师自己对行为的解释，从而获悉教师的教育观念。

同时，研究非学校背景中的教师教育观念则需要运用访谈和调查问卷的形式，让教师或其他人来讨论特定的行为，进而获得教师的教育观念倾向。从技巧上说，通过调查问卷，可以测量特定群体对教育实践活动的普遍认识，通过深度访谈，可以获悉教师对教育实践活动的个体见解。因此，本书选取了量的研究与质的研究两种方法，优势互补，在调查问卷的基础上，选择 7 位教师作为研究对象，采用课堂观察、深度访谈和实物分析等质的研究方法对他们的教育观念发展历程进行深入研究，进一步探究教师教育观念发展历程及其影响因素。两种方法相互结合能够满足研究问题的需要，具有应用于教师教育观念发展研究的适宜性。

（三）研究的理论基础

关于教师教育观念的发展研究，本书借鉴交往实践理论、教师社会化理论和复杂性思想等视角对教师教育观念及其发展进行分析与论证。其中，研究运用交往实践理论从学校教育实践的角度把握教师教育观念的主要维度；运用教师社会化理论从教师习得角色期望和规范的角度来审视教师教育观念的发展；运用复杂性思想分析教师教育观念的特质及教师教育观念自觉与更新方面。

1. 交往实践理论

马克思主义认为，"人的实践活动是一个由多种因素构成的复杂的系统，实践系统内含主体、客体和中介三个基本的子系统。"[①] 作为与社会实践活动相对应的"认识系统的要素十分复杂，但从实体构成的角度看，基本上是三项，即主体、客体和把二者联系起来的中介，它们是认识系统的三个基本的子系统"[②]。交往实践是多极主体间为改造和创造共同的客体而结成交往关系的物质活动，由"主体—中介—客体"与主体际双重关系的统一构成，具有"主体—中介—客体—中介—主体"的相关性模式。[③] 交往作为主体、客体与中介三个要素构成的复杂系统，是交往诸主

① 李淮春编：《马克思主义哲学全书》，中国人民大学出版社 1996 年版，第 631 页。

② 同上书，第 548 页。

③ 任平：《走向交往实践的唯物主义》，人民出版社 2003 年版，第 19 页。

体凭借中介作用于相互联系的客体而结成一定社会关系，从而实现物质、能量、情感、信息的交换和沟通的过程。交往活动蕴含着交往关系，前者是交往的动态表现，后者是交往的静态形式。

（1）交往的要素

"交往主体既是交往活动的操作者、交往结构的创造者，也是交往成果的消费者和返身建构的产物。"① 交往主体具有共在性、异质性和自主性。交往方式首先是一种共在方式，"我们用共同此在这个术语标志这样一种存在：存在者状态上的他人在世界之内就是向这种存在开放的"②。主体具有异质性是交往产生的前提条件。"人们自始至终一直是在异质的情况下发生相互行为。不是异质的个人还原为异质的个人，从而发生相互行为；而是异质始终是在异质的情况下发生相互行为。"③ 人的自主性是交往的自主性，在交往活动中，主体的自主性不仅相对于另一极主体，同时还相对于交往客体与交往中介。

交往客体是主体活动所指向的对象，具有社会性、"合晶性"和开放性。交往客体不是与人无涉的存在物，而是交往中对象性的社会存在，是被纳入交往活动的社会客体，具有社会属性和社会价值。作为多极主体交往的共同的对象化产物，交往客体承受着多极主体的对象性规定，是交往的"合晶"。作为交往的"底片"，交往客体向多极主体开放的同时，也制约和标志着主体间活动的对象化程度、范围与界限。

在交往过程中，交往中介是联系主体和客体所必须借助的工具、手段以及运用这些工具、手段的程序和方法。"在探索的认识中，方法也同样被列为工具，是站在主观方面的手段，主观方面通过它而与客体相关。主体在这种推论中是一端，客体则是另一端，前者通过它的方法而与后者联系在一起。"④ 依据属性的不同，交往中介可分为三类：物质中介、精神中介和语言中介，三者构成具有层次性的中介系统，不同形态的中介各具特点。

（2）交往要素的关联

交往要素的关联包括三个方面，首先是交往主体与交往主体的主体间

① 任平：《走向交往实践的唯物主义》，人民出版社2003年版，第108页。

② ［德］马丁·海德格尔：《存在与时间》，陈嘉映、王庆节译，生活·读书·新知三联书店1987年版，第121页。

③ ［日］横山宁夫：《社会学概论》，毛良鸿等译，上海译文出版社1983年版，第66页。

④ ［德］黑格尔：《逻辑学》（下卷），杨一之译，商务印书馆1976年版，第532页。

关系。交往既不是单纯的主客体关系，也不是单一主体中心论，而是突出多极主体的存在价值、呈现主体与主体以共同的客体为联结的交往图景的主体间关系。即交往具有主体间性。主体间性是对主体间交往的规定，意指主体与主体在交往活动中以"共主体"为中心彼此共同塑造相互间的关系，彼此能使自己的意向为对方所理解以达成意义共享。在交往中，各主体不仅与客体相互制约和相互设定，通过对象化的活动体现自我，而且与另一极主体相互制约和相互设定，通过主体间的关系发展自我。

其次是交往主体与交往客体的主客体关系。"客体意义的映入和主体意义的化出都呈现交往性——与他者发生意义关联关系。"① 交往主体与交往客体是主客体关系，通过主体与客体之间的对象化活动实现主体客体化和客体主体化的双向过程。所谓主体客体化，是主体通过对象化活动将自身的本质力量转化为静止的客观存在，并积淀、凝聚和物化在客体中。"主体客体化造成人的活动成果的体外积累，形成人类积累、交换、传递、继承和发展自己本质力量的特殊方式——社会遗传方式，从而使人类的物质文化与精神文化的成果不会因个体的消失而消失。"② 所谓客体主体化，是客体在主体的共同认识与理解中，从客观对象的存在形式转化为主体生命结构的因素，即客体从自在之物的存在经由主体间交往活动而转化为主体的本质力量。

最后是交往中介作为沟通主客体活动、主体间交往的枢纽。只有人类才进行以中介为凭借的交往活动，中介在主客体交往中与主体之间交往中的传递形式不同，主客体之间交往是借助工具把形式强加给客体，而在主体间的交往中，工具仅作为象征性的传递形式，使一主体领会到另一主体的内在目的的形式。交往中介作为沟通主客体活动和主体间交往的枢纽，首先，具有沟通性。主体只有借助于交往中介的不同性质，无论是物质的、精神的还是语言的，把交往中介作为物质、能量、情感和信息交换的工具，才能实现主体与客体的对象化活动，进而实现主体间的交往。其次，交往中介直接制约着交往方式。交往中介通过改变交往的物质条件、参与塑造交往主体的思维方式和价值观念，作用于交往主体的交往能力和

---

① 任平：《交往实践的哲学：全球化语境中的哲学视域》，云南人民出版社 2003 年版，第258 页。

② 杨耕：《为马克思辩护：对马克思哲学的一种新解读》，北京师范大学出版社 2004 年版，第106 页。

交往主体间、主体与客体间的交往关系，进而更新和发展交往方式。最后，交往中介是衡量交往发展水平的客观标志，交往中介体现着一定发展水平的主客体关系，交往中介本身的复杂程度折射着主客体相互作用的广度和深度，交往中介的每一次进步都标志着人类交往发展到了一个新的水平。

（3）交往的过程

交往活动是交往的动态形式，是交往主体间凭借交往中介以交往客体为作用对象的动态过程，蕴含着主客体关系、主体间关系的双重统一，同时呈现为"主体—中介—客体"与"主体—中介—客体—中介—主体"模式的有机统一（如图绪－1）。

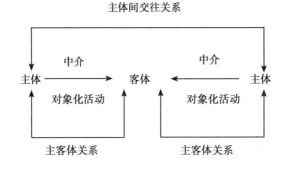

图绪－1　交往结构模式

在交往过程中，主体与客体世界的对象化活动，借由"主体—中介—客体"模式展开，通过主体客体化和客体主体化实现；不同主体凭借中介作用于共同客体的交往活动，通过"主体—中介—客体—中介—主体"模式展开，主体间关系是主体凭借中介作用于共同的客体而进行的相互建构，任何一极主体面对的客体和中介早已处于另一极主体作用的关系之中。主客体关系是主体间关系建立的基础，交往主体通过交往中介作用于交往客体实现着主体间关系的同时又受其制约。

（4）教育是一种特殊形式的交往

教育活动属于交往范畴，但不是一般意义上的交往，而是一种特殊形式的交往活动。首先，从交往对象来看，教育通常是成年人与未成年人之间的交往。虽然在现实教育活动中还存在着教育者与教育者、受教育者与受教育者的交往，但就教育活动本质而言，教育者与受教育者之间的交往仍为现实教育活动的主要形式，而教育者之间、受教育者之间的人际关系的发生受教育活动过程中教育者与受教育者个体规模所左右。可见，教育者与受教育者构成教育过程中最基本的交往主体，教育者与受教育者之间的交往成为教育过程中具有主导性的人际关系。由于受教育者往往是在某些方面未成熟或期待进一步发展的社会个体，这意味着教育交往活动是基于主体之间某种成熟差而形成的一种特殊交往关系。其次，从交往内容来看，教育属于精神交往而非物质交往。哈贝马斯认为，人类的生活世界由客观世界、社会世界和精神世界三部分组成。客观世界是由自然事实和事件构成的实体世界；社会世界是在客观世界基础上建立起来的一个新世界，包括人与人的关系组成的社会网络，如规范、组织、机构等，社会世界的核心是社会规范；精神世界是个人的内心世界，包括个人的内心情感、体验等。完整的交往行为也涉及这三个世界，并产生三种关系：第一，认识主体与客观世界的关系；第二，处于互动中的实践主体与其他主体的关系；第三，主体与其自身及他者的内在本质、主体性之间的关系。教育交往行为与客观世界、社会世界与主观精神世界等生活世界均存在一定关联，但由于教育交往的主要媒介是语言，所以教育交往行为与这三个世界之间的关系并非直接的，而是具有间接性与反思性。教育交往行为的参与者直接参与的仅仅是一个符号世界、一个语言和文化的世界。教育交往的内容主要是一些符号性的知识以及带有明显个人特色的情感与态度，无论是知识还是情感大多是通过言语来表达的。可以说，教育通过言语的对话形式传递的是精神世界的内容。虽然在教育活动中也有实物等作为辅助，如教材和多媒体，但这些实物所传递和指代的内容是知识和精神，而不是其本体意义。可见，教育交往是一种精神交往。最后，从交往性质来看，教育是主体间"双向建构"的交往实践活动。不论是教育者还是受教育者都是一种"未完成"的存在，他们需要建构和完善自身。在教育交往实践活动中，教育者与受教育者通过对教育交往成果的内化，实现了各自精神世界的建构生成，从而实现教学相长。

　　教育活动作为培养人的社会实践活动，本质上是一种人与人之间的特殊交往实践活动，是在一定的教育情境中，教育主体之间凭借教育中介作用于共同的客体而实现的一种以建构受教育者精神世界为目标的主体间交往实践活动。教育主体（教育者与受教育者）、教育客体（教育内容）、教育中介（教育手段和学习手段）是教育活动的基本要素，三者的相互关系构成教育的基本结构。教育活动是教育主客体对象化活动、教育主体间交往活动的有机统一。教育过程包含三个基本环节：教育目的的确立、教育要素的相互作用、教育结果的评价。

2. 教师社会化理论

人的社会化是生物人成长为社会人，并适应社会生活的过程。在此过程中，一方面，个体通过学习逐步内化社会普遍的价值标准；另一方面，透过不同层次的因素，社会环境影响和作用于个体观念、心理和行为。也即，关于社会化可以从两个角度进行分析：从个人角度看，社会化是发展自我的过程，个体通过与他人的相互作用获得某种身份，建立和发展价值观，即心理学视角强调的个体学习并调适群体规范，表现出众人认可的社会行为，并在此过程中充分发掘自己的潜力；从社会角度看，社会化是使个体适应有组织的生活方式并传递该社会文化传统的过程，即社会学视角所强调的个体对文化与社会的适应问题。

费孝通认为，儒家的和谐社会的秩序是有阶层性的，是"差序格局"①。这种具有差序格局及阶层性的社会是靠一套文化机制来建立与维持的。在礼治的社会中，每个人都被赋予了一定的身份与角色，礼是一套社会行为规范，它重视人之社会身份与角色，对于人际交往，从衣饰到举止态度等细节，都具有细致的约束与规范作用。②

每个个体在生命历程中都会经历多次社会化，社会化机构不仅包括宏观的社会文化环境，也包括中观乃至微观的社会组织，如个体生活、学习和工作的正式组织。社会化发生的情境极其复杂，无法逐一分析，但家庭、学校、同辈群体、职业环境等均是几种主要的社会化情境因素。

教师社会化是教师学习其职务及其在专业团体中所经历的过程，包括进入师范前的选择、进入师范后的教育、毕业后的执教和执教中所受社会制度及其他条件的影响。成功的教师社会化表现为教师愿意终身执教。③也有研究者认为，教师的职业社会化是教师通过内化教师职业价值、获取教师职业手段、认同教师职业规范以及形成教师职业性格而不断成为教师的过程，如英国教育社会学家 Lacey, C. 所说的"成为专门教师并逐渐胜任教学中的各种角色的过程"④。这个过程通常分为任教前的预期职业社

---

① 费孝通：《乡土中国》，上海人民出版社 2007 年版，第 22 页。
② 杨国枢：《中国人的心理》，中国人民大学出版社 2012 年版，第 255 页。
③ 顾明远编：《教育大辞典》第 6 卷，上海教育出版社 1992 年版，第 453 页。
④ 吴康宁：《教育社会学》，人民教育出版社 2001 年版，第 214 页。

会化阶段和任教后的继续职业社会化阶段。从时间维度而言，教师专业社会化贯穿教师专业生涯的全过程，从内容维度而言，教师社会化是"人们有选择性地获得他们所属集团或想加入这种集团的流行价值观、观点、兴趣、技巧和知识（总之，文化）的过程"①。教师专业化是指教师在专业团体中，接受专业规范、教师文化及学校环境影响下的角色适应过程，是教师学习并获得专门的知识和能力、形成和表现专业精神的终身动态发展过程。通常，学者们通常把教师专业化过程分为师范教育阶段、教育实习、初任教师及有经验的教师这四个阶段。②

教师的社会化侧重研究教师在社会化过程中如何通过角色适应和角色冲突来调整自己的行为以适应教师专业的价值与规范。如果从教师习得角色期望和规范的角度来看，教师的社会化大致经历：专业角色的确认和适应的探索阶段，专业角色渐进成熟的迅速发展和稳定阶段，专业角色趋于模糊和丧失的停滞、退缩阶段，角色不断调适和继续社会化的持续发展阶段。③ 处于不同发展阶段的教师表现出不同的角色行为特征，能够不断超越自我知识和教学经验局限的教师，将保持动态、开放、持续发展的状态，获得成功的教师社会化。综观 20 世纪 70 年代迄今的研究成果，研究者一致认为教师在不同的生涯发展阶段中，将会具有不同程度的知识、能力和教学技术，并有不同的需求、感受和态度，表现不同的行为和特质，而这些转变会依循一定的模式和形态，呈现可预测的发展阶段。④

但是，教师社会化"显然是一项极其复杂的历程，绝对无法借用单纯的、单一因素的参考框架便能得到充分而周全的理解"⑤。就目前国内外的研究来看，关于教师职业社会化多采用质的研究方法，如传记或自传研究、深度访谈、生活史、档案法和个案研究，主要侧重于不同社会化阶段的划分及对影响各阶段教师社会化的客观因素的分析，对教师社会化内

---

① 中央教育科学研究所比较教育研究室：《简明国际教育百科全书·教学》（下），教育科学出版社 1990 年版，第 51 页。

② 周艳：《教育社会学与教师研究》，华中科技大学出版社 2008 年版，第 7 页。

③ 赵昌木：《教师成长：角色扮演与社会化》，《课程·教材·教法》2004 年第 4 期。

④ 蔡培村：《国民小学教师生涯能力发展之研究》，台湾："国立"高雄师范大学 1994 年版，第 2 页。

⑤ 张人杰：《教师专业化：亟需更深入研究的若干问题》，《比较教育研究》2005 年第 9 期。

容和直接结果的实证研究较少。

教师社会化研究实质是对教师专业社会化阶段特征的研究，教师教育观念的发展是教师社会化的主要内容之一。本书将教师教育观念发展置于教师社会化发展的历程中进行分析，在运用质的研究的同时也进行量的研究，通过实证数据的分析寻求教师教育观念在教师社会化不同阶段的特征与发展趋势，以求揭示教师教育观念发展的普遍规律并加以利用，以引领教师教育观念的自觉与更新，从而获得成功的教师社会化。

3. 复杂性理论

1973 年，埃德加·莫兰最早完整地提出复杂性理论与"复杂性范式"。他认为，复杂性是由不可分离地连接着的异质构成因素交织形成的东西（拉丁词"complexus"意为"交织在一起的东西"），是某种事件、行为、相互作用、反馈作用、决定性、随机性的交织物，呈现出混乱、无序、模糊、不确定性等特点。[1] 他从问题出发，强调复杂性与简单性占有同样重要的本体论地位，并借鉴物理学、生物学等领域的研究成果，探讨了一般科学研究的复杂性方法。埃德加·莫兰的复杂性思想可以理解为一种具有普遍意义的哲学的认识论与方法论。

在《复杂思想：自觉的科学》中，埃德加·莫兰提出，复杂性是辩证法的统一，两重性逻辑构成了复杂性本身。[2] 他将复杂性思维方式的理论体系形容为一个自下而上的三层塔式建筑：下层由信息论、控制论和系统论构成，它们彼此促进、不可分割，是复杂性思想的理论基础；中间层为冯·诺依曼（von Neumann）、冯·弗尔斯特（von Foerster）、阿特朗（Atlan）和普利高津（Prigogine）等人关于自组织的观念与思想；最上层则是他本人提出的两重性逻辑（dialogique）、组织的循环的原则和全息的原则。[3] 他把彼此联系并能解释（物理、生物、人类—社会）世界的复杂

---

① ［法］埃德加·莫兰：《复杂性思想导论》，陈一壮译，华东师范大学出版社 2008 年版，第 7—8 页。

② ［法］埃德加·莫兰：《复杂思想：自觉的科学》，陈一壮译，北京大学出版社 2008 年版，第 170—171 页。

③ ［法］埃德加·莫兰：《论复杂性思维》，《江南大学学报》（人文社会科学版）2006 年第 5 期。

观念形成的原则称为"复杂性范式"①，与传统的思维模式相比较，复杂性范式强调事物的无序性、多样性、随机性与不确定性。埃德加·莫兰认为自组织与主体的能动性同是事物呈现出复杂性的重要因素。

鉴于观念系统具有复杂性，是自主的依赖环境的组织系统，本书中主要运用复杂性思想对教师的教育观念的特质及自觉与更新进行研究。

（四）研究的思路图示

本书秉持理论思辨和实证研究相互验证、互为支撑的理念，依循"三步走"的操作程式进行：第一，运用交往实践理论和辩证唯物主义认识论对教师教育观念的内涵与结构进行论证；第二，运用量的研究和质的研究相结合的方法对教师的教育观念现状、发展趋势及发展历程进行阐释性解释，寻求教师教育观念的发展规律；第三，在实证研究的基础上，运用社会心理学的视角，依托教师社会化理论，对教师教育观念的发展机制进行因果性解释，并进一步借鉴复杂性理论探讨教师教育观念自觉与更新的路径。研究的思路如图绪－2所示。

本书由三大部分组成，共五章。

第一部分由绪论和第一章构成，主要内容为本书的背景、方法与基本理论论证。绪论对问题的研究和背景、思路进行论证。第一章基于交往实践理论和辩证唯物主义认识论对教师教育观念的理论进行阐释，对教师教育观念的内涵与结构进行论证，确立教师教育观念发展研究的五个主要维度。

第二部分为实证研究，共两章。第二章主要基于调查问卷分析中学教师教育观念的现状与发展趋势。第三章主要基于个案研究分析中学教师教育观念的发展历程。

第三部分为理论部分，共两章。第四章从社会心理学角度揭示了中学教师教育观念的发展机制。第五章在前期研究的基础上，探讨中学教师教育观念的自觉与更新。

---

① ［法］埃德加·莫兰：《复杂思想：自觉的科学》，陈一壮译，北京大学出版社2008年版，第266—267页。

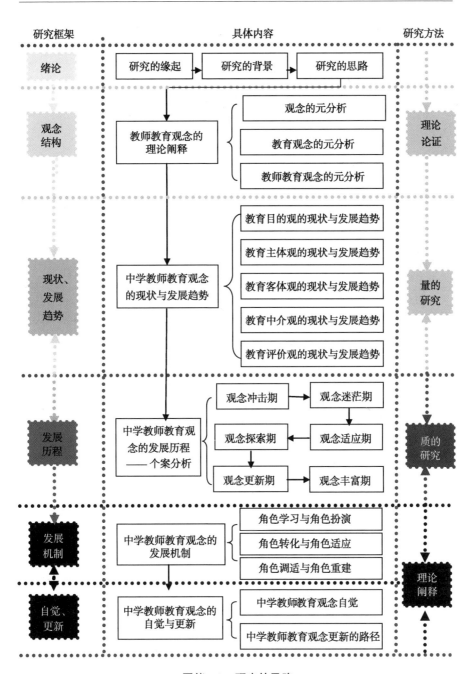

图绪－2　研究的思路

第一章

教师教育观念的理论阐释

"没有价值，我们便不复'生活'，这就是说，没有价值，我们便不复意欲和行动，因为它给我们的意志和行动提供方向。"①

——马克斯·韦伯（Max Weber）

辩证唯物主义认识论认为，观念相对于实践具有第二性。本章据此论证教育观念相对于教育实践活动的第二性，并对教育观念的内涵与结构进行论证，确立教师教育观念发展研究的主要维度。

第一节　观念的元分析

一　观念的内涵解析

"'观念'一词译自古希腊语 idea，通常指思想，有时也指表象或客观事物在人脑中留下的概括的形象。"② 在哲学史上，关于"观念"一词有多种解释。在柏拉图哲学中，"观念"被译为"理念"，指的是永恒不变的真实存在，是具体事物的范本或模型。中世纪经院哲学认为"观念"来自上帝，是现象世界的根据。在近代，许多哲学家在心灵的表象或概念的意义上使用"观念"这一术语，笛卡儿等人主张天赋观念，用观念表示思想的对象，并将观念分为天赋的、外来的与虚构的三种。洛克则反对天赋观念，认为观念源于感觉和反省，认为人们从感觉和反省中获得的经

---

① ［德］马克斯·韦伯：《社会科学方法论》，韩水法等译，中央编译出版社 1999 年版，第 75 页。

② 夏征农编：《辞海》，上海辞书出版社 1999 年版，第 606 页。

验是一种"简单观念",而通过心灵对简单观念的复合可以形成一种"复杂观念",这种经验的人心复合物也就是所谓的"理论",并提出观念的两种表现形式:经验和理论。莱布尼茨认为,观念与真理作为倾向、禀赋、习性或自然的潜在能力存在于人们心中;巴克莱认为,物是观念的集合,观念由心灵产生。

德国古典哲学中,康德把观念看成理性的主观世界自生的"先验概念"。黑格尔将"绝对观念"视为客观存在的永恒不变的精神实体,认为观念是自在自为的真理,是世界的本质与基础。马克思主义哲学则从正确解决物质和意识、存在和思维的关系问题出发,认为观念是对客观现实的反映形式,是客观存在的主观映像。马克思认为,"观念"有三个方面的含义:一是人们的感官直接接受客观事物的刺激而形成的认识;二是人们对客观事物的看法与认识;三是人们对社会存在的反映,包括对社会各种现象的认识、看法而形成的观念以及系统化、理论化的观念形态。

辩证唯物主义认识论揭示出观念相对于实践具有第二性,同时,立足实践揭示观念的能动性,认为,人们在实践活动和认识活动的基础上创造出对象的观念,然后再根据这个观念指导人们的行动,以达到改造和改变客体的目的。观念的内容中除去有关对象、过程等认识外,还包含着活动的实际取向、改变对象、过程等的途径抉择以及相应的目标选定。观念既然是人对客观事物的反映,必然有正确与错误之分。①

本书立足于辩证唯物主义认识论对观念进行界定。观念是人们对客观事物所形成的认识,是客观事物在人的头脑中形成的概括的形象;观念相对于实践而言具有第二性,即观念与实践具有同构性;观念相对于实践具有能动性。

二　观念系统的结构解析

由于人们对客观事物会形成多重的认识,相应产生许多不同的观念聚合在一起就会成为观念系统。观念系统内在于个体,是高度抽象的存在。为了研究的需要,人们常常依据假设对观念系统进行结构划分。Rokeach认为,观念系统中的具体观念具有不同程度的重要性,以"中心—边缘"的结构相互组织;观念系统中越接近中心的观念越难以转变;越是接近中

---

① 李淮春编:《马克思主义哲学全书》,中国人民大学出版社 1996 年版,第 223 页。

心的观念若发生转变，越是会对整个观念系统中的其他观念造成影响。[1]
埃德加·莫兰则认为，"一个观念系统由一群相互关联的观念组成，这些
观念通过一些逻辑关系并根据公理、前提和潜在的组织原则建立连接；系
统在其能力范围内产生一些具有真理价值的陈述，有时也对一些在能力范
围内可能会表现出来的事实和事件做出预言。作为人的精神和世界的中
介，观念系统在自身组织的基础上获得一致性和客观实在性"。[2] 根据研
究需要，本书从以下三个方面对观念系统结构进行解析。

（一）基于与态度相关性的三分法

态度是个体依照一定的判断尺度对一个思考目标做出的反应。态度首
先是结构化的系统，这既包含了对不同事物的各种态度之间的关系，也包
含了对同一事物的几种态度之间的关系。同时，态度还是信念系统，反映
的是并不一定指向某个具体事物的几种态度之间的关系。这些系统与个人
其他的亚系统（包括情感和行为）都有着特殊的关系，通常把这种理解
称为态度的"三成分"：认知的、情感的和意动的。

观念与态度具有高度的相关性，只是观念比态度更宽泛，而且有时态
度是由观念"引发"的。关于态度的三分法同样可以用于观念的划分，
观念系统与态度系统具有相同的结构而且可以用相似的方法来衡量[3]。即
观念也可以进行认知的、情感的和意动的类别划分。

（二）基于与实践同构性的结构解析

实践对认识的基础性作用突出表现在实践结构对认识结构的决定作用
上。人的认识作为人对世界的理论把握方式，是人对世界的实践把握方式
的内化与观念化，它同实践把握方式具有同构性。认识活动是一种理论抽
象活动，是主体以逻辑方式掌握现实的活动。如果离开理论认识活动的现
实基础仅就认识本身来考察认识，就会陷入对认识的抽象化理解。马克思
认为，"关于离开实践的思维是否具有现实性的争论，是一个纯粹经院哲

---

[1] Ambrose, R., "Catalyzing Change in Preservice Teachers' Beliefs: Effects of the Mathematics Early Field Experience", *Paper presented at the annual meeting of the American Educational Research Association*, 2001, pp. 43 – 44.

[2] ［法］埃德加·莫兰：《方法：思想观念》，秦海鹰译，北京大学出版社 2002 年版，第138 页。

[3] ［瑞典］T. 胡森：《教育大百科全书：教育心理学》，西南师范大学出版社 2011 年版，第18 页。

学的问题"。① 只有把"离开实践的思维"变成以实践为基础的思维，在理论和实践的结合上来解决认识问题，才能逃离经院哲学式的讨论，对人类的认识活动做出科学的说明，对认识论的问题做出科学的解答。

人的实践活动区别于动物活动的特点就在于它具有社会性结构。人通过有目的的社会交往活动，建立起自身与外界的关系。实践结构的社会性显示了人的实践的主体能动性特征。人们之间的实践交往关系，主要是以劳动工具、语言符号为中介的，以社会关系为中介的主体客体的实践关系、实践结构表现为"主体—中介—客体"的结构。

实践对认识的基础性作用突出表现在实践结构对认识结构具有的决定作用上。认识结构是主体和客体的关系结构，以主体间的认识交往关系为中介。主体间的认识交往关系，无论是历时性的交往，还是共时性的交往，均是以社会文化为中介的，这些社会文化具体包括语言符号、认知图式等认识交往工具。② 语言符号、认知图式既是主体间认识交往的中介，又是处于认识交往关系中的主体认识客体的中介，以有目的交往关系为中介的主体对客体的认识关系结构也表现为"主体—中介—客体"的三维结构。鉴于观念相对于实践活动的第二性，观念与实践具有同构性。同实践的结构一样，观念也有同样的结构，包含对活动目的、主体、中介、客体和活动结果评价等五个方面的认识。

（三）基于稳定性不同的结构解析

观念系统中既有随社会转型和变迁而变动较快的、较明显的部分，也有在一定时期内较为稳定的、表现为阶段性变化的内容，还有较长时间内表现稳定、变化非常缓慢的内容，如核心价值观念。基于稳定性强弱的不同，可以把观念的结构依次划分为超稳定的观念、稳定的观念、阶段性的观念和变动性的观念四个不同层次。个体观念系统中最为稳定的是社会性格部分，俗称国民性，是观念中最深层的也是最具有动力性的核心部分。观念的四个层次是一个相互影响的过程，外层的变动性观念到内层更稳定的观念是一个逐渐内化的过程。相反，最内层的文化和民族性对于稳定的观念具有支配和控制作用，稳定的观念如价值观等也会影响阶段性观念，

---

① 中共中央马克思恩格斯列宁斯大林著作编译局：《马克思恩格斯选集》第1卷，人民出版社2012年版，第16页。

② 陈晏清等：《马克思主义哲学高级教程》，南开大学出版社2001年版，第313页。

而最外层的变动性观念也会受到最深层观念的影响，但更多会受到最接近的阶段性观念的影响。也即，观念系统由外而内，内在化的过程由快到慢，反过来，由内而外，影响力逐渐减弱。

同时，Green 研究发现，观念系统具有心理重要性、近似逻辑性和组合结构性三个特征。首先，观念系统内部的具体观念依照观念主体的主观认识，即依照心理重要性来组织，观念系统内部存在观念之间的层级关系，有的居于观念系统的中心，有的居于观念系统的边缘；其次，观念系统具有近似逻辑性，观念系统内部没有严密的逻辑结构，具体观念之间可能存在冲突和矛盾；最后，观念系统内部具有一定的结构，具体观念是按组的形式聚合成不同的类别，依据不同的标准可以进行不同的分类。①

三　观念系统的特质

任何观念系统都是既封闭又开放的，是一个具有生态自组织的系统。观念系统的封闭性体现在它通过自我保护来防止退化或抵抗外来的"进攻"，其开放性在于它时刻从外部世界获取养分。

首先，观念系统都具有封闭性。观念系统的内核决定着系统内部具体观念的组织原则，为了保护观念系统的完整性和内在逻辑一致性，它调动免疫机制抑制或摧毁破坏观念系统的观念，同时拒绝与内核自身相抵牾的经验材料。观念系统都是自维护的，它们不仅抵抗一切可能威胁它们存在的事物，也抵抗一切可能破坏它们内在稳定性的事物。观念系统能够用自己的免疫机制来探测和抵制自身的合理化倾向。

其次，观念系统具有生态依赖性，它依赖于所在的经验世界，依赖与世界的交流，通过与现实进行新陈代谢而生存。"一个观念系统具备一定数量的生态自组织特征，这些特征保证观念系统的完整性、同一性、自主性和持续性，使它能够对属于它能力范围之内的经验材料进行新陈代谢、改造和吸收；观念系统在有利的社会环境下可以获得再生，具有坚实性和强大的力量，可以反作用于人们的精神，并奴役人们的精神。"② 观念系

---

① Ambrose, R., "Catalyzing Change in Preservice Teachers' Beliefs: Effects of the Mathematics Early Field Experience", *Paper presented at the annual meeting of the American Educational Research Association*, 2001, pp. 60 – 68.

② ［法］埃德加·莫兰：《方法：思想观念》，秦海鹰译，北京大学出版社 2002 年版，第 148—149 页。

统的生态自组织的开放性使其对教条主义和合理化有一定的抵抗力。

最后，观念系统具有盲目性，几乎不可能对它自己的核心部分进行批判。观念系统的主体需要对观念系统进行元分析，反思观念系统的组织原则、内部具体观念之间的冲突、隐性的教育观念和潜藏的价值判断。这需要观念主体能够认清观念系统及其所处的社会文化环境，向着非理论的、并可能是无法合理化的方式开放，与其他形式的认识建立对话和友好关系。

第二节　教育观念的元分析

一　教育观念的内涵解析

教育涉及每位公民、每个家庭，对于身处社会深刻转型时期的中国人来说，多数人对教育观念这一概念并不陌生。但是，在目前的学术研究界，"教育观念"还是一个被普遍接受但意义含糊的概念。从字面意义上看，"教育观念"一般被理解为"对教育的看法和认识"，自 20 世纪 80 年代以来频频出现在教育界的讨论和大众媒体中。

教育观念是人们在教育实践过程中逐步形成的、对教育的基本认识和看法。有研究者进一步认为，教育观念是指按一定时代的政治、经济、文化发展的要求，反映一定社会群体的意愿，对教育功能、教育对象、人才培养模式、教育体制、教育结构、教育内容、教育过程及方法等根本问题的认识和看法。[1]

有研究者认为，教育观念是基于对教育的各种现象和各个方面的认识所形成的观念以及系统化、理论化了的观念形态。[2] 并进一步指出，并非所有对教育的看法、认识和映像都是教育观念，必须要经由主体的思维加工，上升为理性的认识才成为教育观念；教育观念具有客观性，并非单纯的主观的"心灵的活动"，而是教育这一客观事物在人脑中的能动反映形式。马克思说，"观念的东西不外是移入人的头脑并在人的

---

① 裴娣娜：《对教育观念变革的理性思考》，《教育研究》2001 年第 2 期。

② 郑金洲：《教育观念的世纪变革》，《集美大学学报》2003 年第 3 期。

头脑中的改造过的物质的东西而已。"① 教育观念的表现形式既可以是零散的、不系统的单个观念，也可以是系统化的、理论化了的观念形态，但通常指后者。

"教育观念"与"教育思想"、"教育理念"三者含义较为相近，但仍存在差异。思想与观念有时通用，在英文中都用"idea"表示，"思想"有时英文译作"thought"，指向人的理性认识，反映由感性认识到理性认识的转化过程，与观念中所具有的"系统化、理论化了的观念形态"的含义相近。但是，观念并不仅是理性认识，观念还具有能动性，包含着主体对客体的评价、组织与建构，有着改造客观现实的主体目的性、意向性和价值观念，换言之，观念并不仅停留在对外在事物纯客观的反映和上升为理性认识，而是根据主体的目的和需要去反映客体，并在此基础上通过主体头脑加工而创造出主体所需要的东西。观念与理念在英文中均为"idea"，原意都是"看得见的形象"，并无太大差异。但在中文中，理念更接近于信念，是在理智分析的基础上对某事物形成的稳定的认识。

教育观念与教育理念也存在一定差别，有研究者将教育理念解释为在教育观念基础上形成的信念。本书认为，教育理念属于教育观念，但是是一种更为深刻的教育观念。有研究者指出，西方学者较为强调以知识为基础的教育观念层次的教育信念，教育信念通常与教师认知的有关概念交织，而国内学者多强调以理性、理想为基础的教育理念层次的教育信念，谈及教育观念和教育信念时多用教育理念，并认为教育理念是教师在对教育工作本质理解基础上形成的关于教育的观念和理性信念。②

二　教育观念的分类

教育观念是一个群簇而生的观念系统，同时体现着现实的社会需要和教育主体的价值追求。依据不同的标准可以对教育观念进行不同的分类。本书从教育观念的主体、教育观念内容和教育观念形态三个不同的角度对教育观念进行分类。根据研究需要，可以将各种分类抽取和叠加。

（一）基于教育观念主体的分类

首先，依据教育观念的主体不同，可以将教育观念分为个体的教育观

---

① 《马克思恩格斯选集》第 2 卷，人民出版社 1972 年版，第 217 页。

② 叶澜、白益民、王枬、陶志琼：《教师角色与教师发展新探》，教育科学出版社 2001 年版，第 232 页。

念和群体的教育观念，其中，个体与群体又可以根据特定的人群进一步细分。如可以进一步划分为教师的教育观念、家长的教育观念、学生的教育观念等。其次，依据教育观念内容的系统性不同，可以将教育观念分为分散的观念与系统的观念。将教育观念主体与内容两种分类叠加，则可以把教育观念分为四种类型：一是个体对教育的分散的观念；二是个体对教育的系统的观念；三是群体对教育的分散的观念；四是群体对教育的系统的观念。

（二）基于教育观念内容的分类

教育本身是一个复杂的社会实践活动，涉及众多方面的内容，相应地，人们对教育任何一个方面的内容或任何教育现象的反映和认识，都会形成相应的教育观念。依据教育的内外部关系来划分，可以将教育观念分为指向教育内部的教育活动观念和指向外部的教育与社会关系的观念，前者包括对教育作为一种特殊的实践活动的全部认识，包括对教育目的、教育各要素及其关系、教育结果评价的认识，后者包括教育与社会、政治、经济、文化等各种关系的认识。依据教育承担主体的不同类型，可以将教育分为家庭教育、学校教育和社会教育，相应地，教育观念也可以分为家庭教育观念、学校教育观念和社会教育观念等不同的类型。

（三）基于教育观念形态的分类

有研究者依据教育观念形态的不同，将教育观念分为理论形态、制度形态和社会心理形态三种类型。[1] 不同形态的教育观念，由于其看待教育问题的视角不同，教育主体的价值需要不同，因而呈现出不同的特征。其中，理论形态的教育观念是一种外显观念，一般是成文的有明确的表述形式，主要表现在教育理论者、专家、学者的学说、主张和著作、文章之中，是研究者在研究教育现象时所秉持的一种价值取向，具有理性化和应然性的特点。制度形态的教育观念主要体现在一定时期内国家的教育方针、政策、指导思想等文件中，是国家、政府对教育的正式要求和规定，是一种外显的观念形态，具有主导性、合法性与强制性的特点。社会心理形态的教育观念也是一种社会心理现象，主要体现在社会大众，特别是教师、家长、学生等人群的教育实践当中，仅代表个人价值取向的教育观念，具有感性化与内隐性，对人们的教育行为具有重要影响。

---

① 李召存：《关于教育观念的理论思考》，《教育理论与实践》2002 年第 6 期。

第三节　教师教育观念的元分析

如果仅从语义学上分析，教师教育观念是教师对教育的认识和看法，可以涵盖上述教育观念中各个方面的内容，包括不同类型的教育观念，如教师对教育与外部联系的观念、教师对家庭教育和社会教育的观念等，不一而足。教师教育观念有广义和狭义之分，广义的教师教育观念指向教师对宏观教育的认识和看法，狭义的教师教育观念指向教师对微观教育，即对学校教育的认识和看法。本书中的教师教育观念限定于教师对学校教育活动的认识和看法，具有个体性和实践性，是教师真正信奉的、指导个体教育实践的教育观念。教师作为学校教育活动的主体之一，与学生面对面进行互动，教师关于学校教育活动的观念直接影响教育活动的开展。

教师教育观念是一个复杂的系统，构成内容众多，种类多样。如何认识和把握复杂性事物，埃德加·莫兰提出了"宏大概念"，指出，如同一个原子是一个基本粒子的星系，太阳系是围绕一个恒星构成的星系，同样地，我们需要运用概念的共生互联来进行思维。① "教师教育观念"同样是一个由若干不同的基本观念组成的宏大概念，在这个概念网络中，每一个基本观念都体现着出教师对教育某一方面的看法，它们通过相互补充共同说明教师教育观念的本质。"要素—结构—功能"是系统论分析事物的主要逻辑框架。既然教师教育观念是教师关于教育的基本观点和看法，本书倾向于回归教育的原点，将学校教育作为一个系统，从教育的本质入手，通过分析学校教育活动的过程和教育的构成要素，探究教师教育观念的主要维度。

一　学校教育实践活动的元分析

学校教育活动是一种特殊的交往实践活动，是作为主体的教育者与受教育者以特定的文化资料为作用对象，借助于教育中介而实现的教育主体间双向建构的精神交往活动。教育者、受教育者、教育内容、教育手段和

---

① ［法］埃德加·莫兰：《复杂性思想导论》，陈一壮译，华东师范大学出版社 2008 年版，第 74 页。

学习手段是教育活动的基本要素。① 教育实践过程分三个环节：第一个环节是教育目的的确立；第二个环节是教育者与受教育者通过中介作用于教育内容；第三个环节是教育结果评价。

（一）教育目的的确立

社会交往的首要特征就是其具有自觉性。确立实践目的的过程，是人的意识对客体的预先改造，是主体把自身的内在尺度运用于客体，对客体的自在形式所进行的一种批判性的、否定性的、能动性的反映。实践目的是被主体意识到了的人的需要，是主体对事物价值的自觉追求。

教育作为一种特殊的社会交往活动，教育过程的第一个环节是教育目的的确立。教育目的的确立既是教育运行的初始环节，也是教育运行的内部控制因素，它贯穿和渗透于整个教育过程及其结果之中。教育目的的确立，体现着主观与客观、理想与现实、实然与应然之间的矛盾。

现代学校教育系统自上而下、从宏观到中观再到微观，把社会对教育的要求逐渐内化为受教育者个体的发展需求。在这个过程中，通常会对教育活动结果进行预先规定，即确定教育目的，对培养什么样的人做出规定。根据不同层次的教育需求，教育目的则衍化为具体的教育目标。教育目的对教育活动具有导向作用——对教育活动中诸要素及其相互作用具有导向作用。首先，教育目的对教育者和受教育者双方的活动均具有导向作用，教育目标是对受教育者的培养目标和规格要求，教育者要按照教育目标来组织教学活动，受教育者需要对照教育目标寻求自己与目标的差距并做出努力，教育目的需要通过教育者与受教育者以共同目标的活动来实施和完成。其次，教育目的为遴选教育内容提供了依据和标准，对教育手段和学习手段选择具有调节和制约作用。最后，教育目的还为教育活动的开展效果提供了最基本的评价标准，是进行教育结果评价的最主要依据。

（二）教育活动过程的展开

实践过程的第二个环节是主体通过中介作用于客体。自觉的交往活动是交往主体自觉利用中介的活动，只有凭借交往中介，人的活动才可能是自觉的，同时，只有在自觉的活动中，中介的运用才是必要和可能的。交往是教育活动的根本属性。

教育活动的第二个过程是教育要素的相互作用。教育活动本质上是一

---

① 李德显、李海芳：《论交往视域下的教育要素》，《教育科学》2013 年第 2 期。

种特殊的交往实践活动，是教育者与受教育者以特定的文化资料为作用对象，借助于中介系统而实现教育主体间双向建构的精神交往活动。从交往的视角分析教育的要素及要素间的内在联系，有利于客观、科学地认识教育实践活动的本质。

1. 教育的要素

教育作为一种特殊的交往，与交往具有同构性，其构成要素包括教育主体、教育客体和教育中介三部分。教育活动是"教"与"学"活动的有机统一，前者是教育者作为主体的对象化活动，后者是受教育者作为主体的对象化活动。教育者与受教育者分别通过不同的教育中介作用于共同的教育客体而交集，进而生成主体间的交往活动，实现不同主体的主客体对象化活动与主体间交往活动的统一，即教育者与受教育者分别凭借不同的教育中介作用于共同的教育内容而使教育活动得以完成和实现。

教育主体包括教育者与受教育者。教育者是在教育过程中凭借教育中介对受教育者施加影响的人，受教育者是在教育过程中接受教育影响，并不断自我建构与完善的人。教育者与受教育者具有的共在性、异质性和自主性是教育活动得以产生的前提和基础。

"教育客体是教育活动中教育者与受教育者共同认识、掌握、运用的对象，是教育活动中的纯客体。"[1] 教育客体的主要形式为教育内容，它源于人类文化，但在文化的选择中又有其规定性。教育内容包含的不仅仅是知识，更体现着特定社会的交往结构，即特定的社会关系，这是教育客体社会性的集中表现。

教育中介是联系教育主体与教育客体的媒介，是教育过程中所必须运用的工具、手段以及运用这些工具、手段的方式和方法。教育过程包括"教"和"学"两类相向的活动，两类活动中教育中介的指向相对，作用不同。在"教"的活动中，教育主体凭借教育中介与教育客体"分离"，教育中介的作用在于使教育主体客体化，使主体意义化出；在"学"的活动中，教育主体凭借教育中介与教育客体结合，教育中介的作用在于使教育客体主体化，使客体意义映入。依据教育中介之于教育主体与教育客体的作用性质不同，可将其分为教育手段与学习手段。教育手段是教育过程中教育者实施教育所必须使用的各种工具、手段以及运用这些工具、手

---

[1]　叶澜：《教育概论》，人民教育出版社 2003 年版，第 15 页。

段的方式和方法，其要义是使教育者与教育内容"分离"；学习手段是教育过程中教育主体所必须使用的各种形式的工具、手段以及运用这些工具、手段的方式和方法，其要义是使教育主体与教育内容结合。正是借助于不同指向的教育中介——教育手段和学习手段，教育客体实现了在教育者与受教育者之间的意义迁移与共享。

2. 教育要素的相互关系及教育过程的展开

教育者与受教育者的关系是主体间关系，双方都是具有独立人格的自由主体，平等、独立与自主是双方交往关系建立的前提条件。教育者在认识自我主体性的同时要承认受教育者的主体性，反之亦然。埃德加·莫兰指出："教授人们之间的相互理解作为人类在理智上和道德上相依共存的条件和保障……他人不仅仅是客观地被认识的，而是作为另一个我们可以加以同化和我们可以被同化于他人的主体来认识，在这过程中，ego alter（拉丁文：另一个自我）变成了 alter ego（拉丁文：自我的另一个）。在理解中必然包括移情、同化和投射的过程。相互理解总是主体间的，它需要开放、同情和宽宏。"[①] 在教育过程中，教育者与受教育者的关系是一种完整意义上的交往关系，正是基于这种开放、同情和宽宏的植根于人与人之心灵的交流和对话，才使教育者与受教育者的关系具有深刻的教育意味，指向对主体的价值关怀。

教育主体与教育客体是对象化关系，在教育过程中，教育主体客体化与教育客体主体化是教育主、客体对象化关系的具体体现。"世界处于我们精神的内部，而我们的精神又处于世界的内部。主体和对象在这个过程中彼此是建构者，每一方都在另一方中打开一个缺口。"[②] 在教育主体与教育客体相互作用的过程中，双方都保持着开放性的特征——一方面互为开放，另一方面对于社会保持开放。教育主体借助教育中介作用于教育客体，通过主体客体化和客体主体化的形式促进教育内容在教育主体间的传递与内化，实现对教育内容乃至社会文化的超越。当教育者与受教育者处于交往状态时，教育者通过向受教育传递社会规定的内容，培养和造就受教育者，使受教育者得以在社会生存和发展，同时也促进社会的延续和

---

① ［法］埃德加·莫兰：《复杂性理论与教育问题》，陈一壮译，北京大学出版，2004 年版，第 74—75 页。

② 同上书，第 41 页。

发展。

　　教育手段与学习手段作为教育中介，其沟通性体现在作为中介联结教育主客体活动与教育主体间交往，使教育活动成为可能。不同层次的教育中介在教育活动中具有不同的意义。物质中介是教育活动中物的要素，以教育活动场所、设施、教具和受教育者的学习用具、媒质等形式呈现，是教育活动得以开展的物质基础。精神中介涵盖教育者和受教育者在教育过程中所运用的技巧、策略与方法，它受制于教育者、受教育者的观念与经验，是教育主体进行教育活动方式选择的内在依据。语言中介是教育者与受教育者沟通的主要媒介，通过语言交流，教育者与受教育者在精神层面对社会规范、客观知识及彼此经验达成共识。

　　教育活动是教育者、受教育者、教育内容、教育手段、学习手段五个要素及其相互关系的动态展开，是教育主体的对象化活动和教育主体间交往的有机统一。教育活动过程大体经过如下三个阶段，具体过程模式如图1－1所示：

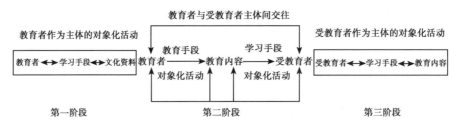

图1－1　教育活动过程模式

　　第一阶段是教育者作为主体的对象化活动。教育者借助学习手段作用于文化内容，是教育者作为主体与教育客体的对象化活动，三要素互动的模式为"教育者↔学习手段↔文化资料"。在此阶段，教育者借助学习手段与文化资料相结合，特定的文化资料作为客体实现了主体化过程。

　　第二阶段是教育者与受教育者主体间交往。教育者与受教育者主体间进行交往的互动模式为"教育者→教育内容→受教育者"。在此阶段，教育内容成为教育者与受教育者共同的对象化产物，教育者通过教育手段与教育内容"分离"，将自身的本质力量转化为现实的客观存在，并积淀、物化在教育内容中，实现了教育者的主体客体化过程。受教育者凭借学习手段与教育内容结合，实现教育内容的客体主体化，即教育内容在受教育者的认识与理解中从客观对象的存在形式转化为受教育者认知结构的因素，进而提升了受教育者主体的本质力量。雅斯贝尔斯认为，"教育是人的灵魂的教育，而非理智知识和认识的堆积。谁要是把自己单纯地局限于学习和认知上，即使他的学习能力非常强，那他的灵魂也是匮乏而不健全的"。[①] 借由主体间交往，教育者的社会本质因受教育者的成长而得到承认和证实，教育者与受教育者凭借教育中介对教育客体取得共识，并在相互理解、共享知识、彼此信任的基础上形成对人类生活世界的意义共享。

第三阶段是受教育者作为主体的对象化活动。受教育者借助学习手段作用于教育内容，其互动模式为"受教育者↔学习手段↔教育内容"，互动的结果是教育内容的客体主体化，受教育者与具有特殊规定性的教育内容相结合。其特殊性体现为教育内容与前一阶段的同质性与关联性，而先前内容的掌握与内化正是受教育者后继对象化活动的基础，后继对象化活动使得受教育者先前内化的教育内容得以巩固和拓展。"认识既不能看作在主体内部结构中预先决定了的——它们起因于有效的和不断的建构；也不能看作在客体的预先存在着的特性中预先决定了的，因为客体只是通过这些内部结构的中介作用才被认识的，并且这些结构还通过把它们结合到更大的范围之中而使它们丰富起来。"[②] 教育内容必须经由受教育者的同化和吸收，才能内化为受教育者自身的力量。受教育者作为主体的对象化活动实现了对自我认知结构、道德水平和情感意识的建构，并获得自我的发展。

从交往视域下审视教育活动，教育过程是在教育者、受教育者、教育内容、教育手段、学习手段五个要素"循环往复"的相互作用中得以展开和实现的，是教育主客体对象化活动、教育主体间交往活动的有机统一。

（三）教育结果评价

实践过程的第三个环节是对实践结果进行评价，这是由交往具有的客观性所决定的。人类交往受限于生产力状况，人类不能自由地选择生产力，它是一种既定的客观存在，在这种情形之下，由于实践中遇到新的情况，会根据需要部分地或全部地改变思想、理论、计划与方案。因此，人

---

① ［德］雅斯贝尔斯：《什么是教育》，邹进译，生活·读书·新知三联书店1991年版，第4页。

② ［瑞士］皮亚杰：《发生认识论原理》，王宪钿译，商务印书馆1985年版，第16页。

类必须对实践结果进行评价，根据实践结果规划后续的实践活动。

对实践效果进行评价涉及多方面的价值判断。实践效果往往具有双重性，这是因为实践效果不仅指实践对某一特定主体的功利性后果，同时还要看对社会和人类来说，这种成功之于目的的合理性。因此，对于实践效果的评价，必须站在历史的高度上，全面地考察其在人类活动中产生的特定的、直接的效果和整体上的、长远的效果，才可能得出正确的结论。

教育过程的第三个环节是对教育结果进行评价。教育评价是人们对教育活动及其结果做出判断和衡量。教育目标是既定的，教育评价要依据教育目标进行，但却不能仅仅停留在与教育目标的简单对照上，更重要的是要指导行动，为教育决策提供参考信息，注重教育评价的反馈作用和对教育活动的调节作用。教育评价具有导向作用，通过评价，可以检验教育过程对教育目标的实现程度；教育评价具有鉴定作用，通过评价，对教育者和受教育者的教学和学习情况做出某种定性、定量的裁定，指明被评价对象的优劣，合格或不合格等评价层级及需要达到的程度。教育评价同时还具有诊断和调节的作用，通过评价，发现在教育、教学和学习过程中存在的问题，并对这些问题进行分析和诊断，寻求存在问题的关键和解决措施，并用于指导和改进教学活动。

实践反馈是提高实践活动效果的重要机制，通过向实践控制系统反馈活动中的信息，可以对实践活动过程进行调整和修正，进而提高实践活动的效果。通过对实践效果的评价，人们对实践活动过程进行再认识，并根据实践反馈重新观照实践活动的目的、方案和手段，并进行相应调整。同样，教育目的、教育要素的相互作用、教育结果的评价三个部分是一个相互既闭合又开放的循环，通过教育结果评价形成的反馈机制将促使教育实践活动不断获得提升。

二 教师教育观念的主要维度

教师教育观念之于学校教育活动具有第二性，也即教师教育观念与学校教育实践活动具有同构性。对应教育实践活动过程的三个环节，教师教育观念的主要维度如下：教育目的观、教育主体观、教育客体观、教育中介观和教育评价观（如表1－1）。

表 1-1 教师教育观念的主要维度

教育过程的三个环节	教师教育观念的对象	教师教育观念的主要维度
教育目的确立	教育目的	教育目的观
教育要素及其相互作用	教育主体	教师观与学生观
	教育客体	课程观
	教育中介	教育手段观与学习手段观
教育结果评价	教育结果评价	教育评价观

本书基于与教育实践具有同构性对教育观念进行分析，并将此作为调查问卷的结构，依据有三点：一是考察教师对教育目的、教育构成要素及其相互间在教育活动过程中的动态关系、教育评价的看法，可以把握教师教育观念的基本方面；二是根据教育的构成要素和教育过程的基本环节寻求教育观念的主要维度，不存在重叠、交叉和基本部分的遗漏；三是据此划分的教育观念的主要维度在概括性或具体性上保持在同一水平。同时，还有三点需要强调：一是研究中选取的若干具体教育观念仅是教师教育观念的主要维度，并未穷尽教师教育观念的所有方面。二是各种具体教育观念并不是孤立的，相反，它们之间存在着内在关联与共同指向，可以将它们整合成一个问题，即教师对教育持有怎样的看法，这个问题又可以进一步分解为具体的相互关联的问题：教育的目的是什么？各教育要素在教育实践活动过程中有何作用？如何评价教育活动的结果？三是教师具体的教育观念在教师社会化过程中处于不断地流变中，他们相互间的关系也是处于动态的联系中，具体的教育观念在教师社会化过程中如何发展是后文的实证研究探讨的主要问题。

（一）教育目的观

教师对教育目的的认识构成了教师的教育目的观，是关于"培养什么样的人"的基本看法。教育目的的制定一方面必须依据社会的政治、经济、文化发展的需要，另一方面也要依据受教育者的身心发展需要，需要符合社会发展和受教育者身心发展的双重需要，并将两者的需要进行有机结合。

与教育目的具有同构性，教育目的观同时蕴含两个方面的价值：一方面是教育对受教育者的价值认识；另一方面是教育对社会的价值认知。如同教育目的对教育活动具有导向作用，教育目的观对于其他方面的教育观念具有统摄作用。在教师教育观念的发展过程中，教育目的观的发展始终统领着其他具体教育观念的发展，各个具体的教育观念相互关联，统一于个体教育观念系统本身的发展。

（二）教育主体观——教师观与学生观

教师对自身的认识构成了教师的自我角色观，即教师观，教师对学生的认识构成了教师的学生观。教师观和学生观是教师对教育活动的主体，即教师和学生在教育过程中两者角色、任务与关系的基本看法。

"人类大部分愉悦都根源于社会生活，个体所体验到的满足感都取决于他人的行动。个体之所以相互交往，是因为他们都会从交往中获益。"[①]教育是教师与学生进行主体间交往的过程，教师与学生同时以教育内容为客体，通过两个向度相对的对象化活动——教师通过教育手段与教育内容相"分离"，实现了教师主体的客体化，即教师自身的本质力量通过对象化活动向教育内容渗透和转化，并积淀、凝聚和物化在教育内容中。同时，学生凭借学习手段与教育内容相"结合"，实现教育内容的客体主体化，通过学生的认识与理解，教育内容从客观对象的存在形式转化为学生的认知结构和本质力量。凭借教育中介，借由教师与教育内容的"分离"，学生与教育内容的"结合"，教师与学生完成了主体间交往，双方在相互理解、共享知识、彼此信任的基础上对教育客体取得共识，对人类生活世界的意义达成共享。

（三）教育客体观——课程观

教师对教育内容的认识构成教师的课程观，是教师对教育客体的基本看法，主要包括课程的内容和价值两个方面。教育内容有广义和狭义之分，广义的教育内容指向人类自在的教育活动的教育内容，囊括人类创造的一切精神文化，狭义的教育内容指向人类自为教育中的教育内容，作为自为教育的教育内容，是经过人们选择和过滤，被认为是符合社会发展需要和个体身心发展需要的优良文化。由于时代不同，社会不同，各个国家选择教育内容渗透着其政治立场、思想观念和特定的时代背景等特征，所以教育内容是被规定的，在一定程度上体现着时代性、政治性和民族性。

具体到学校，教育内容具有一定的结构与形式。德育、智育、体育、

①　［美］彼得·M.布劳：《社会生活中的交换与权利》，李国武译，商务印书馆 2012 年版，第 52—53 页。

美育等是教育内容的内在存在形式，教学计划、教学大纲、教学内容、课程等是其外在存在形式。课程具有培养、提高受教育者达到教育目标所要求的文化素质和思想品质的功能，存在于人身上的德、智、体、美等素质内涵，正是通过具体的教育内容——课程内容或直接或间接作用于学生的结果。在教学过程中，教师对学生知识和技能的掌握，对学生的思维、判断能力的提高及学生良好的态度和品质的培养会有不同的侧重，教师的教育行为体现着教师的课程观念。

（四）教育中介观——教育手段观与学习手段观

教师对教育手段的认识构成了教师的教育手段观，是教师对教育手段的基本看法。教育手段是教育主体在外化教育客体时所必须使用的工具、手段和方法。依据属性的不同，教育手段可分为物质类、精神类与语言类三类，不同属性的教育手段各具特点，在教育活动中具有不同的意义，共同构成多维度的教育手段系统。物质类的教育手段是教育活动中物的要素，以教育活动场所、设施、教具等形式呈现，是教育活动得以开展的物质基础。精神类的教育手段主要指向教师在教育过程中所运用的技巧、策略与方法，它受制于教师与学生的观念与经验，是双方进行教育活动方式选择的内在依据。语言是教师与学生沟通的主要媒介，通过语言交流，双方在精神层面对社会规范、客观知识及彼此经验达成共识。在"教"的活动中，凭借教育手段，教师与教育内容相"分离"，教育手段的功能在于使教师实现客体化，使教师主体的意义化出。

在课堂上，教师如何进行教学设计，如何进行课堂管理，如何通过讲解、提问和指导学生练习完成一系列教学行为，都折射着教师对教育手段的认识。具体而言，教室空间的布局、教学内容的呈现方式、指导学生的用语、课堂管理的手段等都是教师教育手段观的体现。

教师对学生学习手段的认识构成了教师的学习手段观，是教师对学生学习手段的基本看法。学习手段是教育主体在内化教育客体时所必须使用的工具、手段和方法。在"学"的活动中，凭借学习手段，学生与教育客体相"结合"，学习手段的功能在于使教育客体实现主体化，使客体意义映入。依据属性的不同，学习手段可分为三类：物质类、精神类与语言类。物质类学习手段是学习活动中物的要素，是学习活动得以开展的基础，主要包括活动场所设施、学习用具和近现代的学习媒质等。精神类学习手段是教育主体所运用的技巧、策略、方法及其中所蕴含的学习思想和理论，是教育主体进行教育活动的内在依据，通过影响教育主体的认知因素和非认知因素，间接地影响教育的方式。

在课堂上，教师如何引导学生选择学习用具，如何指导学生获取学习资源，如何讲授学习方法，讲授什么样的学习方法等均体现着教师的学习手段观。

（五）教育评价观

教师对教育结果的认识构成了教师的教育评价观，是教师对教育结果评价的基本看法，包括对评价内容、评价方法、评价主体选择的看法等内容。

教师如何看待教育评价对象和范围，评价对象的范围仅限于对学生的学力评价，还是扩展到学生德、智、体等各个方面？教师如何看待评价方法，定量方法一直是教育评价的重要手段，对难以量化的评价领域是否采取定性方法？教师如何看待教育评价的功能，是注重评优劣、分等级、排名次的鉴定功能和选拔功能，还是侧重导向、改进、调节和激励的功能？教师如何看待教育评价的形态，重视总结性评价还是形成性评价？这一切，无不体现着教师的教育评价观。

三　教师教育观念的特质

复杂性思想具有辩证法的色彩，注重在相互对立的事物之间建立连接。两重性逻辑是复杂性思想的重要支柱之一，它把在表象上相互对立、事实上不可分割的两种逻辑统一起来思考复杂事物的特征。在复杂性思想视域下审视教师教育观念，可以超越"非此即彼"的二元对立思维，看到教师教育观念呈现出以下四个方面的特质：统一性与多样性相互依存、有序性与无序性彼此促进、构成性与生成性相辅相成、自主性与依赖性对立统一。

（一）统一性与多样性相互依存

统一性与多样性属于辩证唯物主义中既相互对立又相互联系的一对哲学范畴，前者指向事物作为系统的总体特征和发展趋势，后者指向事物的构成要素、种类及其相互关系等方面的异质性。两者相互依存，彼此规定，通过与对方的比照而获得自身的存在性和意义。辩证唯物主义认为，事物同时具有统一性与多样性的本质，二者是对立与统一的关系：统一性是多样性的统一，多样性是统一性的多样。利用事物的统一性，我们可以从客观世界中发现规律，利用事物的多样性，我们可以比较不同事物之间的差异。

埃德加·莫兰将统一性与多样性作为看待复杂事物的一种思维方法，提出运用"多样性统一"（Unital multiplex）原则来理解复杂事物，认为"系统的统一性需要多样性，维护并保持多样性，甚至在系统的统一中创造和发展多样性；反之，多样性也创造并发展了系统的统一性"。[①]在他看来，复杂对象的基础或根源是多方面的，应该从多中心、多维度或多元决定论的角度来分析事物的存在，而非片面认识和研究事物。复杂性意味着丰富的多样性和统一性的相互依存，彼此制约。他对追求普遍性而排除局部性、随机性及特殊性等偶然因素的普遍性原则持批判态度，认为在承认普遍性原则具有合理性的同时，必须在认识中增补局部性、特殊性等复杂性范式的理解原则，并且提出应当以策略的方式来取代传统固有的程序模式。策略的整个过程可能包含了观察、模拟以及依据现状变化调整行动的诸多因素，具有随机应变性，可以根据事物的变化进行相应动态的调整。

教师教育观念的内容复杂性是教师教育观念复杂性中最基础的部分，也是考察教师教育观念是否具有统一性与多样性的逻辑出发点。教师教育观念的内容复杂性包括构成复杂性和类别复杂性，构成复杂性是指教师教育观念构成要素的复杂性，类别复杂性是指教师教育观念构成要素的多样性。教师教育观念构成要素众多，这些构成要素具有异质性，依据不同标准又可以进行不同分类，于是教师教育观念构成与分类同时呈现出多样性的特质，这引发了对教师教育观念的认识复杂性。

教师教育观念是统一性与多样性相互依存的复合体：从整体的角度看，教师教育观念作为一个系统是一致的和单一的；从构成要素的角度看，教师教育观念是不一致的和多样的。它的统一性来自其构成要素的数量、种类及其相互间关系的多样性，这些多样性在教师教育观念系统内部不断生成与变化的同时，也在创造和发展着教师教育观念的统一性。教师教育观念虽然可以划分为各构成要素，但是教师教育观念整体与各构成要素相互包含。对教师教育观念构成要素的认识能够丰富对其整体的认识，

---

① ［法］埃德加·莫兰：《方法：天然之天性》，吴泓缈、冯学俊译，北京大学出版社2002年版，第97—98页。

这是教师教育观念多样性对统一性的促进，同时，对教师教育观念整体性质的认识又能加深对具体构成要素的认识，这是统一性对多样性的促进。正是通过对教师教育观念具体构成要素的多样性和教师教育观念整体统一性认识的不断循环，我们可以逐步获得对教师教育观念更加深刻和完整的认识。

传统的简单化思维容易将教师教育观念具有的统一性与多样性二者对立，以致走向两个极端：一个极端是对教师教育观念进行化简，认为教师教育观念是一个无法分割的整体，对教师教育观念认识过于笼统，只看到其统一性；另一个极端是对教师教育观念整体进行截然分割，只看到其构成要素的多样性，看不到构成要素之间以及构成要素与整体之间的关联，似乎教师教育观念构成要素之间没有关联，与教师教育观念系统整体没有联系，认为教师教育观念是个芜杂的系统，无法把握。

其实，教师教育观念各个构成要素虽然具有多样性，彼此相对独立，不可相互划归，但同时它们又相互依赖和制约，具有不可分割性，教师教育观念具有的多样性不能取代其统一性。若只看到具体的教育观念，看不到它与其他教育观念、与教育观念系统的联系，将使得具体的教育观念孤立于它所处的系统和系统构成要素间的联系之外，无法被完整地认识。教师教育观念具有统一性与多样性相互依存的特点提示我们要运用共生互联的观点看待教师教育观念，在看到教师教育观念整体的同时要看到具体的教育观念，在看到教师教育观念具有统一性的同时要看到教师教育观念具有多样性，统一性与多样性相互依存的教师教育观念才是合乎现实的教育观念。

（二）有序性与无序性彼此促进

序是事物的结构形式，指事物或系统组成诸要素之间的相互联系。有序指的是物质的系统结构或运动是确定的、有规则的。当事物组成要素具有某种约束性、呈现某种规律时，称该事物或系统是有序的。当事物组成要素的相互联系、相互作用不明显，无规则的混乱状态或独立性占主导地位时，称该事物或系统是无序的。[①]《现代汉语规范词典》中，"有序指事物之间或事物内部在排列组合、运动、转化等方面具有一定规则和秩序；

---

① 夏征农编：《辞海》，上海辞书出版社 1999 年版，第 1691 页。

无序指没有次序，没有规则。"① 也就是说，有序强调事物的规则与秩序；而无序强调自然界、人和客观现象所表现出的无规律、无秩序、不平衡以及不协调的状态。从认识论的角度讲，有序的事物易于被人们了解和掌控，无序的事物则相对地难以被人们认知和把握。

"有序"与"无序"貌似是两个二元对立的概念，前者指向事物的稳定性、规则性、必然性、确定性及事物间的相关性和统一性，后者指向世界的变动性、不规则性、偶然性、不确定性及事物间的独立性和离散性，两者貌似无法同时存在。但是，埃德加·莫兰颠覆了人们对有序与无序的传统认识，他分析了自然的水流与漩涡、宇宙的爆炸与新生、生命的遗传与进化、人类发展史的混乱与规律等普遍现象，提出要将有序与无序的概念彼此联系起来，并进一步区分了有序与无序在事物现象层次、本质层次和引申层次的不同表现②（如表1－2）。

表1－2　　　　　　　　有序与无序在事物不同层次的表现

思考层面	第一层次：现象层次	第二层次：本质层次	第三层次：引申层次
有序	规律性、稳定性、不变性和重复性	约束、规定性和必然性	理性、和谐、逻辑规律一致性
无序	不稳定性、易变、无规律性、动荡、耗散及不可预测性	随机性和偶然性	不协调、不合理、不可判定性

埃德加·莫兰引用古希腊哲学家赫拉克利特的名言"依靠死亡而生，由于生存而死"的名言来解释有序与无序的辩证关系。他批判了简单的决定论，"一个严格的决定论的宇宙是一个只有有序性的宇宙，在那里没有变化、没有革新、没有创造。而一个只有无序性的宇宙将不能形成任何组织，因此将不能保持新生事物，从而不适合于进化和发展。一个绝对被决定的世界和一个绝对随机的世界都是片面的和残缺的，前者不能进化而后者甚至不能产生"。③ 他指出，在一个愈益复杂化的事物的内部，有序性与无序性彼此促进，两者同时具有本体论的地位，它们在维持事物的存

---

① 李行健编：《现代汉语规范词典》，外语教学与研究出版社2004年版，第1377页，第1590页。

② ［法］埃德加·莫兰：《复杂思想：自觉的科学》，陈一壮译，北京大学出版社2008年版，第164—166页。

③ ［法］埃德加·莫兰：《方法：天然之天性》，吴泓缈、冯学俊译，北京大学出版社2002年版，第159页。

在与发展过程中发挥着双义性的作用：有序性维持着事物的稳定存在，阻止事物变化产生新质，具有保守性；无序性破坏事物的稳定存在，为事物的发展创造机遇和条件。正是有序性与无序性的互动构成了事物具有自主性的基础。"即有序与无序是一个相对且不断发生关系的概念，应该将有序与无序的概念连接起来进行思考。尽管这一对概念的内核中具有逻辑复杂性，但必须在有序中看到无序，在无序中看到有序。① 莫兰同时认为这对概念是同一的、互补的、竞争的及对抗的关系。在这种关系的演变中，形成一种有序与无序互动的四元组织结构（图）。"如图 1 - 2 所示：

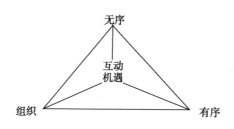

图 1 - 2　有序与无序互动示意

教师教育观念同时具有有序性与无序性，它是有序性与无序性相互促进的产物，这与教师教育观念的结构复杂性紧密相关。教师教育观念作为一个高度复杂的系统，主要内含两种结构：一种是层级结构；另一种是同位结构。在层级结构中，教师教育观念构成要素通过从属关系以层级的方式组织，特定的层级结构联合体内存在着一系列统驭关系，通常是位于垂直层级的教育观念间具有统驭和被统驭的关系，位于平行层级内的教育观念具有同位关系。如教师关于自我的观念、教师的自我角色观及自我教学效能感三者的关系则同时包含了层级关系与同位关系：教师关于自我的观念位于垂直层级的上方，统驭着位于垂直层级下方的教师自我角色观与自我教学效能感，而教师自我角色观与自我教学效能感处于平行层级，属于同位关系。正是通过各层级的小复杂性结构形式上的不断累加，最终实现了教师教育观念整体层级形式上的复杂结构。同时，各层级结构在性质和种类上不断增进，使得教师教育观念层级内容和性质呈现出相对的稳定性、规则性、必然性和确定性，教师教育观念呈现出有序性。有序性的积

_____

① 〔法〕埃德加·莫兰：《方法：天然之天性》，吴泓缈、冯学俊译，北京大学出版社 2002 年版，第 65 页。

极作用是保持教师教育观念能够存在，使教师教育观念具有一定的稳定性，其消极作用是它的保守性会抑制新的教育观念产生。如果教师教育观念结构是完全有序的，那它同时必然是僵化的，无法更新与创造。

教师教育观念具有无序性体现为其结构具有变动性、不规则性、偶然性和不确定性，结构内的要素之间具有独立性和离散性，这主要指向教育观念的同位结构。同位结构中，教师教育观念的构成要素彼此间通过同位关系组织。在纯粹的同位联合体内，构成要素相互间是互补、相互协调或者冲突的关系。无序性的消极作用是使教师教育观念结构混乱并趋向解体，其积极作用是它在破坏教师教育观念既有秩序的过程中为新的教育观念产生创造了条件。譬如，在教师教育观念内部，教师的教师观与学生观处于同位关系，两者之间的关系可能是相互协调或相互冲突的。如果教师个体最初认为教师与学生是主客体关系，教师是教育的主体，学生是教育的客体，是教师认识和改造的对象，那么，在他的教育观念内部，教师观与学生观是相互协调的，此刻，教师教育观念处于有序状态。假设，出现无序性情况，如教师受到交往哲学的影响，那他原有的教师观则会和学生观发生冲突——教师与学生是什么关系？学生是教育客体还是教育主体？这种冲突会随着他对教育主体间性的逐渐认同而发生变化，最终认识到教师与学生同样是教育的主体。至此，他关于教师角色与学生角色的教育观念重新回归有序状态。

认识到教师教育观念具有有序性与无序性，且二者相互关联，就会摒弃对它的简单化的二元论认识——或者认为教师教育观念内部结构层级分明，教师教育观念是完全有序的，具有稳定性和确定性，难以创造和更新；或者认为教师教育观念内部杂乱无章，充满变动性和不确定性，完全无序。事实上，有序性与无序性在教师教育观念的存在和发展过程中相互促进，认识到教师教育观念具有有序性，我们可以利用其规律性，在一定程度上预见教师教育观念的变化和发展趋势；认识到教师教育观念具有无序性，我们可以利用无序性提供的各种机遇和有利事件，创生新的教育观念，使教育观念系统趋于完善。

（三）构成性与生成性相辅相成

构成与生成并不存在严格的辩证对立关系，相对于整体而言，它们是含义对等而指向不同的方法与路径。构成注重实体和关系的存在，指向空间性因果关系，考察事物的完备性与封闭性，研究平衡、稳态和有序，是运用整体分析思维和完备性思维的主要路径；生成注重过程的演化，指向时间性因果关系，考察事物的可能性、潜在性与开放性，研究非平衡、涌现、有序与无序的中间地带，是运用过程思维和对策思维的主要路径。① 因此，构成具有结构性、可分解性和非时间性，强调存在，核心是整体能够进行拆分；相反，生成具有不可分割性、时间性与过程性，强调演化，重点关注整体演化的内在生成机制。

教师教育观念具有构成性。首先，教师教育观念整体具有可分解性，可以分解为若干构成方面及其相互间的关系，这些构成方面具有相对独立性的同时又彼此关联，共同整合为教师教育观念整体。其次，教师教育观念的结构呈现为基于其各构成内容的数量、种类及其相互关系之上的稳定性与不变性，这同时意味着教师教育观念具有一定程度的边界封闭性，即教师教育观念一旦形成，就具有相对的稳定性与封闭性。再次，教师教育观念的结构呈现出其构成内容的数量、种类及其相互关系的空间性的因果关系。② 在特定的时间节点，教师教育观念结构是相对稳定的，无论是依据稳定程度不同划分的"核心—中间—边缘"结构，还是"认知—情感—意动"的结构，抑或"理性—实践"的结构。Calderhead, J. 首先提出教师教育观念具有"核心—边缘"的结构，认为具体的教师教育观念有强和弱的分别，沿着"核心—边缘"的维度进行变化。③ 易凌云、庞丽娟对 Calderhead, J. 的研究进行了拓展，提出教师教育观念"核心—中间—边缘"的维度划分，认为不仅教师教育观念系统本身具有核心部分、中间部分和边缘部分，而且具体的教育观念也可分为核心部分、中间部分和边缘部分，无论是教师教育观念系统还是具体的教育观念，核心部分在一定程度上都决定和制约着中间性的和边缘性的部分。④

但同时，教师教育观念又是不断发展的，具有生成性。生成注重过程

① 刘劲杨：《构成与生成——方法论视野下的两种整体论路径》，《中国人民大学学报》2009 年第 4 期。

② 李海芳、李德显：《复杂性思想视域下教师教育观念的特质研究》，《教育理论与实践》2014 年第 9 期。

③ Calderhead, J., "Teachers: Beliefs and Knowledge", *Handbook of Educational Psychology*, 1996, pp. 709 - 725.

④ 易凌云、庞丽娟：《教师教育观念的内涵、结构与特征的思考》，《教师教育研究》2004 年第 3 期。

的演化，若从事物时间性因果关系看，教师教育观念具有演化的可能性、潜在性与开放性。首先，教师教育观念作为演化的整体，是一个不可分割的时间性的动态过程，持续不断的生成使得任何一个阶段的教师教育观念都不是独立存在的，这与非时间性的静态的构成性整体完全不同。其次，教师教育观念是不断演化的，处于流变之中，在这一演化过程中存在着特定的生成机制，生成机制一旦形成就具有了自我组织性，不断推进教师教育观念演化并确保教师教育观念自我同一性。实行自我批评的理性主义是教师教育观念发展的主要生成机制之一。我们借鉴康德关于理性的划分，依据"知性—理性"的维度将教师教育观念区分为知性与理性两个层次：知性层次的教育观念也称可操作性教育观念，是支配教师在教育实践活动中教育行为的理性能力；理性层次的教育观念又称反思性教育观念，主要任务是反思操作性教育观念，也即通过实行自我批评的理性主义，教师可以发现自己可操作性教育观念存在的不足，并加以纠偏或弥补。最后，教师教育观念具有时间性，教育观念的任何生成都是演化过程中的一环，不同阶段的教育观念具有时间上的关联，教师教育观念整体及其构成要素的数量、种类及其相互间的关系随着时间的变化而发生变化，不同阶段的教育观念呈现出不同的空间构成，属于前后相继的时间性因果关系。[①]

教师教育观念具有的构成性与生成性互为条件，缺失任何一方，另一方将不复存在。若只看到教师教育观念具有构成性，容易陷入僵化的教条主义，认为教师教育观念是一个静态的构成，其构成要素的数量、种类和结构具有稳定性与不变性；若只看到教师教育观念具有生成性，则容易陷入流变的旋涡，认为教师教育观念每时每刻都处在变化之中，无法进行认识和把握，陷入不可知论。

只有认识到教师教育观念的构成性与生成性相辅相成，才能根据研究的需要，从时间和空间两个维度对其进行立体的把握：利用构成性的视角分析特定时刻教师教育观念结构，利用生成性的方法分析教师教育观念内在的变化过程。依据时间的维度，教师教育观念并非静态的构成，它始终处于演化状态，具有不可分割性，不同阶段的教育观念随着时间的变化而变化，遵循时间性的因果关系；依据空间的维度，在教师教育观念演化过

---

① 李海芳、李德显：《复杂性思想视域下教师教育观念的特质研究》，《教育理论与实践》2014 年第 9 期。

程中的特定时间点，它的构成要素、种类及其相互间的关系是相对固定的，遵循空间性的因果关系。

（四）自主性与依赖性对立统一

自组织系统是通过本身的发展和进化而形成具有一定的结构和功能的系统。它们能利用从外界摄取的物质和能量组成自身具有复杂功能的有机体，并且在一定程度上进行自动修复缺损和排除故障，以恢复正常的结构和功能。自组织系统理论的研究对自然科学、社会科学和自动控制技术都有重要意义。

观念系统的环境由文化、社会和个人本身构成，文化、社会和个人以各自的方式滋养着观念系统，三者相互联系，共同构成观念系统的生态系统。① 观念系统具备一定的生态自组织特征，是自主性与依赖性的对立统一体：一方面，它具有自主性，通过内核具有的生成和再生原理进行自我保护与自我防卫，保证观念系统的同一性；另一方面，它具有依赖性，需要从所处的环境系统中攫取需要的材料进行新陈代谢，以保证观念系统的持续性。观念系统的边界开放性是其自组织性的基础，只有具备开放的边界，观念系统才得以与所处的生态环境进行交流。

教师教育观念具有自主性。埃德加·莫兰受原子系统与细胞系统的启发提出观念系统的模式，认为，一个观念系统包括一个内核、一些从属的子系统和一个起保护作用的免疫机制，内核是观念系统的主导观念，决定着观念系统的组织原则和"准入"标准。② 教育本质上是一个价值驱动的过程，是实现主体特定价值目标的活动。教师对教育目的的认识，即对"培养什么样的人"的回答是其教育观念的内核，它如同教育观念系统的"把关人"，规约着中间层次和边缘层次各种具体的教育观念。为保护教师教育观念完整性和具体教育观念之间的逻辑一致性，教育目的观一方面决定着系统外其他观念是否符合标准并能够进入教师教育观念系统，另一方面决定着系统内的哪些观念不符合内核的标准，应该被抛出系统之外。

同时，教师教育观念作为边界开放的系统，具有生态依赖性，依赖于教师身处的社会文化环境，这其中包括社会规定性、文化规定性和历史规

---

① ［法］埃德加·莫兰：《方法：思想观念》，秦海鹰译，北京大学出版社 2002 年版，第 86 页。

② 同上书，第 138—143 页。

定性，它们对教师教育观念具有双重的作用：一方面，作为一种内在的建构性力量，它们内在于教师教育观念，教师教育观念本身就是一种特殊的社会文化；另一方面，作为一种外在的社会规定性，它们对教师教育观念具有限制作用，教师只能在特定的社会文化环境中才能形成自己的教育观念，并依据社会文化环境的变化不断生成新的教育观念。

认识到教师教育观念是自主性与依赖性的对立统一，可以避免简单化思维对教师教育观念生成及发展机制的极端化认识。一种极端是夸大教育观念主体的作用，忽视教师所处环境的重要性，认为教师作为教育观念的主体，完全可以主宰教育观念，要生成或转变教师教育观念只需要教师个体发挥主体作用即可。另一种极端是弱化教育观念主体的作用，认为教师教育观念与教师个体关系不大，教师个体对教育观念的影响微乎其微，教师教育观念在更多的情况下受特定文化和社会环境的影响，是具体教育情境的产物，仅需要从环境着手来转变教师教育观念。

复杂性思维方法摒弃简单化的决定论，承认教师教育观念具有自主性和依赖性，注重社会发展、文化传统和各种偶然事件对教育观念的影响。在复杂性理论看来，教师教育观念在实践中遭遇到矛盾，或者是教师教育观念内部发生冲突，或者是教师教育观念与教育行为相分离，或者是教师教育观念与所处的社会和文化环境相矛盾，并不是发生了什么错误，而是到达了现实的深刻层面，这是利用简单性范式，即运用通常的经验——理性逻辑无法解释的。这时就需要教师寻求元观点，进入元系统。元系统既包括认识系统又超越认识系统，它为认识提供考察自己、使自己合法化和解释自己的可能性。[①] 元观点的建立需要"把观察者整合到他的观察中"，意味着教师需要把教育观念对象化，并将其置于观念系统的生态环境中，自己作为观察者考察生态环境对教育观念的影响。

以上在复杂性思想视域下解读了教师教育观念具有的特质，其中，统一性与多样性相互依存、有序性与无序性彼此促进主要分析了教师教育观念的本体论层面，构成性与生成性相辅相成、自主性与依赖性对立统一分析了教师教育观念的认识论和方法论层面。布莱士·帕斯卡（Blaise Pascal）曾言，"一个真理的对立面不是谬误，而是一个相反的真理"。如果

---

① ［法］埃德加·莫兰：《复杂性思想导论》，陈一壮译，华东师范大学出版社 2008 年版，第 42 页。

把运用复杂性思想解读教师教育观念特质比作一次探险的话，它给予我们最宝贵的启示则是，要敢于超越简单化的"二元对立"思维，运用新的视角和新的框架认识和分析教师教育观念具有的发展性。

教师教育观念的发展是教师社会化的主要内容之一，教师从报考师范院校到正式入职，从初任教师到成熟教师，随着教师社会化的推进，教师的教育观念不断发生着变化，始终处于发展过程中。下一章分别从量的研究和质的研究两个方面，考察在教师社会化过程中教师教育观念的发展趋势和发展历程，寻求教师教育观念的发展机制。

第二章

中学教师教育观念的现状与发展趋势

第一节 量的研究设计

本书假设教师教育观念会随着教龄的增长而发展变化，研究基于调查问卷的分析考察不同教龄阶段教师教育观念的特征，并借此描述教师教育观念的现状与发展趋势。

一 研究工具开发

本书采取问卷调查法，问卷编制步骤如下。

第一，在文献综述的基础上，深入学校对中学教师进行访谈，抽取教师教育观念的主要维度，同时结合交往实践理论对教师教育观念进行结构划分，形成了调查问卷的维度和项目。

第二，根据研究需要，设计了两类题目：第一类为态度量表；第二类为事实与内容调查。本调查问卷题目来源主要有三个方面：一是以往教师教育观念调查中较为关注的问题；二是基于对教师教育观念的理论研究而衍生的问题；三是基于课堂观察、教师访谈和实物分析而生成的问题。由于教师教育观念具有情境性，问卷题目中还设置了案例题目，通过案例题目，考察教师在特定教育情境下的观念选择和行为意向。以上方法均保证了调查问卷能够最大限度地反映中学教师教育观念的真实情况。

第三，研究先后进行两次小样本预试，对题目的可读性与问题的格式进行评估后，确定了调查问卷的维度与题目。调查问卷主要考察了教师教育观念的五个主要维度：教育目的观、教育主体观、教育客体观、教育中介观和教育评价观。其中，量表部分参考了史密斯 1993 年编制的《初等教育教师问卷》和台湾学者朱苑瑜、叶玉珠 2000 年编制的《教师信念量表》。关于教龄划分阶段，本书在关于教师社会化发展阶段划分文献综述研究的基础上，借鉴 Katz，L.、Burden，P. R.、Steffy，B. 的教师阶段发展论和 Huberman，M. 等人的教师职业生活周期理论，结合了深度访谈时教师提供的信息，最终确定将教龄分为 1 年以内、2—4 年、5—9 年、10—19 年和 20 年以上 5 个教龄阶段（以下简称"教龄段"）。其中，教龄按整年计算，如 1 年以上不足 2 年计为 2 年，依次类推。

第四，关于信度与效度检验，研究在确定教师教育观念指标体系的基础上编制了《中学教师教育观念调查问卷》。为了保证调查问卷内容设计具有较高的信度和效度，研究对调查问卷做了信度和效度检验。从专家反馈的问卷效度结果来看，调查问卷能充分反映中学教师教育观念的现状，具有较高的效度（结果如表 2 - 1、表 2 - 2）。从问卷信度检测结果来看，两次重测问卷间的皮尔森相关系数为 0.803，具有较高的可信度。

表 2 - 1　　　　　中学教师教育观念调查问卷内容效度检验

	0—0.60	0.60—0.69	0.70—0.79	0.80—0.89	0.90—1
评价人数（人）	0	0	4	9	2
百分比（%）	0.0	0.0	26.7	60.0	13.3

表 2 - 2　　　　　中学教师教育观念调查问卷结构效度检验

	0—0.60	0.60—0.69	0.70—0.79	0.80—0.89	0.90—1
评价人数（人）	0	0	5	7	3
百分比（%）	0.0	0.0	33.3	46.7	20.0

二　研究样本选择

本书采取随机简单抽样描述，测查样本为山西省 6 个市（县）区的中学教师，通过现场发放问卷并回收，共发放 450 份，回收 406 份，回收率为 90.2%。经过筛查处理，共收到有效问卷 389 份，有效率为 95.8%。样本中初中教师 270 人，高中教师 119 人，样本构成如表 2 - 3 所示：

表 2 - 3　　　　　　　　　　　调查样本一览

教龄	人数（人）	百分比（%）	有效百分比（%）	累积百分比（%）
1 年以内	61	15.7	15.7	15.7
2—4 年	58	14.9	14.9	30.6
5—9 年	66	17.0	17.0	47.6
10—19 年	141	36.2	36.2	83.8
20 年以上	63	16.2	16.2	100.0
合计	389	100.0	100.0	

调查问卷中个体基本信息部分采集了被调查教师人口学特征（性别）、专业水平特征（教龄、学历、学科、职务）、区域分布情况（区域、地区）和所在学校类型等统计变量。

三　数据统计与分析

本次测查采用 Microsoft Excel 2007 录入数据，使用软件 SPSS 19.0 版进行数据统计分析，其中，采用均数标准差描述连续变量，采用频数描述计数资料。

第二节　中学教师教育目的观的现状与发展趋势

教育本质上是一个价值驱动的过程，是实现主体所指定的价值目标的活动。教育目的观是关于教育要"培养什么样的人"的基本看法。

一　教育目的观的现状

关于教育要"培养什么样的人"，不同教龄段教师的认识存在差异。在对教育之于学生的价值认识上，就"您认为学生通过教育可以获得的最重要的是什么？"的题目，调查结果如图 2 - 1 所示。

从调查数据的统计结果来看，除 1 年以内教龄的教师外，其他 4 个教龄段的教师均是选择"道德观念、合作意识、正义感等基本素质"比例最高，其中，20 年以上教龄的教师选择该项的比例为 80.6%，从高到低依次为 5—9 年、2—4 年和 10—19 年教龄的教师，而 1 年以内教龄的教师选择该选项的比例仅为 54.1%。关于"探索未知领域的学习方法、解

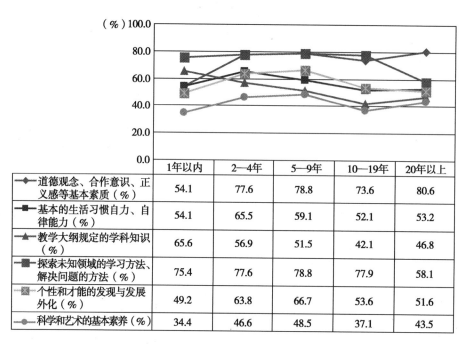

	1年以内	2—4年	5—9年	10—19年	20年以上
◆ 道德观念、合作意识、正义感等基本素质（%）	54.1	77.6	78.8	73.6	80.6
■ 基本的生活习惯自力、自律能力（%）	54.1	65.5	59.1	52.1	53.2
▲ 教学大纲规定的学科知识（%）	65.6	56.9	51.5	42.1	46.8
■ 探索未知领域的学习方法、解决问题的方法（%）	75.4	77.6	78.8	77.9	58.1
▩ 个性和才能的发现与发展外化（%）	49.2	63.8	66.7	53.6	51.6
● 科学和艺术的基本素养（%）	34.4	46.6	48.5	37.1	43.5

图 2 - 1　中学教师育人价值观调查

决问题的方法"选项，除 20 年以上教龄的教师选择比例较低，为 58.1%，其余教龄段教师的选择比例大致相当，在 75.4%—78.8%。关于"基本的生活习惯、自立、自律能力"与"个性和才能的发现、发展与外化"2 个选项，2—4 年和 5—9 年教龄的教师选择比例相对较高，其余 3 个教龄段的教师选择比例差异不大。关于"教学大纲规定的学科知识"，1 年以内教师选择比例最高，达 65.6%，其余比例由高到低按教龄段排，依次为 2—4 年、5—9 年、20 年以上，比例最低的为 10—19 年教龄段的教师，为 42.1%。在 6 个选项中，每个教龄段的教师选择"科学和艺术的基本素养"的比例纵向比较都最低，最高为 5—9 年教龄段的教师，为 48.5%，最低为 1 年以内教龄的教师，仅 34.4%。

在对教育目的实践上，就"您在教学过程中最注重？"的题目，调查结果如图 2 - 2 所示：

从调查数据的统计结果来看，不同教龄段教师选择比例最高的选项均为"学生良好的态度和品质的培养"，其中，20 年以上教龄的教师选择比例最高，达 76.2%，其余顺次为 5—9 年、1 年以内及 10—19 年教龄段的教师，2—4 年教龄的教师选择比例最低，为 51.7%。关于"学生的思

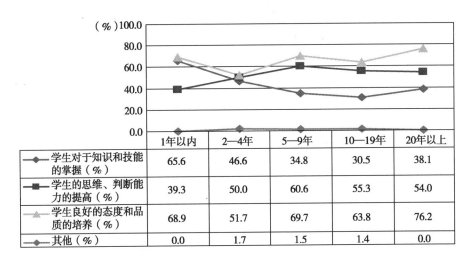

（%）	1年以内	2—4年	5—9年	10—19年	20年以上
学生对于知识和技能的掌握（%）	65.6	46.6	34.8	30.5	38.1
学生的思维、判断能力的提高（%）	39.3	50.0	60.6	55.3	54.0
学生良好的态度和品质的培养（%）	68.9	51.7	69.7	63.8	76.2
其他（%）	0.0	1.7	1.5	1.4	0.0

图2－2　中学教师教育目的观调查示意

维、判断能力的提高"，选择比例最高的为5—9年教龄的教师，达60.6%，选择比例最低的为1年以内教龄的教师，仅39.3%，其余3个教龄段的教师选择比例在50%—55.3%。关于"学生对于知识和技能的掌握"，1年以内教龄的教师选择比例最高，达65.6%，其次为2—4年教龄的教师，比例为46.6%，其余3个教龄段的教师选择比例在30.5%—38.1%，其中10—19年教龄的教师选择比例最低，为30.5%。

二　教育目的观的发展趋势

教育目的需要从个体自身发展和社会发展水平之间做出价值选择，其历史演变经历了"个体本位——社会本位——新社会本位"三个阶段。[1]从历史来看，每当社会发生重大转型时，人们对教育的批判，往往是从价值批判开始，从重新认识教育的价值和目的开始，并且以此为依据和出发点，再对现实的教育活动做出更具体的评析，提出新的原则、方案乃至方式方法。[2]

教育目的中个人价值与社会价值具有同等的合理性与同等的局限性，对两者权衡与选择要受具体的社会历史条件的制约，随着社会历史条件的

①　王坤庆：《现代教育价值论探寻》，湖南教育出版社1990年版，第610页。

②　叶澜：《重建课堂教学价值观》，《教育研究》2002年第5期。

变化而有所变化与侧重。① 教育目的虽然之于教育者与受教育者而言是一种外部给定，但它同时契合了受教育者个体和社会发展的需要。受教育者个体借由教育获得自我作为"人"的全面发展，社会借由教育培养出符合当下社会需要，同时引领社会更好地发展的"社会人"。在这种意义上，社会本位与个人本位实现了超越二元论的统一。《中华人民共和国教育法》第五条规定，"教育必须为社会主义现代化建设服务，必须与生产劳动相结合，培养德、智、体等方面全面发展的社会主义事业的建设者和接班人"，其中，培养社会主义建设者与接班人是我国各级各类学校总的培养目标，德、智、体等方面全面发展则指向通过教育要培养的人的素质及其结构功能。1996 年，国际 21 世纪教育委员会向联合国教科文组织提交的报告《学习——内在的财富》重申了教育的基本原则，提出教育应当"促进每个人的全面发展，即身心、智力、敏感性、审美意识、个人责任感、精神价值等方面的发展"，"使人们学会做人，实现个人全面发展"②。这与我国教育方针所倡导的培养德、智、体等全面发展的人的目标相吻合。

研究发现，教师关于教育应该"培养什么样的人"的认识存在如下变化趋势。

第一，在知识、能力和品质三者中，教师普遍更注重培养学生良好的态度和品质，换言之，教师对学生的态度形成和品质养成最为重视。同时，随着教龄的增长，教师逐渐意识到"德"对于学生成长的价值，并日益重视教育的德育教化功能，注重培养学生道德观念、合作意识、正义感等基本素质，初任教师对教育的德育功能认识则相对较弱，之后，随着教龄的增长，教师对教育的德育功能认识有所提高和上升。杜威认为，教育即改造，或者说教育就是经验的改造或改组，而这个经验的改造可能是个人的，也可能是社会的，只不过进步的社会力图塑造青年人的经验使他们不重演流行的习惯而是养成更好的习惯，使将来的成人社会比现在进步。③ 相应地，教师会越来越关注学生的身心健康成长和合作意识的培

---

① 扈中平：《教育目的中个人本位论与社会本位论的对立与历史统一》，《华南师范大学学报》（社会科学版）2000 年第 2 期。

② 国际 21 世纪教育委员会：《学习——内在的财富》，教育科学出版社 1997 年版，第 76 页，第 85 页。

③ ［美］约翰·杜威：《民主主义与教育》，王承绪译，人民教育出版社 2010 年版，第 84 页。

养，并逐渐减少对学生学习成绩的关注度。这表明，随着教龄的增长，教师逐渐增强了对成人社会的社会责任相关品质重要性的认识。

第二，随着教龄的增长，教师对于学生知识和技能的培养重要性的认识整体呈现下降趋势，对教学大纲规定的学科知识价值认识随着教龄增长逐渐弱化。初任教师处于早期生存关注阶段，关注如何将师范期间学习的理论知识应用到实际教学中，对学科知识的传递最为关注。但随着教师教学经验的累积和教学水平的提高，教师会逐渐对教育中"智"的部分驾轻就熟，逐渐弱化对学科知识的关注，转而关注对学生品质的培养。但是，20年以上教龄的教师对于学生知识和技能培养的重视程度超过了5—9年和10—19年教龄的教师，这说明20年以上教龄的教师对培养学生知识和技能的认识出现逆转。

第三，学习方法和解决问题的方法作为智育的一部分，尤其是作为与终身教育对应的终身学习的一部分，受到教师的普遍关注，但20年以上教龄的教师由于已经完全熟悉教学情境和各类教学任务，并且已形成自己的教学风格，较少对教学方法再行探索，这一认识会迁移到学生身上，从而弱化对学习方法和解决问题方法的认识。创造性思维是一项复杂的认知活动，包括了对大量知识基础、批判思维技能、决策制定技能和元认知控制过程的发展和有效利用。与智力局限于认知或智力的功能与行为不同，研究者倾向于认为创造力是能够产生新颖的有创意的想法、洞察力、重新建构、创造发明或创造艺术品的能力。[①] 创造性思维和创造性问题解决能力是人类认知和行为的可教方面，这类教学目标既是认知的又是非认知的。培养学生探索未知领域的学习方法、解决问题的方法是培养学生创造力的重要途径，培养创造力被看成通往成人的创造性成就和自我实现的长期过程。

第四，教师对教育在培养学生的基本生活习惯、自立、自律能力及培养学生的个性和才能两个方面的认知较为接近，不同教龄段教师的认识存在差别，5—9年教龄的教师更注重这两个方面。同时，尽管社会倡导的教育目标明确提出培养学生全面发展，但教师对教育之于学生科学和艺术素养的认识程度相对而言普遍较低。苏霍姆林斯基认为，人的精神生活领域就是在人的积极活动的过程中使德、智、体、美诸方面的需要和兴趣得

[①]　[瑞典] T. 胡森编：《教育大百科全书：教学》，西南师范大学出版社2011年版，第153页—第158页。

以发展、形成和满足。人的丰富的内心世界是人的全面发展的一个极其重要的标志。① 非认知的个性特征培养对于学生成长同样具有重要意义，但目前教师关于学生的评价仍然倾向于认知性的评价。这一方面受限于目前教育评价中关于科学素养和艺术素养的考察力量较为薄弱，另一方面也说明目前的教育实践对德、智、体、美等几个方面并未给予同等程度的重视，距离培养全面发展的人的目标尚有距离。

第三节　中学教师教育主体观的现状与发展趋势

教育主体观是指教师对教育活动的主体，即对教师和学生在教育过程中角色、任务与关系的基本看法。

一　教师观的现状与发展趋势

（一）教师观的现状

在教育社会学的研究视野中，教师是指在学校中专门从事教育教学活动的一种特定角色以及与这些教育教学活动相关的各种行为规范和行为模式的系统。教育社会学从教师的行为角度对教师进行了限于教育活动领域之中的规定。② 由于教师需要具备的品质与教师的责任紧密相关，是教师角色顺利实现的前提条件，本部分考察了不同教龄段教师对自我角色的认识和对教师需要具备品质的认识。

在对教师自我角色的认识上，就"您认为教师在教育活动中扮演了怎样的角色？"一题，调查结果如图 2 - 3 所示。

从调查数据的统计结果来看，不同教龄段的教师选择"课堂的'引导者'"的比例均最高，其中，1 年以内教龄的教师比例最高，达 95.1%，2—4 年教龄的教师选择该选项比例最低，仅 77.6%，其他 3 个教龄段的教师选择比例差异不大。对应地，1 年以内教龄的教师选择"课堂的'管理者'"选项的比例最低，仅 39.3%，2—4 年教龄的教师选择

---

① ［苏］苏霍姆林斯基：《学生的精神世界》，吴春萌、林程译，教育科学出版社 1981 年版，第 2 页。

② 谢维和：《教育活动的社会学分析》，教育科学出版社 2000 年版，第 109—110 页。

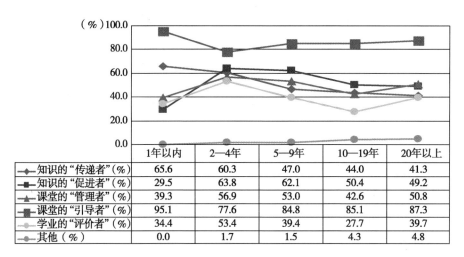

	1年以内	2—4年	5—9年	10—19年	20年以上
知识的"传递者"(%)	65.6	60.3	47.0	44.0	41.3
知识的"促进者"(%)	29.5	63.8	62.1	50.4	49.2
课堂的"管理者"(%)	39.3	56.9	53.0	42.6	50.8
课堂的"引导者"(%)	95.1	77.6	84.8	85.1	87.3
学业的"评价者"(%)	34.4	53.4	39.4	27.7	39.7
其他（%）	0.0	1.7	1.5	4.3	4.8

图2－3　中学教师的教师角色观调查

"课堂的'管理者'"的比例最高，达56.9%。对于教师、学生与知识三者的关系，1年以内、2—4年教龄的教师有60.3%选择了"知识的'传递者'"，其中1年以内教龄教师有65.6%选择该项，为该选项选择比例最高的教龄段教师。其余3个教龄段的教师选择该选项比例都低于50%，20年以上教龄的教师比例最低，仅41.3%。相反，1年以内教龄的教师仅有29.5%选择了"知识的'促进者'"，为该选项选择比例最低的教师，其余递次为20年以上、10—19年、5—9年教龄的教师，2—4年教龄的教师选择比例最高，达63.8%。关于"学业的'评价者'"，2—4年教龄的教师选择比例最高，达53.4%，10—19年教龄的教师选择比例最低，仅27.7%，其他3个教龄段的教师选择该选项比例差别不大。

在对教师自我角色的认识上，就"您认为作为教师最需要的品质是什么？"一题，调查结果如图2－4所示：

从调查数据的统计结果来看，除1年以内教龄的教师外，其他4个教龄段的教师选择"具有引导学生成长的人格特质"的比例差异不明显，均在80%以上，1年以内教龄的教师选择该选项比例仅为68.9%。在"对教育活动充满热情"的选择上，1年以内教龄的教师比例仍然最低，仅63.9%，倒数第二的为20年以上教龄的教师，比例为76.2%。关于"具有洞悉学生的观察力和理解力"的选项，选择比例最高的为2—4年教龄的教师，达82.8%，其余顺次为5—9年、1年以内、10—19年教龄的教师，20年以上教龄的教师选择比例最低，为61.9%。关于"具有所

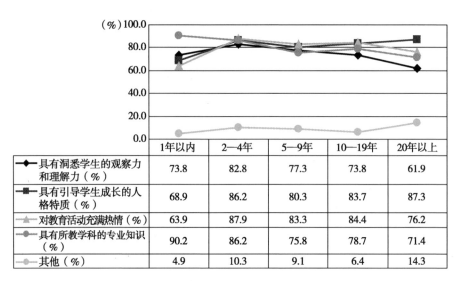

	1年以内	2—4年	5—9年	10—19年	20年以上
◆具有洞悉学生的观察力和理解力（%）	73.8	82.8	77.3	73.8	61.9
■具有引导学生成长的人格特质（%）	68.9	86.2	80.3	83.7	87.3
▲对教育活动充满热情（%）	63.9	87.9	83.3	84.4	76.2
●具有所教学科的专业知识（%）	90.2	86.2	75.8	78.7	71.4
●其他（%）	4.9	10.3	9.1	6.4	14.3

图 2 – 4　中学教师的教师品质观调查

教学科的专业知识"，1 年以内教龄的教师选择比例最高，达 90.2%，其次为 2—4 年教龄的教师，选择比例为 86.2%。其余 3 个教龄段的教师选择比例差异不大，20 年以上教龄的教师选择比例最低，为 71.4%。

（二）教师观的发展趋势

"角色"一词包含社会的客观期望与个体的主观表演两种成分，是处于一定社会地位的个体，依据社会客观期望，借助自己的主观能力适应社会环境所表现出的行为模式。[①] 虽然角色的互动、规范和自我表现功能三者体现了角色的不同功能和不同侧面，但它们却是相互联系的一个整体。角色不能不通过互动来表现自己，而在与他人进行互动时，为了使他人能够理解自己的表演和自己行为的真实含义，一个人就必须遵循角色的基本规范，并按照此规范的要求来表现自己，角色功能的这种整体性是角色运作的前提，也是一种社会角色顺利进入社会的保证。

关于教师角色有三种不同的运用。其一，指具有教师特征的行为，教师的行为是既存的事实，可以直接观察，教师角色会影响学生和其他与教师互动的人的行为，同时，教师也受到这些人的影响。其二，指教师所享有的身份或社会地位，关注教师的静态特征，将教师看成一个独立的社会

---

①　周晓红：《现代社会心理学——多维视野中的社会行为研究》，上海人民出版社 1997 年版，第 366 页。

职位，指向教师人群的组成和教师职业身份以及进入或离开这个领域的条件。其三，指对教师所拥有的期望。有些期望是教师自己所拥有的，有些则是家长、学校管理人员、学生、政治家或公众成员对教师的期望。有些期望是规范的，但其他的可能体现了信仰、偏好和其他的思想模式。①

所谓角色期望是群体或个人对某种角色表现出的特定行为的期望。不同社会对教师角色的定位通常会反映在政府制定的教师法中，我国于1993年颁布《中华人民共和国教师法》，对教师角色的行为特征做出目标性规定，规定"教师是履行教育教学职责的专业人员，承担教书育人，培养社会主义事业建设者和接班人，提高民族素质的使命。教师应当忠诚于人民的教育事业"。2008年，中华人民共和国教育部修订颁布《中小学教师职业道德规范》，从爱国守法、爱岗敬业、关爱学生、教书育人、为人师表和终身学习六个方面提出对中小学教师的职业道德规范，每一方面的具体内容均体现出对教师角色的过程性规定。其中，爱国守法、为人师表的条目体现了教师引导学生成长需要具备的人格特质，爱岗敬业、关爱学生两个方面体现了教师对教育活动充满热情的要求，教书育人条目中"遵循教育规律、因材施教"则对应了对教师具有洞悉学生观察力和理解力的要求，要求教师终身学习则对教师的专业知识、专业素养和教育教学水平提出了兼具目标性和过程性的规定。

格拉布斯（Grambs）将教师角色分为校内的学习指导者和校外的文化传播者两大类，校内角色为学习指导者，具体又分为学生成绩的评判者、知识与技能的择定者、纪律维护者、儿童的保护人、道德气氛的创作者、教育机构的成员、学校教育传统的支持者。② 有研究者认为，现代社会教师在校内至少扮演着五种角色：传道者、授业者、选择者、辅导者和协商合作者。③

研究发现，教师对自身在教育中的角色、教师应具备的品质的认识存在如下变化趋势。

第一，在教师社会化的过程中，教师逐步弱化了作为知识的"传递者"和课堂的"管理者"的角色，而越来越认可课堂的"引导者"的角

---

① ［瑞典］T. 胡森编：《教育大百科全书：教育社会学》，西南师范大学出版社2011年版，第162页。

② 厉以宁：《西方教育社会学文选》，五南图书有限出版公司1992年版，第629—635页。

③ 林生传：《教育社会学》，复文图书出版社1985年版，第253—256页。

色。入职 1 年前后，教师对自我角色的认识出现明显转变，1 年以内教龄的教师更倾向于认为教师是知识的"传递者"和课堂的"引导者"，而 2—4 年教龄的教师则更倾向于认为教师是课堂的"引导者"。与其他教龄段的教师相比，2—4 年教龄的教师更注重教师洞悉学生的观察力和理解力，对教育活动充满热情，也更加认可教师作为学业的"评价者"的角色。

　　教师对自我角色的认知取决于他如何定义教学、学习和知识。对学生传统的被动的角色认知后面隐匿着传统的知识观念，即认为教师是知识的权威，教师的角色就是向学生呈现和传递知识，而学生仅需要被动地接受教师传递过来的知识，而认同教师是知识的"引导者"的认识背后也潜藏着新的知识观念，即知识是通过学生积极建构获得的，教师需要积极倾听和帮助学生构建知识。入职第 1 年的教师处于求生阶段，对教学活动和环境的认识有限，主要精力集中在学科教学方面。教师任教后，发现学校主要依据教师所教班级学生的成绩评价教师，为了获得学校领导和同事的认可，初任教师通常会比较注重学科知识的传递，同时，由于刚刚入职，对班级管理的难度估计不充分，初任教师期望与学生民主平等交往，做课堂的引导者。①

　　第二，关于教师需要具备的品质，各教龄段教师的认识差异并不显著，但是，仍然可以发现，随着教龄的增加，教师逐步强化了对引导学生人格特质的认识，相反，对教师需要所教学科专业知识的认识则随着教龄增长而缓慢下降。与其他教龄段的教师相比，2—4 年教龄的教师更注重教师要具有洞悉学生的观察力、理解力和对教育活动充满热情，20 年以上教龄的教师最不重视教师洞悉学生的观察力和理解力，1 年以内教龄的教师对教育活动充满热情的认同度最低。根据 Burden，P. R. 的研究，经历了第 1 年的求生阶段后，入职 2—4 年的教师开始进入调整阶段，开始关注到学生的复杂性，由此会认为教师需要深刻的洞悉学生观察力和理解力，为了满足学生的需要，不断学习新的技能，因此对教学和学生逐渐有了信心。② 20 年以上教龄的教师已进入成熟阶段，早已练就洞悉学生的观

① Huberman，M. & Grounauer，M. & Marti，J. translated by Neufeld，J.，*The lives of teachers*，New York：Teachers' College Press，1993，p. 141.

② Burden，P. R.，"The teachers' perceptions of the characteristics and influences on their personal and professional development."*Dissertation abstracts international*，Vol. 5404A，No. 40，1980.

察力和理解力，因此弱化了对教师需要该品质的认识。

教师需要具备的品质与教师的责任紧密相关。从伦理上讲，谁若是控制了一个人的幸福、利益或命运，那么谁就对这个人负有一定的义务或者责任，社会和家长赋予教师责任，让教师妥善管理和对待学生。[①] 一名负责任的教师首先意味着要具有较高的道德能力和引导学生成长的人格特质，其次要关怀学生，具备洞悉学生的观察力和理解力，针对学生的需要制订合理的对策，帮助满足学生安全层次和归属层次的需要。这不仅涉及学生的智力发展和自我概念发展，还包括学生的道德判断能力发展和社会行为发展等方面。大部分发展中国家对教师抱有很高的期望，期望教师能够灌输价值观，教授基本的和高等的思维技巧，把学生培养成独立的学习者，并鼓励学生合作实现共同的目标。

二 学生观的现状与发展趋势

(一) 学生观的现状

学生是教育活动的基本要素，是教育活动的最基本对象。在教育社会学中，从角色的角度看，学生指的是作为学生的人被社会所期望的一套行为方式。教师对学生特点和角色期望的认识、对学校作为教育活动的基本组织给予学生的影响等构成了教师的学生观。

在对学生的认识上，就"您认为现在的中学生最显著的特点是什么？"一题，调查结果如图 2-5 所示：

从调查数据的统计结果来看，6 个选项中，按选择比例由高到低排列，位列前三项的依次是"自控能力弱""以自我为中心"和"耐受挫折力弱"。其中，1 年以内、5—9 年教龄的教师选择"自控能力弱"的比例最高，均为 80.3%，其余 3 个教龄段的教师选择比例略低，没有显著差异；20 年以上教龄的教师选择"以自我为中心"和"耐受挫折力弱"比例较高，分别达 76.2% 和 77.8%，1 年以内教龄的教师选择这两个选项的比例最低，分别为 60.7% 和 49.2%，其余 3 个教龄段的教师选择比例介于这两个教龄段之间，没有显著差异。选择学生"有强烈的反叛意识"的教师中，20 年教龄以上的教师选择比例最高，达 52.4%，1 年以内教

---

① ［瑞典］T. 胡森编：《教育大百科全书：教学》，西南师范大学出版社 2011 年版，第 277 页。

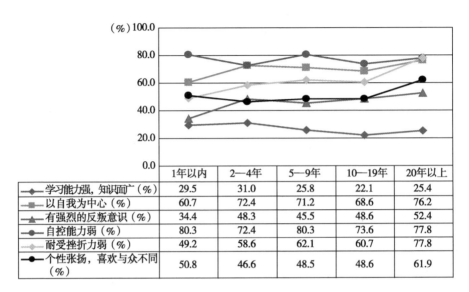

	1年以内	2—4年	5—9年	10—19年	20年以上
◆ 学习能力强，知识面广（%）	29.5	31.0	25.8	22.1	25.4
■ 以自我为中心（%）	60.7	72.4	71.2	68.6	76.2
▲ 有强烈的反叛意识（%）	34.4	48.3	45.5	48.6	52.4
● 自控能力弱（%）	80.3	72.4	80.3	73.6	77.8
◇ 耐受挫折力弱（%）	49.2	58.6	62.1	60.7	77.8
● 个性张扬，喜欢与众不同（%）	50.8	46.6	48.5	48.6	61.9

图 2 - 5　中学教师的学生特点观调查示意

龄的教师选择比例最低，为 34.4%。其余 3 个教龄段的教师选择比例介于这两个教龄段之间，没有显著差异。选择学生"个性张扬，喜欢与众不同"的教师中，20 年教龄以上的教师选择比例最高，达 61.9%，其余 3 个教龄段的教师选择比例均在 50% 左右，无明显差异。关于学生"学习能力强，知识面广"的选项，所有教师选择该项的比例均为最低，2—4 年教龄的教师选择比例为 31.0%，其余教龄段的教师选择比例均低于 30%，比例最低的为 10—19 年教龄的教师，为 22.1%。

在对好学生标准的认识上，就"您认为好学生的主要标志是什么？"一题，调查结果如图 2 - 6 所示：

从调查数据的统计结果来看，6 个选项中，不同教龄段的教师选择比例最高的均为"品行端正，行为习惯好"，其中，1 年以内教龄教师选择比例最高，达 95.1%，其次为 5—9 年教师，选择比例为 93.9%，10—19 年教龄的教师该选项选择比例最低，为 79.4%。排在第二位的为"对学习有浓厚兴趣"，各教龄段的教师对该选项的选择差异不是太明显，2—4 年教龄的教师选择比例最高，为 75.9%，其次为 20 年以上教龄的教师，比例为 73.0%，1 年以内教龄的教师选择比例最低，为 63.9%。关于"具有创新思维"的选择，5—9 年教龄的教师选择比例最高，达 81.8%，1 年以内教龄的教师选择比例最低，仅 54.1%。其余 3 个教龄段教师选择

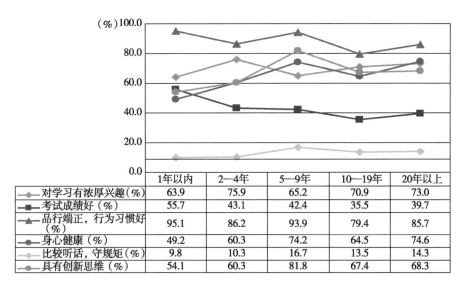

	1年以内	2—4年	5—9年	10—19年	20年以上
对学习有浓厚兴趣(%)	63.9	75.9	65.2	70.9	73.0
考试成绩好（%）	55.7	43.1	42.4	35.5	39.7
品行端正，行为习惯好（%）	95.1	86.2	93.9	79.4	85.7
身心健康（%）	49.2	60.3	74.2	64.5	74.6
比较听话，守规矩(%)	9.8	10.3	16.7	13.5	14.3
具有创新思维（%）	54.1	60.3	81.8	67.4	68.3

图 2-6　中学教师的"好学生"标准观调查示意

比例由高到低依次为 20 年以上、10—19 年和 2—4 年教龄的教师。不同教龄段的教师选择"身心健康"的比例差异相对较小，20 年以上及 5—9 年教龄的教师选择比例较高，达 74.6% 和 74.2%，10—19 年及 2—4 年教龄的教师选择比例次之，1 年以内的教龄的教师选择比例最低，为 49.2%。选择"考试成绩好"的教师中，1 年以内教龄比例最高，达 55.7%，其余教龄段教师选择比例随教龄的增加基本呈现递减趋势，只有 20 年教龄以上教师比 10—19 年教龄的教师选择比例高出 4.2 个百分点。在所有选项中，教师选择"比较听话，守规矩"的比例最低，其中 5—9 年的教龄的教师比例最高，为 16.7%，1 年以内教龄比例最低，仅 9.8%，2—4 年教龄段的教师选择比例为 10.3%，其余两个教龄段教师选择比例均低于 15%。

　　在对学生情绪和压力的认识上，就"您认为学生在学校感到痛苦的事情是?"一题，调查结果如图 2-7 所示。

　　从调查数据的统计结果来看，12 个选项中，选择比例最高的均为"课外活动时间太短"，不同教龄段的教师选择比例均在 60%—70%，差异不大。选择比例居于第二位的为"教学内容枯燥"，其中，5—9 年教龄的教师选择比例最高，达 68.2%，其余依次为 20 年以上、10—19 年和 2—4 年教龄的教师，选择比例都在 55% 以上，1 年以内教龄教师选择比

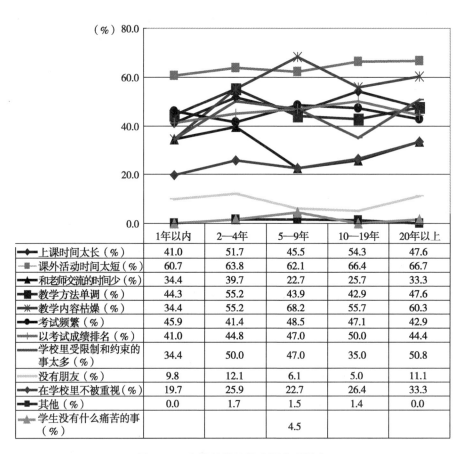

（%）	1年以内	2—4年	5—9年	10—19年	20年以上
◆ 上课时间太长（%）	41.0	51.7	45.5	54.3	47.6
■ 课外活动时间太短（%）	60.7	63.8	62.1	66.4	66.7
▲ 和老师交流的时间少（%）	34.4	39.7	22.7	25.7	33.3
■ 教学方法单调（%）	44.3	55.2	43.9	42.9	47.6
✳ 教学内容枯燥（%）	34.4	55.2	68.2	55.7	60.3
● 考试频繁（%）	45.9	41.4	48.5	47.1	42.9
┼ 以考试成绩排名（%）	41.0	44.8	47.0	50.0	44.4
― 学校里受限制和约束的事太多（%）	34.4	50.0	47.0	35.0	50.8
― 没有朋友（%）	9.8	12.1	6.1	5.0	11.1
◆ 在学校里不被重视（%）	19.7	25.9	22.7	26.4	33.3
■ 其他（%）	0.0	1.7	1.5	1.4	0.0
▲ 学生没有什么痛苦的事（%）			4.5		

图2-7　中学教师的学生压力观调查

例最低，仅34.4%。接下来选项比例由高到低依次为"上课时间太长"
"以考试成绩排名""教学方法单调"和"考试频繁"，在这4个选项中，
不同教龄的教师选择比例差异较小，范围在10%左右。关于"学校里受
限制和约束的事太多"的选项，20年以上和2—4年教龄的教师选择比例
均高于50%。关于"和老师交流的时间少"，2—4年教龄的教师选择比
例最高，达39.7%，其次是1年以内和20年以上教龄的教师，二者选择
比例接近，再次是10—19年教龄的教师，选择比例最低的为5—9年教龄
的教师，比例仅为22.7%。关于"在学校里不被重视"，20年以上教龄
的教师选择比例最高，达33.3%，其余教龄段的教师选择比例基本随着
教龄的递减基本呈递减趋势。关于"没有朋友"各个教龄段的教师选择
比例都低于13%，关于"学生没有什么痛苦的事"各教龄段的教师选择

比例最低,其中5—9年教龄的教师选择比例为4.5%。

在学生调查问卷中设置了同样的问题,调查结果如图2-8所示。

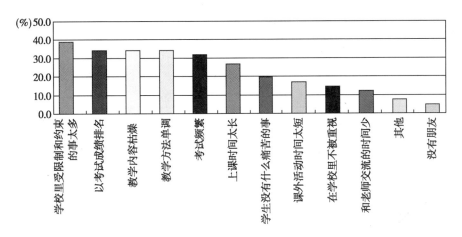

图2-8 中学生的压力观调查

从调查数据的统计结果来看,学生感到最痛苦的事情是"学校里受限制和约束的事太多",将近40%的学生选择了该选项。其余由高到低依次是"以考试成绩排名""教学内容枯燥""教学方法单调"和"考试频繁",选择比例都在30%以上,再次为"上课时间太长"和"课外活动时间太短"。学生的选择主要指向了"被规训"的学校生活,无论是教学内容、教学方法、教育评价形式,还是可自由支配的时间。

为了考察教师对学生合作意识培养的认识,本书专门设计了"小组合作教学"的案例:某初中一年级共有6个班级,只有(1)班实行小组合作教学。一个学期下来,相较于其他5个班,(1)班的班级活动最多,班级氛围最融洽,班里的同学大多养成了很强的合作意识。其余5个班的同学间相互竞争得比较厉害,同学们在学习成绩上相互较劲,班级整体氛围比较紧张。但是,期中和期末两次考试,(1)班的成绩均排在了年级的倒数第二。如果您是(1)班的班主任,是否会考虑放弃小组合作教学模式,并说明理由。

为了考察教龄对教师教育观念的影响,就教师回答测试结果进行了Kruskal Wallis检验,测试结果如表2-4所示:

表 2 - 4　　　　　　　　中学教师教学模式观调查结果卡方检验

是否会考虑放弃	教龄					x^2
小组合作教学模式	1 年以内	2—4 年	5—9 年	10—19 年	20 年以上	
考虑放弃	19	7	4	13	6	
不放弃 合作有利成长	18	22	27	58	26	9.371
不放弃 兼顾	24	28	33	67	28	
其他	0	1	2	3	3	

（注：＊表示 p < 0.05，＊＊表示 p < 0.01，＊＊＊表示 p < 0.001，下同）

　　五个教龄段的教师在测试结果上差异不明显，卡方检验为 9.371，df = 4，渐进显著性大于 0.05 （p = 0.052）。结果说明，在上述情境下被调查教师选择是否放弃小组合作教学模式与教龄的相关性不显著。在此基础上，通过调查问卷进行调查，调查结果如图 2 - 9 所示。

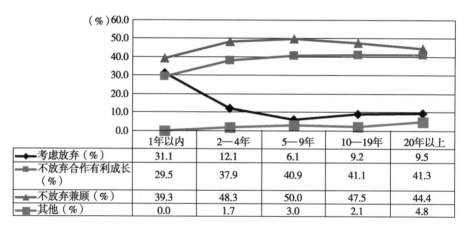

	1年以内	2—4年	5—9年	10—19年	20年以上
考虑放弃（%）	31.1	12.1	6.1	9.2	9.5
不放弃合作有利成长（%）	29.5	37.9	40.9	41.1	41.3
不放弃兼顾（%）	39.3	48.3	50.0	47.5	44.4
其他（%）	0.0	1.7	3.0	2.1	4.8

图 2 - 9　中学教师的学生合作与竞争观调查

　　从调查数据的统计结果来看，各个教龄段的教师选择"不会考虑放弃，会积极寻求培养学生合作意识的同时培养学生竞争意识的方法"的比例最高，其中，5—9 年教龄的教师选择比例最高，达 50.0%，其余依次为 2—4 年、10—19 年和 20 年以上教龄的教师，比例均在 40% 以上，1年以内教龄的教师选择比例最低，为 39.3%。选择"不会考虑放弃，虽然（1）班的成绩暂时落后，但合作精神从长远看有利于学生的成长"的选择比例居第二位，除 1 年以内教龄的教师选择比例不足 30%，其余教龄段教师选择的比例均在 40% 左右。有少部分教师选择了"会考虑放弃，因为小组合作教学会削弱学生间的竞争意识，对提高学习成绩不利"，其中，1年以内教龄的教师选择比例最高，达31.1%，其余教龄段教师选择比例均在13%以内。从中可以窥见，1年以内教龄的教师相比较其他教龄段的教师在小组合作学习的坚持与否问题上，更重视学生的学习成绩，更容易放弃小组合作学习模式。

(二) 学生观的发展趋势

研究发现，教师关于学生的认识存在如下变化趋势。

第一，在关于目前中学生的特点认识上，教师普遍认为学生的首要特点是"自控能力弱"，对此特点的认同表现出高度一致，选择比例均在七成以上，其中又以1年以内教龄的教师对学生自控能力弱的认可度最高。随着教龄的增长，教师对学生具有的反叛意识强、耐受挫折力弱的感受越来越强烈，同时对学生"以自我为中心""个性张扬、喜欢与众不同"的特点的感受也越来越强烈。教师对学生"学习能力强，知识面广"的认可度最低，选择比例除2—4年教龄（31.0%）外，均在三成以下。学生"自控能力弱"，容易引发破坏课堂秩序的行为，增加教师课堂管理的难度，目前中学的班级容量普遍较大，加之中学生活泼好动，从调查结果看，教师普遍承受着较大的课堂管理压力。初任教师刚刚入职，课堂管理经验少，缺乏对课堂的有效控制，因此更倾向于认为学生的"自控能力弱"，进将学生的品行和行为习惯好作为好学生的标志。

第二，在对好学生的认识上，教师普遍认为"品行端正、行为习惯好""对学习有浓厚兴趣"是好学生的重要标志，1年以内教龄的教师对好学生具有"品行端正、行为习惯好"的特征认可度最高。随着教龄的增长，教师逐渐弱化了学习成绩好是好学生的标志认识，相反，越来越注重学生的身心健康。各教龄段教师中，5—9年教龄的教师最看重学生具有"创新思维的特质"。各个教龄段的教师对较传统的观点，如"比较听话、守规矩"就是好学生的标志认可度普遍较低，选择比例仅一成左右，其中又以1年以内教龄的教师认可度最低。刚入职的教师在学生的成绩提高和学生合作精神的培养两难之间会倾向于选择前者，说明初任教师更关注学生成绩，具有成绩本位倾向。

第三，在学校对于学生的规训方面：教师普遍认为"课外活动时间太少""上课时间太长""考试频繁""以考试成绩排名""教学内容枯燥""教学方法单调""在学校里受限制和约束太多"会导致学生感到痛苦，其中，与其他教龄段的教师比较，5—9 年和 1 年以内教龄的教师对教学内容枯燥的认同度呈现高低两极化态势。不同教龄段的教师对学生和教师互动少、"在学校里不被重视"会令学生痛苦的认可度较低，对"没有朋友"会令学生痛苦的事认可度最低，换言之，教师普遍认为学生在学校与教师、同辈的交往频率低并不是导致学生痛苦的原因。

三　师生关系观的现状与发展趋势

（一）师生关系观的现状

在对师生关系的认识上，就"您认为教师与多数学生是怎样的关系？"一题，调查结果如图 2 – 10 所示。

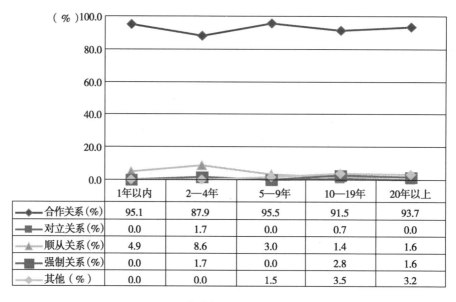

（%）	1年以内	2—4年	5—9年	10—19年	20年以上
◆ 合作关系(%)	95.1	87.9	95.5	91.5	93.7
■ 对立关系(%)	0.0	1.7	0.0	0.7	0.0
▲ 顺从关系(%)	4.9	8.6	3.0	1.4	1.6
■ 强制关系(%)	0.0	1.7	0.0	2.8	1.6
◆ 其他（%）	0.0	0.0	1.5	3.5	3.2

图 2 – 10　中学教师的师生关系观调查

从调查数据的统计结果来看，所有教龄段的教师都选择"合作关系"比例最高，除 2—4 年教龄的教师外，其余教龄段的教师选择该选项比例都超过了 90%。2—4 年教龄段的教师选择该选项比例相对较低，为 87.9%，而 2—4 年教龄段教师选择"顺从关系"的比例与各教龄段教师选择该项的比例相比最高，达 8.6%，其次是 1 年以内教龄教师，选择比例为 4.9%。关于"对立关系"与"强制关系"，教师选择比例极低。

为了具体考察教师对师生交往模式的认识，研究专门设计了案例题目：某初中二年级（3）班的同学整体活泼好动，班级课堂气氛比较活跃，班级的成绩在全年级 7 个班中属于中等水平。刘老师对学生认真负责，每次发现学生犯错都会严厉批评，学生们很敬畏他，暗地里叫他"法官"；李老师性格开朗，和学生打成一片，学生们亲切地叫她"Angel"（天使）；班主任张老师经常在课上课下抓住一切机会给学生们灌输做人做事的道理，学生们戏称他为"大管家"。

为了考察教龄对教师教育观念的影响，就教师对"请问您更欣赏哪一位教师与学生的交往模式？"的测试结果进行了 Kruskal Wallis 检验。测试结果如表 2 – 5 所示：

表 2 – 5 　　　　　　中学教师师生交往观调查结果卡方检验

您更欣赏哪位教师与学生的交往模式?	教龄					x^2
	1 年以内	2—4 年	5—9 年	10—19 年	20 年以上	
"法官"模式	6	12	6	11	6	15.633 **
"Angel"模式	37	39	37	83	33	
"大管家"模式	18	7	23	47	24	

5 个教龄段的教师在测试结果上有显著差异，卡方检验为 15.633，df = 4，渐进显著性小于 0.01（p = 0.004）。结果说明，被调查教师选择哪种师生交往模式与教龄具有显著的相关性。

在该案例情境下，不同教龄段的教师选择更欣赏哪一位教师与学生的交往模式的调查结果如图 2 – 11 所示：

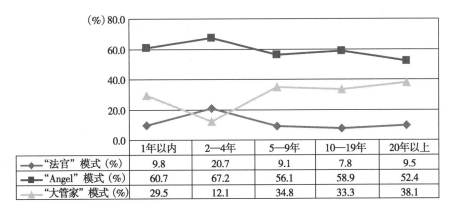

	1年以内	2—4年	5—9年	10—19年	20年以上
"法官"模式（%）	9.8	20.7	9.1	7.8	9.5
"Angel"模式（%）	60.7	67.2	56.1	58.9	52.4
"大管家"模式（%）	29.5	12.1	34.8	33.3	38.1

图 2 – 11 　中学教师的师生交往模式观调查

从调查数据的统计结果来看，三个模式中各个教龄段的教师都是选择"Angel"模式的比例最高，其中，2—4 年教龄段的教师选择比例最高，达 67.2%，其次是 1 年以内教龄段的教师，选择比例为 60.7%，5—9 年、10—19 年教龄的教师选择比例接近，最低的为 20 年以上教龄的教师，选择比例为 52.4%。其次是"大管家"模式，其中 20 年以上教龄的教师选择比例最高，达 38.1%，2—4 年教龄的教师选择比例最低，仅 12.1%。选择"法官"模式的教师比例最低，各个教龄段中，2—4 年的选择比例最高，达 20.7%，其余 4 个教龄段的选择比例差别不大，均接近 10%。

（二）师生关系观的发展趋势

不同的师生关系对应着不同的师生交往模式，对师生关系的认识与师生交往模式的认识紧密相关。对欣赏的师生模式的选择同样能折射出教师内心对师生关系和师生交往模式的渴望。研究发现，教师关于师生关系的认识存在如下变化趋势。

第一，教师在师生关系认识上比较一致，普遍认为师生之间是合作关系，但 2—4 年教龄段的教师中有部分人认为师生之间应该是顺从关系。

第二，教师普遍更欣赏民主平等的"Angel"模式，各教龄段均有超五成的教师选择了该模式，对权威式的"法官"模式认可度最低，对说教意味浓的管家式的师生交往模式认可度居于两者之间。2—4 年教龄的教师比其他教龄段的教师更加认可相对民主、平等的师生交往模式，如"Angel"模式，也比较认可传统的相对严厉的师生交往模式，如"法官"模式，但他们对说教意味较浓的"大管家"模式认可度最低。2—4 年教龄的部分教师与 20 年以上教龄的部分教师所欣赏的师生模式正好相反，20 年以上教龄的教师对"法官"模式和"Angel"模式的认可度相比较其他教龄段的教师而言较低，对苦口婆心说教意味较浓的"大管家"模式的认可度在各个教龄段中 10—19 年教龄最高。

在教学活动过程中，各种因素错综复杂，包括了教育目标、教师、学生、课程、教育手段和学习手段、评价等，这些因素彼此交织，交互作用，共同构成师生活动的背景。有研究显示，学生多数厌恶权威式的领导，期望教师能够进行民主管理。师生关系的紧张冲突与学生的内在焦虑在权威式的管理模式下最为严重。民主式管理与权威式管理行为均有利于学生学业成就，权威式领导直接有利于权威式教师所担任的课程，而民主式的领导则有利于学生全面的学习。① 教师民主式管理对于学生的自我概念、成就动机和人格适应，较权威式管理或放任式管理均更有效。在民主气氛中，学生较有自信、自尊和成就感；在专制的气氛中，学生容易产生焦虑而丧失自信、自尊和存在感；在家长式的管理中，学生则容易养成归属感，同时也容易形成自我观念和努力奋斗的目标。

　　教学情境中的师生交互作用，是人际关系中最复杂最微妙的形态之一。从社会学观点而言，教师有其地位与权威，学生也有属于他们自己的次级文化。师生彼此之间的价值观念与行为模式，可能并不一致。就心理学观点而言，教师为达成有效教学目标，必须采取诸如强化、诱惑等手段，要求学生学习成人认为有用的知识，而学生只愿意依自己的方式来学习自己认为有趣的事物，于是师生彼此之间难免形成冲突。因此，容易造成：认真负责的教师，不一定受学生欢迎，而学生最喜欢的教师，不一定是让他们获益最多的教师。有研究表明，虽然学生喜欢温和友善的教师，但是从较严厉的教师那里学到的更多。② 可见，在师生关系中，维持良好气氛与获得有效教学效果两者不容易兼得。

第四节　中学教师教育客体观的现状与发展趋势

　　教育客体主要指向教育内容，即课程。教育客体观是教师对教育客体的基本看法，主要包括对课程内容与课程价值两个方面的认识。

一　课程内容观的现状与发展趋势

（一）课程内容观的现状

　　为了考察教龄对教师教育观念的影响，就教师对"您认为目前学生所学知识的难度"对于他们来说的测试结果进行了 Kruskal Wallis 检验，测试结果如表 2－6 所示：

---

① 陈奎熹：《教育社会学》，台湾：三民书局印行 1986 年版，第 77—78 页。
② 台湾师大教育研究所：《教育社会学》，复文图书出版社 1979 年版，第 81 页。

表2-6　　　　　　　　　中学教师的知识难度观调查结果卡方检验

您认为目前学生所学知识的难度	教龄					x^2
	1年以内	2—4年	5—9年	10—19年	20年以上	
难度较大	6	16	24	47	34	
比较适中	49	35	41	89	29	33.680 ***
比较容易	6	7	1	5	0	

　　5个教龄段的教师在测试结果上有显著差异，卡方检验为33.680，df=4，渐进显著性小于0.001。结果说明，被调查教师对学生所学课程内容难易程度的认识与教龄具有非常显著的相关性。

　　在对学生所学知识难度的认识上，就"您认为目前学生所学知识的难度对于他们来说"一题，调查结果如图2-12所示。

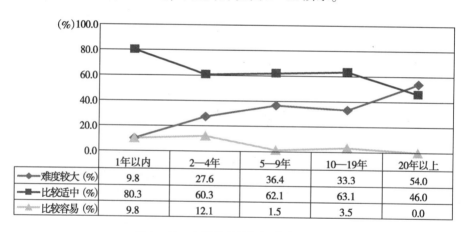

	1年以内	2—4年	5—9年	10—19年	20年以上
难度较大 (%)	9.8	27.6	36.4	33.3	54.0
比较适中 (%)	80.3	60.3	62.1	63.1	46.0
比较容易 (%)	9.8	12.1	1.5	3.5	0.0

图2-12　中学教师的知识难度观调查

　　从调查数据的统计结果来看，三个模式中各个教龄段教师选择比例最高的基本均为"比较适中"，其中，1年以内教龄的教师选择比例最高，为80.3%，20年以上教龄的教师选择比例最低，为46.0%。其余3个教龄段的教师选择比例接近，相差不超过3%。而认为"难度较大"的教师中，20年以上教龄的教师选择比例最高，达54.0%，其余由高到低排依次为5—9年、10—19年和2—4年教龄的教师，1年以内教龄的教师选择比例最低，仅9.8%。2—4年和1年以内教龄的教师认为"比较容易"比例分别为12.1%和9.8%，其余教龄段的教师选择该选项比例极低，不到5%，20年以上教龄的教师均没有选择该选项。

综合实践活动课与数学课分别代表不同的课程取向。为了考察教师的课程价值取向，研究设计了关于综合实践活动课与数学课关系认识的案例题目：临近期末，某高中二年级（3）班数学课 L 老师听说同年级有的班级数学课占用了综合实践活动课，他也想占用综合实践课为该班的同学们补习数学，于是，他找到综合实践课李老师说明了情况，李老师有些为难，她解释说，自己好不容易争取到了带领该班同学参加社区两年一次的民俗文化推广活动机会。两位老师一起去找班主任谈话。假如您是该班班主任老师，您将如何决定？调查结果如图 2 - 13 所示。

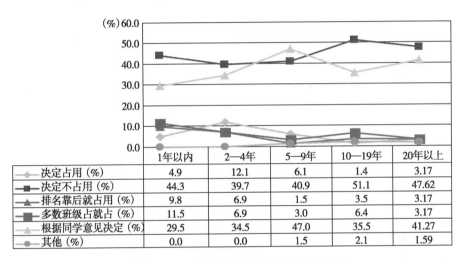

(%)	1年以内	2—4年	5—9年	10—19年	20年以上
决定占用（%）	4.9	12.1	6.1	1.4	3.17
决定不占用（%）	44.3	39.7	40.9	51.1	47.62
排名靠后就占用（%）	9.8	6.9	1.5	3.5	3.17
多数班级占就占（%）	11.5	6.9	3.0	6.4	3.17
根据同学意见决定（%）	29.5	34.5	47.0	35.5	41.27
其他（%）	0.0	0.0	1.5	2.1	1.59

图 2 - 13　中学教师的课程价值取向调查

从调查数据的统计结果来看，选择"为了让同学们参加民俗文化推广活动，决定不占用"的教师比例最高，各教龄段教师中，10—19 年教龄的教师选择比例最高，达 51.1%，其余由高到低依次为 20 年以上、1 年以内、5—9 年和 2—4 年教龄的教师。选择"到班级中征求同学们的意见，根据大多数同学的意见决定是否占用"的教师比例居于第二，各教龄段教师中 5—9 年教龄的教师选择比例最高，达 47.0%，其次为 20 年以上教龄的教师，10—19 年和 2—4 年教龄的教师选择比例接近，1 年以内教师选择比例最低，为 29.5%。选择"根据本班数学成绩在同年级中的排名情况决定是否占用，若排名靠后，就占用"和"根据同年级中其他班级的情况决定是否占用，若多数班级已占用，就占用"两个选项的教师中，1 年以内教龄的教师选择比例最高，分别为 9.8% 和 11.5%，其次为 2—4 年教龄的教师，比例均为 6.9%，其余 3 个教龄段的教师选择这两项的比例依据 10—19 年、20 年以上和 5—9 年的顺序递减。选择为了提高同学们的数学成绩,"决定占用"的教师中,2—4 年教龄的教师比例最高,为 12.1%,其次为 5—9 年教龄的教师,比例为 6.1%,其余 3 个教龄段的教师选择比例未超过 5%。

在传统的课堂上,通常是教师控制着话语权,教师向学生提问的问题通常是教师自己知晓的有确定答案的、事实性的问题,学生仅需要提供确定的答案,很少提出没有固定答案的问题。就"您通常会提问学生哪一方面的问题?"一题,调查结果如图 2 - 14 所示。

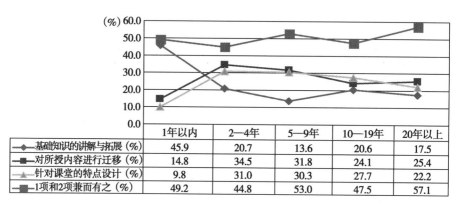

	1年以内	2—4年	5—9年	10—19年	20年以上
基础知识的讲解与拓展(%)	45.9	20.7	13.6	20.6	17.5
对所授内容进行迁移(%)	14.8	34.5	31.8	24.1	25.4
针对课堂的特点设计(%)	9.8	31.0	30.3	27.7	22.2
1项和2项兼而有之(%)	49.2	44.8	53.0	47.5	57.1

图 2 - 14 中学教师的课堂提问内容观调查

从调查数据的统计结果来看,4 个选项中,选择比例最高的均为"同时兼顾对基础知识的讲解与拓展的问题和对所授内容进行迁移与拓展的问题",各教龄段教师中 20 年以上教龄的教师选择该选项比例最高,达 57.1%,其次为 5—9 年教龄的教师,比例为 53.0%,其余 3 个教龄段的教师选择比例相差不超过 5%。选择"侧重对所授内容进行迁移的问题"和"针对课堂的特点有针对性地设计"的各教龄段教师中,2—4 年教龄的教师选择比例均最高,分别为 34.5% 和 31.0%,其次为 5—9 年教龄的教师,20 年以上和 10—19 年教龄的教师在这两个选项上差异不大,1 年以内教龄的教师选择这两项比例均最低,仅 14.8% 和 9.8%。相反,在"侧重对基础知识的讲解与拓展的问题"的选项中,1 年以内教龄的教师选择比例最高,达 45.9%,2—4 年、10—19 年教龄的教师选择比例接近,均为 20% 左右,其次为 20 年以上教龄的教师,比例为 17.5%,选择比例最低的为 5—9 年教龄的教师,比例为 13.6%。

（二）课程内容观的发展趋势

研究发现，教师关于课程内容的认识存在如下变化趋势。

第一，1年以内教龄的教师多数认为学生所学知识的难度比较适中，随着教龄的增加，教师认为知识的难度增大，20年以上教龄的教师半数以上认为学生所学知识的难度较大。不同教龄段的教师对学生所学知识难度的认识不同，主要原因是参照物不同：1年以内教龄的教师参照的是师范院校期间的科目教学内容，20年以上教龄的教师则进行纵向比较，与之前的课程的知识的难度进行比较。

第二，初任教师较重视知识教育和学生成绩，在课堂上也更注重知识的讲解与拓展，而针对知识内容进行迁移和课堂的特点设计的提问问题较少。随着教龄的增加，教师越来越注重学生的能力教育，讲课时也更加兼顾基础知识的讲解和迁移，20年以上教龄的教师对兼顾两者的认可度最高。

第三，关于知识教育与能力教育，2—4年教龄的教师更注重知识教育，10—19年教龄的教师更注重能力教育。同时，5—9年教龄的教师更关注学生的需要，最注重倾听同学的意见，相反，1年以内教龄的教师处于生存关注阶段，比较从众和倾向于服从学校既有规范，较少倾听学生的意见。2—4年教龄的教师较之其他教龄段的教师更注重学生的学习成绩。

二　课程价值观的现状与发展趋势

教育内容在本质上是被社会和受教育者双重规定的。教育内容对于个体与社会同时具有双重价值。"教育在于使年青的一代系统地社会化……在我们每个人身上塑造社会我，这就是教育的目的……教育是要在人的身上创造新的人格"，同时，"只有在社会使人产生了对知识的需要时，人才会渴望得到知识；但也只有在社会本身感到需要知识时，社会才会使人产生对知识的需要。"[1] 教育内容必须同时满足社会与个体对知识的双重需要。以下分别从课程对于个体的价值和课程对于社会的价值两个方面考察教师的课程价值观。

----

① 张人杰：《国外教育社会学基本文选》，华东师范大学出版社2009年版，第8—10页。

（一）课程价值观的现状

1. 教师关于课程对于提高学生思维能力的重要程度认识

表 2 - 7　　　　　中学教师对课程提高学生思维能力的观念得分

教龄	均值	标准差	均值的标准误差	F	Sig.
1 年以内	3.51	0.674	0.086		
2—4 年	3.43	0.704	0.092		
5—9 年	3.59	0.554	0.068	3.342 *	0.010
10—19 年	3.66	0.519	0.044		
20 年以上	3.37	0.655	0.083		

表 2 - 8　　　　　中学教师对课程提高学生思维能力的观念 T 检验

教龄	2—4 年	5—9 年	10—19 年	20 年以上
1 年以内	0.077			
2—4 年		- 0.160		
5—9 年			- 0.069	
10—19 年				0.294 *

从表 2 - 7、表 2 - 8 可以看出各教龄段教师关于"您所教的课程对于提高学生的思维能力"的均值分布情况，最高为 10—19 年教龄的教师，最低为 20 年以上教龄的教师。其余相邻教龄段的教师对这一问题的认同程度差异不显著，2—4 年教龄的教师对该问题的认同程度低于 1 年以内及 5—9 年教龄的教师。

对不同教龄段的教师关于"您所教的课程对于提高学生的思维能力"的认同程度方差分析结果表明：不同教龄段教师对该问题的认识差异较大（F = 3.342，p < 0.01）。通过两两比较，结果显示：10—19 年与 20 年以上教龄的教师对于该问题认识差异显著，p < 0.05。

2. 教师关于课程对于提高学生未来工作效率的重要程度认识

表 2 - 9　　　　　中学教师对课程提高学生未来工作效率的观念得分

教龄	均值	标准差	均值的标准误差	F	Sig.
1 年以内	3.10	0.700	0.090		

续表

教龄	均值	标准差	均值的标准误差	F	Sig.
2—4 年	3.02	0.827	0.109		
5—9 年	3.23	0.873	0.108	3.775*	0.005
10—19 年	3.38	0.713	0.060		
20 年以上	3.00	0.916	0.115		

表 2 - 10　　　中学教师对课程提高学生未来工作效率的观念 T 检验

教龄	2—4 年	5—9 年	10—19 年	20 年以上
1 年以内	0.081			
2—4 年		−0.210		
5—9 年			−0.149	
10—19 年				0.376*

从表 2-9、表 2-10 可以看出各教龄段教师关于"您所教的课程对于提高学生未来的工作效率"的均值分布情况，最高为 10—19 年教龄的教师，最低为 20 年以上教龄的教师。其余相邻教龄段的教师对这一问题的认同程度差异不显著，2—4 年教龄的教师对该问题的认同程度低于 1 年以内及 5—9 年教龄的教师。

对不同教龄段的教师关于"您所教的课程对于提高学生未来的工作效率"的认同程度方差分析结果表明：不同教龄段教师对该问题的认识差异较大（F=3.775，p<0.01）。通过两两比较，结果显示：10—19 年与 20 年以上教龄的教师对于该问题认识差异显著，p<0.05。

3. 教师关于课程对于提高学生未来生活能力的重要程度认识

表 2 - 11　　　　中学教师对课程提高学生未来生活能力得分

教龄	均值	标准差	均值的标准误差	F	Sig.
1 年以内	3.20	0.872	0.112		
2—4 年	2.95	0.963	0.126		
5—9 年	3.09	1.003	0.124	2.822*	0.025
10—19 年	3.15	0.810	0.068		
20 年以上	2.75	0.967	0.122		

表 2 - 12 中学教师对课程提高学生未来生活能力 T 检验

教龄	2—4 年	5—9 年	10—19 年	20 年以上
1 年以内	0.248			
2—4 年		− 0.143		
5—9 年			− 0.058	
10—19 年				0.403 *

从表 2 - 11、表 2 - 12 可以看出各教龄段教师关于"您所教的课程对于提高学生未来的生活能力"的均值分布情况，最高为 1 年以内教龄的教师，最低为 20 年以上教龄的教师。其余相邻教龄段的教师对这一问题的认同程度差异不显著，2—4 年教龄的教师对该问题的认同程度低于 1 年以内及 5—9 年教龄的教师。

对不同教龄段的教师关于"您所教的课程对于提高学生未来的生活能力"的认同程度方差分析结果表明：不同教龄段教师对该问题的认识差异不大（F = 2.822，p < 0.05）。通过两两比较，结果显示：10—19 年教龄与 20 年以上教龄的教师对于该问题认识差异显著，p < 0.05。

4. 课程社会价值观的现状

表 2 - 13 中学教师的课程社会价值观得分

教龄	均值	标准差	均值的标准误差	F	Sig.
1 年以内	3.05	0.805	0.103		
2—4 年	3.05	0.907	0.119		
5—9 年	3.36	0.816	0.100	4.664 **	0.001
10—19 年	3.40	0.726	0.061		
20 年以上	2.98	0.975	0.123		

表 2 - 14 中学教师的课程社会价值观 T 检验

教龄	2—4 年	5—9 年	10—19 年	20 年以上
1 年以内	− 0.003			
2—4 年		− 0.312 *		
5—9 年			− 0.034	
10—19 年				− 0.413 *

从表 2 - 13、表 2 - 14 可以看出各教龄段教师关于"您所教的课程知识对于社会来说"的均值分布情况，最高为 10—19 年教龄的教师，最低为 20 年以上教龄的教师。

对不同教龄段的教师关于"您所教的课程知识对于社会来说"的认同程度方差分析结果表明：不同教龄段教师对该问题的认识差异显著（$F = 4.664$，$p < 0.001$）。通过两两比较，结果显示：2—4 年与 5—9 年教龄的教师对于该问题认识差异显著，$p < 0.05$；10—19 年教龄与 20 年以上教龄的教师对于该问题认识差异非常显著，$p < 0.01$。

教师对于所教课程的社会价值认识会随着教龄的变化发生变化，1 年以内教龄的教师较少意识到课程对于社会的价值，5—9 年教龄的教师对课程的社会价值认识显著高于 2—4 年教龄的教师的认识，10—19 年教龄的教师对这一认识达到最高点，教龄到了 20 年以上，教师对课程的社会价值认识急剧下滑。

（二）课程价值观的发展趋势

随着教龄的增长，教师对课程价值的认识会发生变化，变化趋势如图 2 - 15 所示。

在课程对学生的价值，具体包括课程具有提高学生的思维能力、提高学生未来的工作效率和提高学生未来的生活能力重要程度三个方面，2—4 年教龄的教师认识均低于相邻教龄段的教师，10—19 年教龄的教师对课程的价值评价显著高于 20 年以上教龄的教师。就目前的调查结果来看，教师对课程之于学生个体的价值和之于社会的价值认识基本吻合，但 1 年以内教龄的教师更重视课程对学生个体的价值，较少认识到课程对于社会的价值。

目前，主要有三种课程观[①]：第一种课程观是知识或学术理性主义课程观，视课程为"学科"或"知识"，认为课程的价值在于为学生未来生活提供充足的理性准备。传统的课程观具有比较明显的以知识为中心的理性主义倾向。在课程理论上，固守"课程即学科"或"课程即教学科目的总和"的观念；在课程价值上，把知识的重要性推向极致；在课程实践上，知识的标准化、统一化支配着课程设计与课程实施。第二种课程观为经验或自我实现课程观，视课程为经验，认为课程是促进儿童自我实现

---

① 郭元祥：《课程观的转向》，《课程·教材·教法》2001 年第 6 期。

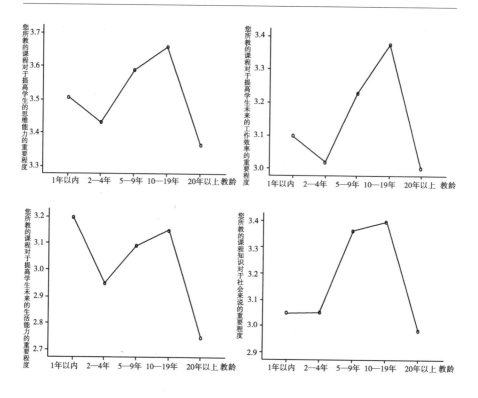

图 2 – 15 中学教师的课程价值观变化趋势折线

的手段，强调活动在课程学习中的重要性。这种课程观从人的本性出发，强调以人的内在天性为中心来组织课程。第三种课程观为生活经验重构或批判课程观，建立在现象学、解释学和批判理论基础之上，追求课程应是生活经验及其概念重建，要求培养学生的批判意识、构建意识和创造意识，期望通过课程的实施，引导学生建立起有效的生活方式。从根本上说，课程观的转向实质是向完整的人及其完整的生活的转向。课程观的历史演进表明，课程观的转向是沿着人的未来生活——人的现实生活——人的现实生活和可能生活的沟通的道路展开的。

就调查结果来看，初任教师最为关注课程对提高学生未来生活能力的认识，课程观较倾向于课程是生活经验的认识，即批判课程观。2—4 年教龄的教师对课程对于学生个体的价值和社会的价值认识均相对较低，极可能是由于该教龄段的教师在经历了求生阶段后进入调整阶段，开始系统学习有关课程的知识，处于对课程的探索阶段，对课程的价值认识还不够深刻。入职 5—9 年后，教师普遍进入成熟阶段，基本掌握了任教科目的课程知识，对课程的价值认识有所提升。入职 10—19 年，教师对课程价值的认识达到最高峰，教师能认识到课程对于学生生活的关照价值，认为课程对学生建构有效的生活方式具有重要意义，包括提高学生的思维能力、提高未来工作效率和提高未来生活能力等方面，这对教师进一步专注和投入课程而言具有重要的激励作用。20 年以上教龄的教师对课程价值认识呈现急剧下降趋势，说明这个教龄段教师的课程观较为传统，具有比较明显的以知识为中心的理性主义倾向。

第五节　中学教师教育中介观的现状与发展趋势

教师的教育中介观是指教师对教育活动过程中所使用的教育手段和学习手段的看法。研究发现，教师对现代化教学和学习手段普遍持积极态度，认识逐渐超越教育中介本身所蕴含的工具价值，在使用现代化的教学手段和学习手段追求更好的教学效果的同时，开始考虑教育中介之于教师和学生情感和精神需要。同时，随着教龄的增长，教师对教学内容的呈现方式、学生学习方法等的认知逐渐自觉。

一　教育中介观的现状

（一）现代化教学手段观的现状

在教学手段的配备与使用上，就"您所在的学校配备哪些现代化的教学手段？"和"您在教学中经常使用的教学资源形式有？"两道题目的调查结果如表 2 – 15 和表 2 – 16 所示：

表 2 – 15　　　　　　　　现代化教学手段配备情况一览

现代化教学手段	计算机	投影仪	录音机	DVD 机	电视机	其他
频数	348	341	220	57	101	52
百分比（%）	89.5	87.7	56.6	14.7	26.0	13.4

表 2 – 16　　　　　　　　教学资源形式使用情况一览

教学资源	演示文稿（PPT）	音频文件	视频文件	图片	动画	网页	其他
频数	357	199	223	225	77	40	23
百分比（%）	91.8	51.2	57.3	57.8	19.8	10.3	5.9

从调查数据的统计结果来看，多数教师所在的学校配备了计算机和投影仪，2—4年、5—9年和10—19年教龄的教师选择演示文稿（PPT）作为经常使用的教学资源形式的比例均超过90%，1年以内和20年以上教师选择比例也超过80%。1年以内教龄的教师在经常使用的教学资源形式中对音频文件、视频文件和动画的选择比例均最高，而20年以上教龄的教师选择音频文件和视频文件的比例均最低，其他3个教龄段的教师选择比例居于两者中间，其中，2—4年教龄段的教师对音频文件和视频文件选择比例均高出5—9年和10—19年教龄的教师。关于网页的使用，10—19年和20年以上教龄的教师选择比例超过其他3个教龄段的教师。

在对于现代化教学手段作用的认识上，就"您认为现代化的教育手段对教学有什么影响?"一题，调查结果如图2-16所示。

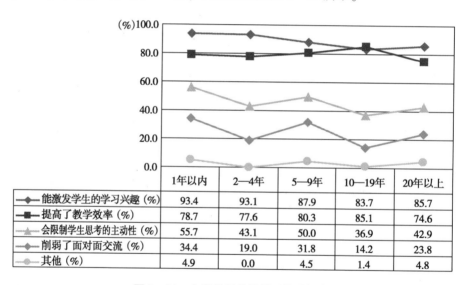

	1年以内	2—4年	5—9年	10—19年	20年以上
◆ 能激发学生的学习兴趣（%）	93.4	93.1	87.9	83.7	85.7
■ 提高了教学效率（%）	78.7	77.6	80.3	85.1	74.6
▲ 会限制学生思考的主动性（%）	55.7	43.1	50.0	36.9	42.9
◆ 削弱了面对面交流（%）	34.4	19.0	31.8	14.2	23.8
● 其他（%）	4.9	0.0	4.5	1.4	4.8

图2-16　中学教师的教学手段观调查

从调查数据的统计结果来看，比例较高的两个选项为"形象、直观、生动、活泼，能够更好地激发学生的学习兴趣"和"丰富了教学形式，提高了教学效率"，随着教龄的增长，教师选择这两个选项的比例基本呈递减趋势，但20年以上教龄的教师对这两个选项的选择比例仍分别达到85.7%和74.6%。关于"展示过于直观，会限制学生思考的主动性和想象力"和"削弱了教师与学生之间的面对面交流"两个选项选择比例较低，最高的为1年以内教龄的教师，选择比例为55.7%和34.4%，整体趋势依据1年以内、2—4年、5—9年、10—19年、20年以上的顺序依次递减，10—19 年教龄的教师选择比例最低，分别为 36.9% 和 14.2%。

（二）现代化学习手段观的现状

在对于学生学习用具的选择和网络学习资源的使用上，就"除了传统的学习用具外，您所在的班级有多少学生经常使用电脑、点读机、电子书等电子学习用具？"和"您所在的班级有多少学生经常会用到百科类搜索、在线课堂等网络学习资源？"两道题目，调查结果如表 2 – 17 和表 2 – 18 所示：

表 2 – 17　　　　　　　学生使用现代化学习手段情况

选项	频率	百分比（%）	有效百分比（%）	累积百分比（%）
没有学生用	91	23.4	23.4	23.4
少部分用	183	47.0	47.0	70.4
大多数用	71	18.3	18.3	88.7
不清楚	44	11.3	11.3	100.0
合计	389	100.0	100.0	

表 2 – 18　　　　　　　学生使用现代化学习资源情况一览

选项	频率	百分比（%）	有效百分比（%）	累积百分比（%）
没有学生用	104	26.7	26.7	26.7
少部分用	148	38.0	38.0	64.8
大多数用	51	13.1	13.1	77.9
不清楚	86	22.1	22.1	100.0
合计	389	100.0	100.0	

从调查数据的统计结果来看，选择"基本没有学生使用"电子学习用具的占 23.4%，使用网络学习资源的占 26.7%，选择"有少部分学生用"电子学习用具的占到 47.0%，使用网络学习资源的占 38.0%，选择"大多数学生都在用"电子学习用具的占 18.3%，使用网络学习资源的占 13.1%，关于学生电子用具和网络学习资源使用情况"不清楚"的分别为 11.3% 和 22.1%。

（三）学习方法观的现状

在对于学生学习方法的认识上，就"您如何看待学生的学习方法？"

一题，调查结果如图 2 - 17 所示：

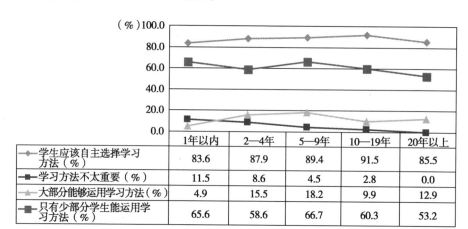

	1年以内	2—4年	5—9年	10—19年	20年以上
学生应该自主选择学习方法（%）	83.6	87.9	89.4	91.5	85.5
学习方法不太重要（%）	11.5	8.6	4.5	2.8	0.0
大部分能够运用学习方法（%）	4.9	15.5	18.2	9.9	12.9
只有少部分学生能运用学习方法（%）	65.6	58.6	66.7	60.3	53.2

图 2 - 17　中学教师的学习方法观调查

从调查数据的统计结果来看，教师选择"学习方法很重要，学生应该自主选择最有效的学习方法"的比例最高，其中，10—19 年教龄的教师选择比例最高，为 91.5%，其余顺次为 5—9 年、2—4 年和 20 年以上教龄的教师，其选择比例均在 85% 以上，1 年以内教龄的教师选择比例最低，但也达到了 83.6%。同时，半数以上教龄的教师认为"只有少部分学生能够灵活地运用各种学习方法"，5—9 年和 1 年以内教龄的教师选择比例超过 65%。教师选择"大部分学生能够灵活地运用各种学习方法"选项的比例较小，5—9 年教龄的教师选择比例最高，为 18.2%，1 年以内教龄的教师选择比例最低，仅 4.9%。认为"学习方法不太重要，学生只要跟上老师的节奏就可以"的教师最少，选择比例从 1 年以内到 10—19 年教龄的教师呈递减趋势，20 年以上教龄的教师没有人选择该选项。

在对于学生学习方法的认识上，就"您就学生的学习方法通常会强调哪些方面？"一题，调查结果如图 2 - 18 所示：

从调查数据的统计结果来看，教师选择"在讲课时会经常给学生讲授学习方法"的比例最高，各教龄段的教师选择该项的比例在 80% 左右，只有 20 年以上教龄的教师选择比例较低，为 73.0%。选择"要求学生课前进行预习，并教给学生预习的方法"和"要求学生课后进行复习，并教给学生复习的方法"的教师比例大致相当，其中，20 年以上教龄的教师选择比例最高，均超过 70%，其他教龄段的教师中，2—4 年教龄的

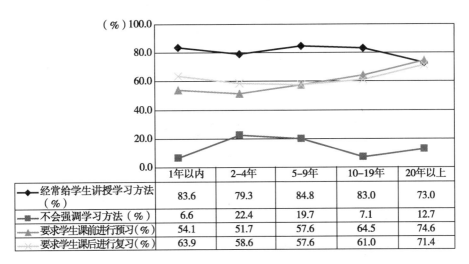

	1年以内	2—4年	5—9年	10—19年	20年以上
经常给学生讲授学习方法（%）	83.6	79.3	84.8	83.0	73.0
不会强调学习方法（%）	6.6	22.4	19.7	7.1	12.7
要求学生课前进行预习（%）	54.1	51.7	57.6	64.5	74.6
要求学生课后进行复习（%）	63.9	58.6	57.6	61.0	71.4

图 2 – 18　中学教师教授学习方法的调查

教师选择"课前预习"的比例最低，但也超过50%，5—9年教龄的教师选择"课后复习"比例最低，为57.6%。选择"一般不会单独强调学习方法"的教师比例最低，其中2—4年和5—9年教龄的教师选择比例在20%左右，20年以上教龄的教师选择比例为12.7%，10—19年和1年以内教龄的教师选择比例均未达到10%。

关于"有研究者指出，学生是否会运用科学的学习方法进行学习直接影响学生的学习能力和学业成绩水平，并建议开设学习方法课程，为不同阶段的学生讲授不同科目的学习方法。关于他的研究和建议，您如何认识?"一题，调查结果如图 2 – 19 所示：

从调查数据的统计结果来看，选择"基本同意他的观点，学习方法很重要，但学校不必开设专门的课程讲授学习方法，因为任课老师会在教学的同时讲授该科目的学习方法"的教师比例最高，平均比例达43.6%，其中，5—9年与2—4年教龄的教师选择比例较高，达50%左右，10—19年和20年以上教龄的教师选择比例为40%左右，1年以内教龄的教师选择比例为34.4%。关于"同意他的观点，学习方法很重要，学校应该开设专门的课程为学生讲授学习方法"的选项，教师平均选择比例为35.0%，其中，10—19年教龄的教师选择比例最高，达44.0%，20年以上、2—4年和1年以内教龄的教师选择比例在35%左右，5—9年教龄的教师选择比例最低，为25.8%。选择"基本同意他的观点，学习方法很重要，但应靠学生个人的悟性，而不是靠学校或老师教授"的教师平均

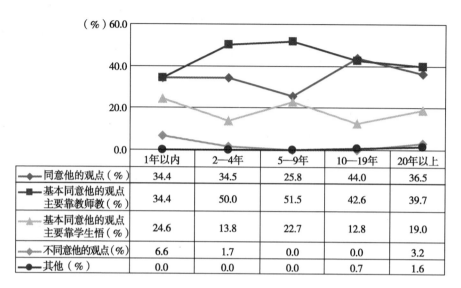

	1年以内	2—4年	5—9年	10—19年	20年以上
◆ 同意他的观点（%）	34.4	34.5	25.8	44.0	36.5
■ 基本同意他的观点 主要靠教师教（%）	34.4	50.0	51.5	42.6	39.7
▲ 基本同意他的观点 主要靠学生悟（%）	24.6	13.8	22.7	12.8	19.0
◆ 不同意他的观点（%）	6.6	1.7	0.0	0.0	3.2
● 其他（%）	0.0	0.0	0.0	0.7	1.6

图2-19　中学教师关于开设学习方法课的观念调查

比例为18.6%，该选项中，2—4年和10—19年教龄的教师选择比例偏低为13%左右。仅1.8%的教师选择了"不同意他的观点，学生在学校只要听老师的就行，无须专门考虑学习方法"，其中，5—9年和10—19年教龄的教师未选择该项。

二　教育中介观的发展趋势

研究发现，教师关于教育中介的认识存在如下变化趋势。

第一，通过纵向比较，发现教师对现代化教学手段的认识存在如下趋势：教师普遍对现代化教学手段持积极的态度，认为现代化教学手段形象、直观、生动、活泼，能够更好地激发学生的学习兴趣、丰富教学形式和提高教学效率。随着教龄的增长，这一认识有逐渐下降的趋势，但比较缓慢，较不明显。关于现代化教学手段具有的负面影响，如现代教学手段展示过于直观，会限制学生思考的主动性和想象力，削弱教师与学生之间面对面交流等认识，随着教龄的增长基本呈现下降趋势。

第二，不同教龄段的教师普遍认识到学习方法的重要性，认为学生是否会运用科学的学习方法进行学习直接影响学生的学习能力和学业成绩水平，学生应该自主选择最有效的学习方法。但同时认为，只有少部分学生能够灵活地运用各种学习方法。多数教师都会在讲课的过程中给学生讲授学习方法，要求学生预习和复习课程内容。关于学习方法的以上几点认识，不同教龄段的教师认识并不存在显著差异，但是，对于学校是否要面向学生开设专门的学习方法课程，10—19年教龄的教师更倾向于认为应该开设学习方法的专门课程，其他教龄段的教师，特别是5—9年和2—4年教龄的教师则更倾向于认为不必开设专门的学习方法课程，理由是任课教师在授课过程中会讲授科目的学习方法。初任教师对学习方法及学生具备自主学习方法的重要性认识相对不足，这多半与他们缺乏教学经验和对学生学习规律和有效学习的认识不足有关。

第六节　中学教师教育评价观的现状与发展趋势

教师的教育评价观主要指教师对评价学生和对评价教师的基本看法。研究发现，教师对目前主要运用定量方法、注重选拔功能的评价体系普遍持否定态度。虽然教师普遍不认可将学生的成绩作为教师工作成效的主要标准，但事实上，多数学校经常按照教师所教班级的学生成绩来评价教师。

一　教育评价观的现状

（一）学生评价观的现状

为了考察教师对于评价学生方式的认识，研究设计了案例题：某高中一年级，每个月都进行测验，并把学生的成绩单张贴在教室里。学生通过成绩单，能够看到自己各科的分数和在全年级的排名，包括总分的排名和各科的排名以及自己的进、退步情况。在一次班会上，学生王天和刘睿对学校公布学生考试成绩排名表达了截然不同的看法。王天认为，公布学生考试成绩排名虽然有压力，但自己因此有了动力，为了能够每次都有进步，自己不断努力，排名更靠前了。刘睿则认为，学校公布成绩和排名情况很伤自尊心，连续两次都排在倒数几名，都不想再学习了。您如何看待学校公布学生考试成绩排名的做法？调查结果如图2-20所示：

从调查数据的统计结果来看，选择"虽然会提高班级的整体成绩，但是会伤害少数学生的自尊心，应该制止"的教师比例最高，平均比例达47.8%，其中，10—19年教龄的教师选择比例最高，为58.2%，其次

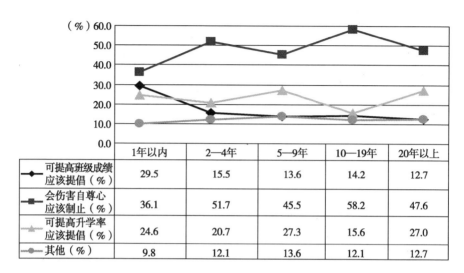

	1年以内	2—4年	5—9年	10—19年	20年以上
可提高班级成绩应该提倡（%）	29.5	15.5	13.6	14.2	12.7
会伤害自尊心应该制止（%）	36.1	51.7	45.5	58.2	47.6
可提高升学率应该提倡（%）	24.6	20.7	27.3	15.6	27.0
其他（%）	9.8	12.1	13.6	12.1	12.7

图 2 - 20 中学教师的学生评价观调查

为 2—4 年教龄的教师，比例为 51.7%，20 年以上和 5—9 年教龄的教师选择比例接近，1 年以内教龄的教师选择比例最低，为 36.1%。选择"经过其他中学实践，举办月考并公布成绩的做法对提高升学率行之有效，应该提倡"和"虽然会伤害少数学生的自尊心，但是可以提高班级的整体成绩，应该提倡"的平均比例分别为 17.1% 和 23.0%，两者累计达 40.1%。其中，5—9 年和 20 年以上教龄的教师选择前者比例接近，为 27% 左右，1 年以内教龄的教师选择前者的比例为 24.6%，10—19 年教师选择前者的比例最低，为 15.6%。1 年以内教龄的教师选择后者的比例最高，为 29.5%，其余各个教龄段的教师选择后者的比例在 12.7%—15.5%，20 年以上教龄的教师选择比例最低。

在对学生情绪的认知上，教师就"您认为学生在学校感到痛苦的事情"的 12 个选项中，"以考试成绩排名"和"考试频繁"两个选项的选择比例分别居于第五位和第六位（参见图 2 - 7：中学教师的学生压力观调查）。而学生对于同样题目的回答中，"以考试成绩排名"和"考试频繁"两个选项的选择比例分别居于第二位与第四位（参见图 2 - 8：中学生的压力观调查）。

对不同教龄段的教师关于"教师按成绩优劣给学生排座位是理所当然的"的认同程度调查结果如图 2 - 21 所示：

从调查数据的统计结果来看，教师对按成绩优劣给学生排座位普遍持

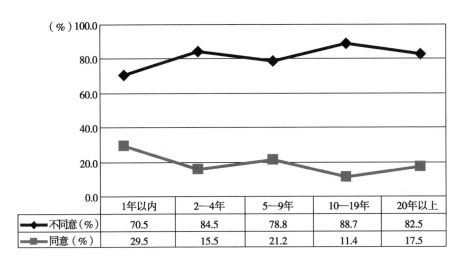

图 2 - 21　中学教师的学生成绩观调查

反对态度，其中，10—19 年教龄的教师选择比例最高，达 88.7%；1 年以内教龄的教师选择比例最低，为 70.5%。可见，初任教师更注重学生的成绩，具有成绩本位取向。成绩本位指在现实的学校场域内，教师以学生学习成绩为中心对学生进行评价，并在此基础上形成教师特有的思维方式、情感方式和行为方式，表现为教师职业群体的集体心性，即成绩本位的教师文化。成绩本位源于成就本位取向的文化，成就本位是根据某人实际所获得成就决定所予评价及相应行动。与之相应的属性本位则是指依据某人的性别、年龄、家庭背景等先天特质决定所予评价及相应行动。学校既是对学生进行个体社会化的教育机构，也是对未来各种社会成员进行各种选拔的甄别机构。通常，学校对学生的成就评价可以决定学校对学生个人的组织态度，从而也决定着学生个人在学校组织结构中的角色。成就评价需要具备客观性和可比较性，而学生成绩又是完全量化的指标，通常教师就把学生成绩作为对学生进行认知评价的主要依据。①

目前，我国许多中小学采用学生的成绩来评定教师的业绩，并将学生成绩与教师的奖惩、职称评定以及工资待遇等利益联系，以此激励教师提高教学水平，并在实际操作中则形成了以"学业成绩"为中心的价值取向。而生活在学校场域的教师，必然受到学校组织价值取向的影响，根据学生在学校实际所获得的成绩来决定对学生的评价，正是受这种价值观念

① 吴康宁：《教育社会学》，人民教育出版社 2001 年版，第 266—268 页。

的影响，教师形成了成绩本位的价值取向。[1] 教师依据学生成绩给学生排座位就是成绩本位的典型表现之一，虽然数据调查显示教师对此做法并不赞同。

囿于高考指挥棒的导向，教育评价一度被视为依据特定的量化指标"甄别"学生与"选拔"人才的工具。虽然选拔性评价和水平性评价可以起到激励先进和鞭策后进的作用，但在此过程中会导致多数学生和部分教师产生焦虑、挫败、抵触等消极情绪体验，影响学生身心的健康发展和教师专业的有效成长。[2] 发展性教育评价要以促进被评价者全面发展和进步为目的，改变过去的评价系统过分强调甄别与选拔的功能，尊重被评价者的个体差异，关注被评价者在教育评价中的尊严和感受，采用多元化的评价内容和评价标准，多角度、多方位对教育主体进行评价。发挥评价促进学生发展、教师提高和改进教学实践的功能，已成为当前教育评价改革的首要任务，也是发展性教育评价的根本目的。

（二）教师评价观的现状

在对教师工作业绩考核的认识上，就"我认为衡量教师工作成效的主要标准是学生的成绩"一题，调查结果如图 2－22 所示：

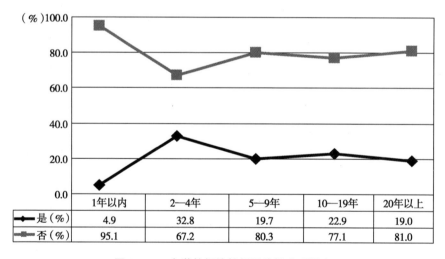

	1年以内	2—4年	5—9年	10—19年	20年以上
是（%）	4.9	32.8	19.7	22.9	19.0
否（%）	95.1	67.2	80.3	77.1	81.0

图 2－22　中学教师的教师评价标准观调查

① 李德显、韩彩虹：《成绩本位教师文化分析》，《全球教育展望》2008 年第 12 期。

② 董奇、赵德成：《发展性教育评价的理论与实践》，《中国教育学刊》2003 年第 8 期。

从调查数据的统计结果来看，选择"否"的教师平均比例高达81.0%，选择"是"的教师平均比例仅为19.0%。在选择"否"的教师中，1年以内教龄的教师选择比例最高，达95.1%，表明初任教师对教师评价抱有理想化的期望。其余顺次为20年以上、5—9年和10—19年教龄的教师，比例在80%左右，2—4年教龄的教师选择"否"的比例相对最低，为67.2%。

但是，就目前中学的普遍情况看，多数学校经常按照教师所教班级的学生成绩来评价教师。就"我们学校经常按照教师所教班级学生的成绩评价教师"的题目，调查结果如图2－23所示：

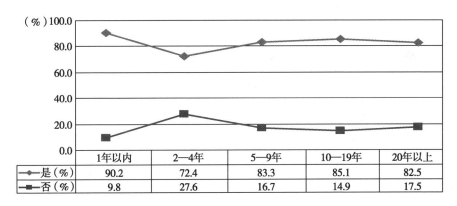

(%)	1年以内	2—4年	5—9年	10—19年	20年以上
是（%）	90.2	72.4	83.3	85.1	82.5
否（%）	9.8	27.6	16.7	14.9	17.5

图2－23　中学教师的教师评价现状调查

从调查数据的统计结果来看，选择"是"的教师平均比例高达82.5%，选择"否"的教师平均比例仅为17.5%，在选择"是"的教师中，1年以内教龄的教师选择比例最高，达90.2%，2—4年教龄的教师选择比例最低，为72.4%，其余3个教龄段的教师选择比例在82%—86%，差异不明显。

二　教育评价观的发展趋势

对于目前的学生评价方式，特别是频繁进行考试，并公布学生成绩的做法，持反对意见的教师占多数。在持支持意见的教师中，初任教师更注重学生的考试成绩与排名情况，随着教龄的增加，教师会越来越顾及学生的个人感受而非班级成绩。其中，初任教师持反对声音的比重相对较小，这与他们处于生存关注阶段有关，因为进入一个陌生的和充满不确定性的环境，会更多依从现有环境的规范和标准，随着对环境的熟悉和对学生了解的增多，教师会逐渐对既有的规范进行反思和批判性认识。但是，在别的学校选择月考和公布学生成绩做法提高了升学率的前提下，5—9 年和20 年以上教龄的教师也倾向于选择月考和公布学生成绩的做法。这说明，在目前社会整体成绩导向的压力下，部分教师还是会屈服于社会外在环境并做出从众的行为选择。

　　教师普遍不认可将学生的成绩作为自己工作成效的主要标准。但是，现实情况是，多数学校经常按照教师所教班级的学生成绩来评价教师，教师在此处陷入身不由己的无奈境地。有研究者认为用学生成绩评价教师是"剔除"无能教师的最有效的手段之一，也是明确教师责任的最佳方法之一。① 但是，这种做法无法区分哪部分学生成绩与教师相关，由于影响学生学业成绩的因素很多，包括学生的背景、资质、态度和个人努力程度等，评价不能涵盖所有方面，所以，依据学业成绩对教师进行评价对教师而言并不公平。

---

① ［美］理查德·迈·英格索：《谁控制了教师的工作》，庄瑜译，华东师范大学出版社2009 年版，第 115 页。

第三章

中学教师教育观念的发展历程——个案分析

一滴水可以反射出一个大海，一粒沙子可以映照出整个世界。

——威廉·布莱克（William Blake）

教育研究是建立在每个个体发展的基础上，存在于对于其镶嵌的社会与文化情境的理解之中，正是每个个别的事实与视域，构筑了我们整个的教育图景。① 教师的教育观念具有内隐性，如何能获悉教师教育观念并进而探索其发展历程？本书带着这样的疑问，深入中学课堂进行了近两个月的参与式观察，与教师一起对他们的日常教育实践进行批判性的反思，共同寻求隐藏在他们教育行为背后的教育观念，在诠释性解释的基础上，对教师教育观念的发展历程进行因果性诠释。

第一节 质的研究设计

教育叙事通过教育生活经验的叙述促进人们对于教育及其意义的理解，其理论本质在于关注日常教育实践及其运作方式或策略，寻求一种能够合适地呈现和揭示日常生活经验，乃至穿透经验的话语方式或理论方式。生活经验可以转换为对教学和研究有用的宝贵的叙事故事。通过"耐心的田野劳作"，运用教育叙事研究回归置身其中的个体活生生的经验本身，可以使研究者、当事人及读者理解教育经验所蕴含的鲜活而丰富的意义。

本部分以 L 老师所在班级 A 班为微观社会环境，以 L 老师的教育观

---

① 丁钢：《声音与经验：教育叙事研究》，教育科学出版社 2008 年版，第 106 页。

念发展历程为主线，同时穿插其他 6 位教师的教育叙事，在尽可能自然的情境下呈现各位教师的日常教育实践活动，倾听他们对各自教育观念的阐释，以求更好地勾勒出教师教育观念的发展历程。研究通过近两个月的课堂观察，在对 L 老师所在学校、班级、同事、同学进行多方位了解和观察的基础上，通过回溯研究，倾听 L 老师个人对 18 年从教历程的回顾和对教育观念发展历程的阐释。研究呈现了 L 老师如何被迫选择教师职业，从不喜欢当教师到逐渐喜欢上当教师，到现在充分享受教师职业的教育观念发展历程，从中可以看到在教师社会化的过程中教师教育观念自觉的重要性。7 位教师的故事对处于不同教龄段的教师教育观念自觉与更新都具有重要的启示意义与价值。

一　观察对象的选择

质的研究通常运用非概率抽样中的"目的性抽样"，选择能为研究问题提供最大信息量的研究对象。同时，由于质的研究侧重对研究对象内在经验进行深入细致的描述和解释，选取的研究对象数量都比较小。①

（一）目的性抽样

为了对教师日常教育实践活动进行深入细致的研究，笔者选取一个较小的但是基础的社会单位——班级进行观察。一方面，是出于实际的考虑，自己必须容易接近教师并亲自进行密切的观察。另一方面，班级作为学校教学的基本单位，是教育教学活动的基本组合，能够提供教师日常教育实践活动比较完整的切片。选择班级作为教师活动的微观社会环境，对于分析和说明教师日常教育实践活动具有较强的解释力。社会转型、文化变迁，所有外在的力量都会循着各自的途径在最基础的社会单位中得以体现。自己虽然不可能用宏观的眼光来条分缕析所有施加于班级的影响，但是作为深入现场者，却可以深入细致地描述和解释处于各种张力之中的班级内教师的日常教育实践活动，对教师的教育行为和背后的教育观念做出解释。基于一个班级的研究得出的结论并不一定适用于其他班级，更况乎其他学校。但是，洞悉一个班级教师的日常生活实践及其教育观念，窥见足以用于假设，并作为对其他学校其他教师进行观察的比较材料。

班级通常都有特定的名称，作为一个相对独立的学校组织或群体，其

---

① 陈向明：《质的与研究方法与社会科学研究》，教育科学出版社 2010 年版，第 103 页。

具有实际的职能，是一个为人们公认的事实上的社会单位。班级就其本身的特点而言，具有某些一般社会组织的特点，即班级具有一定的规模，作为班级构成成员的教师和学生及他们之间的互动存在着比较正式的规范和互动关系。

研究题目聚焦师生互动，因为班级作为社会初级群体，在班级里教师与学生的互动通常都是一种直接的、面对面的、具有较强的情感色彩的互动。[1] 研究从师生互动这一最基本的交往活动出发，寻求教师行为背后隐匿的教育观念，包括教师的教育目的观、教育主体观、教育客体观、教育中介观和教育评价观 5 个方面。

研究选择了距离自己居住的地方有 20 分钟车程的 A 中学初一年级 A 班，5—7 月份常规时间观察。

（二）A 班素描

太原市是山西省的省会城市。2012 年年底，太原市有普通中学 229 所，在校学生 239953 人。据《太原市 2012 年国民经济和社会发展统计公报》，2012 年太原市常住人口 425.63 万人，较 2011 年增加 2.1 万人，增长 0.5%。其中，城镇人口 356.51 万人，比上年增加 0.41 个百分点；乡村人口 69.12 万人，比上年减少 0.41 个百分点。城镇化率居全省之首。2013 年，太原市公布外来人口是 104 万人，而且还在以 10% 的速度增长，如果加上外来和流动人口，则超过 500 万人，居全省之冠。

A 中学位于山西省太原市，属于省级重点中学，是一所有近百年历史的中学。2013 年 5 月份，联系 A 中学进行课堂观察之前，我特意准备了一份介绍信，说明了自己博士论文研究选题、课堂观察的意图和课堂观察计划。最初的设想是进行连续的课堂观察，但在具体沟通时，A 中学初中部主任 Q 建议，最好能间隔开进行课堂观察，他担心被观察班级的任课教师不愿意。我当时希望联系一个班级进行课堂观察，还特别说明最好该班级的教师对研究题目也感兴趣，我们就能合作进行研究。"把关人" Q 当即就推荐了 L 老师给我，说"你联系 L 老师，她也比较爱研究这些"。当天我就电话联系了 L 老师，并把自己研究题目和观察预想通过电话短信告知她。第二天一早，我在校门口就见到了 L 老师，由她引荐，当天正式开始了课堂观察。观察的班级为由 L 老师担任班主任的初一年级

---

①　谢维和：《班级：社会组织还是初级群体》，《教育研究》1998 年第 11 期。

A 班。

L 老师同时还是 2012 年初中一年组组长，之前曾 6 次担任不同届次学生的班主任，曾获得"太原市新长征突击手""太原市十佳百优班主任""太原市优秀班主任"和"山西省优秀班主任"等称号。

A 班是 A 中学初一年级 5 个班级中的一个班级，共 11 名任课教师、44 名同学，A 班教师的基本情况如表 3－1 所示。

表 3－1　　　　　　　　　A 班教师基本情况

姓名	科目	性别	年龄	教龄	职称	政治面貌	备注
T 老师	语文	女	36	14	一级教师	党员	
Y 老师	数学	女	48	28	高级教师	群众	
W 老师	英语	女	27	5	二级教师	党员	
L 老师	政治	女	42	22	高级教师	党员	A 班班主任
D 老师	历史	女	39	16	一级教师	群众	
Z 老师	地理	女	31	9	二级教师	群众	
W_1 老师	体育	男	46	27	高级教师	民盟	
S 老师	音乐	男	41	20	一级教师	民盟	
Z_1 老师	信技	女	48	26	一级教师	党员	
C 老师	美术	女	23	1	见习教师	群众	
S_1 老师	生物	女	33	11	二级教师	群众	外聘教师

A 班实施的是小组合作教学与管理模式，同学座位也是根据小组排名安排，共 7 个小组，每个小组都有自己的组名，每组 6 名同学。另有 2 名同学没有编入小组。

二　收集、整理和分析材料的方法

（一）收集材料的方法

在质的研究中，自己主要通过 3 种方法收集材料，即课堂观察、访谈与非正式访谈、实物收集。

1. 课堂观察

参与型观察注重对整体情境的考量，对参与者行为的关注，对被研究者理性的尊重。在为期近两个月的参与型课堂观察中，为了照顾被观察课堂任课教师的情绪，避免给被观察教师带来压力，观察到真实、自然的课堂，原计划的连续观察调整为每周一、周三、周五进行观察。在实际观察过程中，由于学校有时候会安排教师进行讲课比赛，实际观察时间又进行了局部调整，有时候周二、周四也去进行课堂观察。通过参与型课堂观察，深入了解教师的日常教育实践，将教师教育观念置于教师文化的大背景之下进行考察，对教师与学生的交往行为获得较为直接、完整和全面的了解，并进一步倾听教师对自己行为的意义解释。

在课堂观察之前，根据研究设想，对照 Goetz 和 LeCompte 提出的观察提纲应该回答的 6 个问题"谁？什么？何时？何地？如何？为什么？"设计了开放式的观察提纲。[①] 同时研究了苏兹曼和斯特劳斯的现场记录格式，他们将现场观察笔录部分分成了 4 个部分：实地笔记、个人笔记、方法笔记和理论笔记。[②] 根据研究需要进行了自己观察记录表的维度设计，主要记录维度为情境、行为描述、行为类型、体验、理论解释，部分课堂观察记录在实际过程中进行了调整和增补。课堂观察记录表格式如表 3 - 2 所示。

表 3 - 2　　　　　　　　　　　　课堂观察记录维度列举

情境	行为描述	行为类型	体验	理论解释
5 月 16 日，第一节课，数学课，Y 老师，女，45 岁左右，身穿浅灰色分体职业套装，披肩有层次的中卷发。这节课讲解卷子，关于角平分线	老师正在讲如何改卷子，第四小组第二排男同学和女同学不知因为什么小声吵起来，女同学回话说："你有病呢？"老师："谁那儿的声音呢？甲那儿啊，是不是说你呢？"教师望着吵嘴的声音的方向大声说："别影响我课堂啊！"看见刚才有冲突的两同学间还在说话，停顿几秒后厉声说："吵架出去吵！"	制止说话维持秩序驱逐恐吓	老师好严厉呢！怎么不问清楚情况就说"吵架出去吵"	课堂是谁的？"我课堂"说明了什么？教师权威的来源、分类及表现形式

情境：课堂的情境，具体到特定的师生交往行为发生的微观情境，包

---

① Goetz, J. & LeCompte, M., *Ethnography and Qualitative Design in Educational Research*, Orlando, FL: Academic Press, 1984, p.126.

② 陈向明：《质的研究方法与社会科学研究》，教育科学出版社 2010 年版，第 247—248 页。

括时间和微观情境的简要描述。

行为描述：主要指向教师的教育行为。

行为类型：依据教师教育观念 5 个方面的具体观念，对教师的教育行为进行了初步的分类，并将分类作为标签，标示于行为描述之后。有的行为同时贴有多个标签。行为类型分类如表 3 - 3 所示。

表 3 - 3　　　　　　　　　课堂观察行为类型统计

分 类	类 型				
关于教师	肢体语言	外聘教师	家校沟通		
关于学生	学生特点	为人处世	指令反思	身份认同	特殊学生
	学生表现	学生抗议	学生嬉闹	违纪行为	同学哄笑	偷懒
师生互动	鼓励学生	评价学生	消极期望	骂学生	讽刺学生	侮辱性评价
	惩罚	罚站	起立	评价老师	特殊座位	下课找老师
关于课程	课程价值	课程内容			
关于教学	老师提问	集体喊答	幽默插曲	教学内容	老师巡视	个别指导
	提问学生	考试指导			
教学手段	指令识记	指令勾画	指令看书	指令书写	指令填写	指令看黑板
	指令听课	指令阅读	小组合作教学	小组计分	小组评价	小组作业
学习手段	学习习惯	学习态度	学习方法	学习用具		学习延续性
课堂秩序	纠正坐姿	驱逐恐吓	提醒溜号	维持秩序	制止说话	
关于作业	布置作业	作业情况	检查作业	点评作业		

体验：主要记录课堂观察时自己的感受和想法。

理论解释：用于记录自己对相应观察资料进行的初步理论分析。

课堂观察记录是为了将研究者在观察时所看到的和听到的事实进行概念化和文字化，文字记录不仅决定了研究者对观察事实的解释，文本的呈现更是成为读者理解观察事实的重要依据。所以，研究在进行课堂观察笔录时，对使用的语言进行了仔细推敲，力图具体、清楚、实在地描述观察到的现象。同时，为了更加翔实地呈现课堂，研究还对所有观察的课堂进行了录音。在后期整理资料的过程中先后两次将课堂笔录与录音进行了对照，力图呈现最真实的课堂。

2. 访谈与非正式访谈

访谈是质的研究中一种重要的收集资料的方式，是研究者与被研究者双方相互作用、共同建构"事实"与"行为"的过程。在开放型访谈中，交谈双方都应该是"听者"，双方如果需要"说"的话，也是作为"听者"在说话。在 A 班的任课教师中，通过观察与非正式的交谈，班主任 L 老师与语文课 T 老师观察和自我反思能力都比较强，性格也相对外向，而且善于运用不同的形式表达自己。数学课 Y 老师始终是本书中缺席的在场者。美术课 C 老师、英语课 W 老师、地理课 Z 老师虽然不及 L 老师和 T 老师健谈，但在交流中还是充分表达了自己的立场和观点。作为主要信息提供者的 L 老师、T 老师和 W 老师，特别是 L 老师，不仅帮助我寻求研究需要的信息，而且创造条件让我感知日常教育实践中的典型事件，并且从局内人的角度对这些事件给予了"文化主位"的解释。同时，她还多次询问研究的需要，运用"滚雪球"的方式向我提供了研究所需的其他人员，如其他科目的教师和部分学生的家长。L 老师在本次研究的文化群体中具有较高的地位。

在此次研究期间，分别对教师群体和学生群体进行了一次焦点访谈。焦点访谈本身不仅是一个研究的工具，而且可以作为研究的对象，通过焦点访谈，不仅可以观察被研究者个人的言语行为和非言语行为，获得对访谈问题的集体性解释；而且通过观察不同参与者之间的言语交流和互动，研究者还可以看到谈话者之间的权力关系以及他们所信奉的观念形态。[①]

2013 年 6 月 6 日，进行了教师群体的焦点访谈，L 老师、T 老师、W 老师参加了访谈。访谈围绕教师教育观念的发展问题展开，在访谈过程中，我使用了开放型、具体型和清晰型的问题，对于教师提到的某些问题，如小组合作教学、家校互动、初一年级学生特点等多次进行了追问，倾听了几位教师对课堂上教育行为的解释和各自教育观念的发展历程。关于初中一年级学生对电影《致青春》强烈反响的描述与解释，获得不同教龄段教师的集体认同。关于学生是否需要预习，几位老师意见相左。关于 A 中学的生源质量下降问题，通过集体访谈对之前的研究结果进行了效度检验。

2013 年 5 月 28 日，进行了学生群体的"焦点访谈"，A 班有 3 名同学参加。访谈基本是半开放式的，同学们围绕喜欢什么样的老师这个主题，对任课老师逐一进行了"评头论足"，讲了许多"可恶的""有趣的"发生在班级里老师与同学间的小插曲、任课教师的小故事，该部分

---

① 江文瑜：《口述史法》，巨流图书公司 1996 年版，第 46 页。

内容是本书中最鲜活的资料。

同时，研究过程中针对 L 老师先后进行了两次深度访谈和若干次非正式交谈，针对两名家长进行了两次深度访谈，多次与 T 老师进行非正式的交谈，多次与学生进行非正式的交谈，在入场前及课堂观察期间，与学校的管理人员进行过正式交谈与非正式交谈。在每一次访谈中，自己都注重在行为层面积极关注地倾听，集中注意力给予被访人员关注，让对方感受到被理解；在认知层面建构地听，积极反思自己的"倾见"和假设，与对方平等交流，共同建构对"现实"的定义；在情感层面共情地听，真诚地体会对方的情绪，这一点在对教师与学生家长的访谈中感受非常真切。

生活史巧妙地将所分析的宏观和微观层面联系起来，通过对个人生活故事的研究可以窥见更广范围的社会变迁与历史进程。在对 L 老师进行深度访谈的过程中，她在回答访谈提纲列出的问题同时，还穿插讲述了许多使她的教育观念发生变化的重要事件。这次深度访谈更多意义上是 L 老师对其从教 18 年以来的教育生活史的回顾。透过 L 老师主动、连贯的叙述，包括她对一些重要人物和事件的叙述，可以在了解她的教育观念发生了变化的同时，了解是什么原因引起了这些变化。

3. 实物收集

任何实物都是一定文化的产物，是特定文化中特定人群所持观念的物化形态，不应该被看作自足的、实在的、不以人的意志为转移的客观现实。[①] 透过实物分析可以洞悉使用者和制作者的意图和动机以及实物所蕴含的象征意义。实物资料通常有两大类：一类是"正式的官方类"资料，主要指被用于比较正式的、严肃的社会交往中的资料，记录了"文件类现实"；另一类是"非正式的个人类"资料，主要为个人服务，通常与个人生活有关。

本书收集的正式官方类资料主要有：成册的资料主要有 A 中学校史、A 中学规章制度汇编、A 中学画册，零散的资料主要有 5—7 月学校门口的各类通知和公示、初一年级考试成绩单、连续 12 周的小组计分表、主题活动板报、班务公开本等。非正式个人类资料则主要包括教师的板书、

---

① Hammersley, M. & Atkinson, *Ethnography*: *Principle in Practive*, London & New York: Routledge, 1983, p. 141.

教案、对学生作业的评语、学生的成长计划书、学生课桌上的刻字和刻画等。同时收集到的还有各类照片，包括学校格局与外观的照片、教室外的布置与教室内的布局、A 班班主任与同学的合影等。

这三种收集资料的方法各有自己的优势和不足，课堂观察通常只能感知到教师外显的行为，很难把握他们的内心世界，而访谈则可以走进教师的内心，倾听教师对自己教育行为的解释和个体教育观念发展的历程。基于课堂观察之上的访谈，可以直接询问教师对问题的看法和观点，有时研究关系和具体情境许可，还可以同师生讨论一些敏感性话题。实物虽然是静态的，无法直接向研究者表白自己，但我们可以在与教师交谈时询问他们的看法，了解他们对自己创造的实物的意义解释，探寻实物与教师日常教育实践之间的关系。

三种方法结合使用，可以运用相关检验研究结果。通过访谈，我对在课堂观察时教师的行为表现与教室内物品陈列进行比较深入和细致的询问，探究它们对于教师的意义。譬如，在课堂观察期间，我发现访谈时教师的回答与课堂观察到的行为不一致，就可以及时追问造成教师教育观念与教育行为不一致的原因。通过各种研究方法之间的相关检验，研究结果有可能逐步接近一致。

（二）整理和分析资料方法

1. "打散""重组"和"浓缩"

此次收集资料是自己第一次进行较长时间的课堂观察，觉得"所见"都是资料，在现场时尽可能地收集资料，整理课堂观察资料近 10 万字、访谈和非正式交谈资料 12 万字、静物描述 5 万余字。如何选取合适的资料曾经是自己一度困惑的问题，几次将材料打散和重组，在材料和研究问题之间反复穿梭几次后，初步确定了分析资料的路径：以教师的教育行为为基本的分析单元，并通过访谈、实物分析等进一步倾听教师自己对各类行为的解释，以探究教师教育观念。如何划分教师的教育行为类型，自己经过几次尝试。最初设想与教师具体教育观念一一对应进行分析，后来在理论论证过程中推翻了这一假设，理由是教师的教育行为影响因素复杂。最终决定依据教师教育行为的指向不同进行分类，第一类是课堂管理，第二类是教学设计，第三类是教学行为（主要有 3 种：呈示行为——讲解、对话行为——提问、指导行为——练习），并利用访谈获悉教师对自己行为的意义解释。

本书在整理与分析资料的过程中，几次将资料"打散""重组"和"浓缩"。在阅读原始资料的过程中，文本似乎有了自己的生命，而我，仿佛一个倾听者，在与资料互动的过程中暂时悬置了自己的前设和价值判断，直到完全沉浸在与资料的互动之中。每一次阅读，都是与文本的一次新的邂逅，都能产生新的意义火花。[①] 因此，资料的分析在某种意义上也是我对自己的分析。

在阅读原始资料的过程中，根据研究的需要，自己主要通过 5 个层面寻求文本的意义。一是在语境层面考察词语出现的上下文以及资料产生时的情境；二是在语用层面寻求有关词语和句子在具体语境中的实际用途；三是在主题层面寻求与研究问题有关的、反复出现的行为和意义模式；四是在内容层面寻求资料内部的故事线、主要事件、次要事件以及它们彼此之间的关系；五是在符号学层面探讨资料文本的内容与相关符号系统及其社会、文化、政治、经济背景之间的联系。通过从不同层面解读资料，使得资料本身所蕴含的多重意义透过多重视角显现出来。

2. 类属分析与情境分析相结合

本书的资料分析和成文同时运用到类型法和情境法，对教师的教育行为进行总结分类，并进一步整理和归纳出教师教育观念的基本样态。同时，从不断变化着的现象中寻求规律性的本质，使得理论的表述呈现出清晰的脉络。

类属分析是在资料中寻找反复出现的现象以及可以解释这些现象的重要概念，把具有相同属性的资料归入同一类别，并且以一定的概念命名。类属分析的基础是比较，通过比较设定有关类属。本书依据教师教育观念的 5 个主要维度进行了类属分析。每一个具体类属下面还可以进一步衍生出下位类属，表示该类属所包含的意义维度和基本属性。

情境分析是将分析资料置于研究对象身处的情境脉络之中，按照故事发生的时序对有关时间和人物进行描述性的分析，强调对事物进行整体的和动态的呈现，注意寻找可以将资料连接成一个叙事结构的关键线索。对情境分析的主要思路是把握资料中的重要信息，找到可以反映资料内容的故事线，发展出故事情节，对故事进行详细描述，在此过程中，时刻注意

---

① Eco, U., *Reply. In S. Collini (Ed.)*, *Interpretation and over interpretation*, Cambridge, UK: Cambridge University Press, 1992, p. 86.

资料的语言情境和社会文化情境、故事发生的时空背景、叙述者的说话意图、资料所表达的整体意义以及各部分意义之间的相关联系。

一个类属可以有自己的情境和叙事结构，而一个情境故事也可以表现一定的意义主题。本书在分析资料和成文的过程中，均交替使用了这两种方法。两者相结合，情境分析为类属分析补充血肉，类属分析为情境分析厘清意义层次和结构。两者结合，可以在叙述一个完整的历史性故事的同时进行共时性的概念类别分析，而且可以在共时性的概念类别框架内叙述历史性的故事，可以比较完整的保存当事人实际生活的原貌，而不是人为地将其进行概念上的切割或情节上的拼凑。① 本书在教师教育观念理论分析基础上，以教师教育观念五个主要维度为导向，结合教师社会化发展的脉络，对教育观念进行层级分类，同时结合具体的情境，对每一层级的分类进行了情境分析。

3. 客观主义与主观主义相结合

列维·斯特劳斯（C. Claude Levi-Stranss）曾说：挖掘你自己的经历吧，那里可能有金子。质的研究是研究者对社会现象的认识，主要是对人的认识；而对人的认识，本质上是一种自我认识。任何质的研究只要能激起别人的认同，或者反对，其实就达到了研究的目的——使人们进一步地认识社会、认识自己、更好地理解自己所处的时代。米尔斯（Charles Wright Mius）在《社会学的想象力》中论治学之道的一番言论给了我接纳自己的巨大勇气。

选择做一名学者，既是选择了职业，同时也是选择了一种生活方式；无论是否认识到这一点，在努力使治学臻于完美的历程中，治学者也塑造了自我；为了挖掘潜力，抓住任何邂逅相遇的机会，他陶冶成了以优秀的研究者必备的多种素质为核心的品格。我的意思是，你必须在你的学术工作中融入个人的生活体验：持续地审视并诠释你的生活经验。从这个意义上说，治学之道就是你的核心，并且在你可能从事的每一项学术成果中纳入个人的体验。说你能"获取经验"，首先意味着你往日的体验参与并且影响着你现在的体验，进而影响到你

---

① Viney, L. L & Bousfield, L., "Narrative Analysis: A Method of Psychosocial Research for Aids - Affected People", *Social Science and Medicine*, Vol. 32, No. 7, 1991, p. 764.

对未来经验的获取。作为一名社会科学家，你必须去控制这相当微妙的交互影响，捕捉你所体验到的东西，然后加以整理得条理分明：只有如此，你才有希望利用它们来引导、检验你的思考，并在这个过程中，将自己造就成一个治学有方的学者。①

质的研究既强调对社会现象进行经验主义的调查，又重视研究者个人对社会现象的理解和解释。成为一名教师一直是我内心深处的渴望，关于自己的教师情结，记忆最深刻的是 2007 年暑假期间，自己翻译一篇名为"运用叙事调查理解学校实习教师的教育观念"的英文文章，当看到被研究者——实习教师"朱莉"在一所学校实习一年结束后，由于她与指导教师和学生的观念冲突，引发她对自身能力与自我价值的怀疑，最终放弃教师职业时，自己伏案失声痛哭，仿佛那个放弃教师职业的人就是自己。

让每一个人都成为他自己的方法论者，让每一个人都成为他自己的理论家，让方法和理论再一次变为技艺实践的一部分，让你的心智独立地面对人与社会的问题。在梳理和解决这些问题的努力中，不要犹豫不决，相反要持续不断并富有想象力地去探索，从所有关于人和社会的明智研究中汲取视角、思想和方法。它们是你的研究成果，它们与你血肉相连。② 对自己最微末的体验也敝帚自珍，充分信任自己的体验同时又不盲从，这是一位成熟的治学者的标志，这也是激励自己珍视自己的经历和体验，是不断鼓起勇气进行研究的支撑力量之一。

4. 第一人称叙事

为了重现研究过程与研究的关系，本书中关于各位老师的研究使用了第一人称叙事角度。"我"的使用可以让读者清楚地看到研究者的身影，了解研究者在叙述故事时所站的位置和所采取的态度。同时，为了再现被研究者自己的声音，除了第三人称叙述体之外，研究还在许多地方使用了第一人称的叙事方式，让研究者与读者直接对话。为了让读者了解某些引言在访谈之中的出处，我还直接引用了从课堂观察和访谈中摘录的一些片段。通过这些片段，可以再现课堂情境或访谈对话，使得读者对研究结果

---

① ［美］C. 赖特·米尔斯：《社会学的想象力》，陈强、张永强译，生活·读书·新知三联书店 2010 年版，第 212 页。

② 同上书，第 243—244 页。

的效度进行自己的判断。

另外，有关研究结果的表达形式，我使用了一定的表达规范。引号用来表示被研究者本人的原话；第一人称叙述全部使用的是叙述者自己的语言。为了行文流畅，我在有的句子和段落之间添加了一些必要的连接词。有的词语是山西方言，我将方言的同义词表达列出，用括号形式置于方言之后。

三　研究的效度及其他

（一）研究的效度

质的研究的效度主要涉及描述型效度、解释型效度和理论型效度。

为了能在自然情境下观察教师的日常教育实践，避免因研究效应导致的效度失真，在如何进入研究现场时，我舍弃了与校方领导部门联系，请他们安排学校和班级的想法，而是通过个人行为直接联系学校教务处，以完成课题与博士论文的理由请求进行课堂观察。在研究中我时刻提醒自己要跳出日常教育实践的圈子之外，用全新的目光重新审视中学教师的日常教育实践。身为一名教师，做此项研究我具有双重身份：既是一个局内人，又是一个局外人，时刻接受双重身份的挑战，时刻享受双重身份的体验。作为一名大学教师，我和研究对象有许多共同的经历，我们都是教师，都面对学生，在这个意义上，我是一个局内人；而作为一名研究人员，我立足中学教师的日常教育实践之外观察、倾听与分析他们对日常教育实践的意义解释，基于此我又是一个局外人。在整个研究过程中，我时刻对自己的双重身份进行反省，一方面我利用自己作为局内人的优势，运用共情来了解和理解他们，另一方面也不断反思自己对研究结果的假设和解释，避免想当然或过度解释。虽然在课堂观察、访谈和随后的整理资料过程中，自己多次因为与他们有共鸣而情绪激动、心潮澎湃。但我随即告诫自己要冷静下来，反思自己的表现和反应，并确认他们是否也有同样的情绪，如果他们确实表达了类似的情绪，我就将这种反应记录到材料分析中。反之，那就只是我自己的情绪反应。在对研究结果进行解释时，我努力贴近教师的真实想法和意图，避免超出他们的原意进行主观臆测。

在"焦点访谈"中，我对自己和被研究者的主体间关系有了新的认识。当访谈提纲中的基本内容全部完成时，我接着追问了被研究者在访谈过程中无意透露的重要信息。至此，我突破了研究者仅是从被研究者那里收集材料并对材料进行分析和推论的角色认知，认识到质的研究是研究者与被研究者双方相互建构事实的过程，更加主动积极地与被研究者进行交流，并努力站到圈子之外审视自己的言行举止。

本书在对原始资料进行描述和解释的同时，还运用笔者个人的知识及相关文献对研究结果进行了理论上的探讨，目的是将被研究者的经历置于更宏观的社会文化环境中加以分析，并在一定的理论框架内对观察和访谈中发现的问题进一步做深入的探讨。在此过程中，笔者力求区分自己与被研究者对问题的解释，并在两者之间寻求平衡。

（二）研究的推广度

本书中质的研究部分仅对太原市 A 中学初一年级的一个班级的教师进行了课堂观察、访谈和实物分析，研究的结果无法推广到其他地区、其他年级和其他中学的教师。本书关心所揭示的教师教育观念发展历程能否为关心类似问题或面临相似情境的教师提供经验共享和意义解释。由于本书对中学教师的日常教育实践进行了比较深入的观察，与他们境遇相仿的教师或许能够从中获得一些认同和启迪。此外，本书运用交往实践理论、辩证唯物主义认识论及复杂性理论来分析教师教育观念，具有一定的抽象性和概况性，运用社会心理学视角诠释教育观念的发展机制、教育观念自觉与更新路径，具有一定的启发性和指导性，在此意义上，对教师教育观念理论研究可以得到推广。事实上，对教师教育观念研究可以为所有对观念问题感兴趣的人们提供借鉴，因为该研究不仅从日常生活实践入手对行为背后的观念进行了描述和解释，而且力图发现人们在激烈的社会文化变迁过程中是如何进行思考与行动的。

（三）研究的伦理道德

本书涉及诸多伦理道德方面的问题。首先，研究征得了 A 校校方和 A 班所有任课教师的同意。笔者和校方管理人员进行了交流，选择了适宜的班级，并与班主任老师讨论了观察日程安排，选择了他们认为适宜的时机进行课堂观察和访谈。为了保护被研究者，研究中的校名、班级名称和人名均为虚构。在观察、访谈和资料整理分析的过程中，笔者对自己的言行十分谨慎，坚决不泄露被研究者的身份信息。还邀请所有参与研究的被研究者阅读了研究报告的初稿，请他们就某些敏感信息提出修改意见。

所有参加研究的被研究者都非常忙碌，本项研究占用了他们许多宝贵的时间,我一直心存愧疚。为了对他们的无私帮助表示感谢,笔者特意为每人送去了一份小礼物。在最后一次课堂观察结束时,收集完调查问卷后,我赠送给 A 班同学每人一份小礼物。研究结束后,笔者和他们中的几位老师和同学还保持着联系。这份研究报告凝结着他们许多宝贵的记忆。

四 L 老师教育观念的发展阶段

2014 年 5 月 26 日,笔者给 L 老师发了邮件,预约关于教师教育观念发展的专题深度访谈,同时发送了开放式"教师的教育观念发展历程"访谈提纲(邮件和访谈提纲见附件:书信与日记)。2014 年 6 月 3 日,笔者在一家咖啡厅约见了 L 老师,L 老师从太原市教育局德育处组织的心理培训班赶过来。访谈是半开放式的,基本围绕访谈提纲进行,同时 L 老师还穿插了许多事件。访谈从下午 4 点开始,持续了近 5 个小时。我们像极了多年的朋友。L 老师的教育观念发展阶段相关简要信息如表 3 - 4 所示。

表 3 - 4 　　　　　　　　　　L 老师教育观念的发展阶段

阶段	时间	个人经历	教育观念
观念冲击期	接受师范教育 (1992.9—1996.7)	1992 年 9 月,考入 S 大学师范学院就读教育管理学专业; 1995 年 2 月到 7 月,参加教育实习到 W 县 H 学校扶贫支教	不喜欢当老师。 教育观念遭遇冲击,对体罚从震惊到习惯
观念迷茫期	入职第 1 年 (1996.9—1997.5)	1997 年 2 月,到太原 F 学校培训处工作	一点儿经验也没有,受教时代教育观念的迁移
观念适应期	入职第 2—5 年 (1997.5—2001.7)	1997 年 5 月,担任 1996 级电脑班政治课老师; 1998 年 9 月,担任 1998 级电脑班班主任兼政治课教师	沿袭传统的"照本宣科、死记硬背"的教育模式
观念探索期	入职第 6—10 年 (2001.9—2006.7)	2001 年 9 月,担任 2001 级模特班班主任兼政治课老师	对教育育人价值的觉醒,鼓励学生对今后生活进行规划并积极追求
		2003 年 9 月—2006 年 7 月,担任 A 中初中 0301 班班主任兼政治老师	

续表

阶段	时间	个人经历	教育观念
观念更新期	入职第 11 年 （2006.9—2007.7）	2006 年 9 月，担任初二两个实验班政治课老师	对学生主体价值的觉醒。逐渐内化课程改革理念，由理论观念转变为实践观念。彻底摒弃体罚，更多关注学生的心理健康和学习体验
	入职第 12—13 年 （2007.9—2009.7）	2007 年 9 月，担任初三0506 班班主任兼政治老师	
		2008 年 9 月，担任初三0605 班班主任兼政治课老师； 2008 年，学校创建心理辅导室，担任心理咨询室辅导老师	
观念丰富期	入职第 14—18 年 （2009.9—2014.6）	2009 年 9 月至 2012 年 7月，担任初中 0905 班班主任兼政治课老师； 2012 年 9 月至今，担任初中 A 班班主任兼政治课老师，同时担任年组组长	教育关注视域得以拓展，成功实施小组合作教学，在"心育"基础上通过活动育人，对学生丰厚层次的生命体悟更深，对教育观念高度自觉并主动寻求更新

第二节　观念冲击期：理论观念遭遇现实冲击

在接受师范教育期间，师范生通过理论学习，不断修正自己原有的教育观念，在理论学习的基础上逐步形成自己的教育观念。但是，由于教育实习期间经历的教育活动与课堂的理论学习无法完全一致，在教育实习期间，师范生作为实习教师通常会遭遇理想与现实的碰撞与冲击，这也是多数教师教育观念容易遭受冲击的时期。

L 老师从小并不喜欢当老师，高考报志愿时，迫于家人的意志报了师范学院。在师范学习期间，理论学习并没有给她带来影响深刻的收获。大学三年级到 W 县 H 学校参加教育实习期间，看到 H 学校的教师普遍体罚学生，L 老师的教育观念遭遇第一次冲击，在当时学校环境的感染下，她也开始模仿 H 学校的教师体罚学生，为期半年的教育实习结束时，L 老师对体罚学生的态度由最初的震惊转变为习惯。

一　没有从教意愿的师范生

我小时候并不喜欢当老师，从来没想过自己今后会当老师，我一直梦

想当一名女警官。但是高考填报高考志愿时，家人就非让我报师范学院
（S大学师范学院），因为这是本科，家人认为女孩子当老师就挺好，讲讲
课就行，什么活也不用干。我个人不喜欢师范专业，所以上大学时也没有
用心去做。

师范教育时期的学习主要为了考试，而且当时我们学习的理念都相对
落后，好像是20世纪三四十年代的一些理论，还都是空谈，没有实践意
义。理论课学习时倒是有印象深刻的老师。我记得有一个北京师范大学毕
业的教育心理学硕士研究生，非常博学，令人钦佩；教授教育史的老师讲
课时谈古论今、旁征博引，也很了不得。

个人职业选择一方面是出于个人的喜好，一方面是职业本身的社会地
位。教师的社会地位是教师职业在社会成员的职业取向中所处的位置。社
会学通常将声望、财富和权威作为评价教师社会地位的三条标准。[①] 中学
教师的声望相对较低的一系列原因有：女性占教师职位中多数；期待的教
师角色缺乏特异性；教师主要为年轻人工作；教学课程所必需的知识贬
值、教师职业的专业性不强等。Lortie认为教师有"专门的但附有阴影"
的声望地位。[②] 一方面，教师的工作被认为被赋有"专门使命"的光环；
但另一方面，教师在很大程度上已成为等级组织中的职员，失去了他们曾
经用来管理教学和课堂的自主权。

有调查表明，师范教育中教育学、心理学等教育课程对培养教师的贡
献率很低。这一方面是由于师范教育中重视了学科教育而对教育专业课程
的改革力度不大，从而导致教育专业课程的教材陈旧、教育观念落后、教
学方法单一；另一方面则是由于教育培训中理论严重脱离实际。研究者认
为，在校师生脱离教育现场的实际，对学校教育的整体状况知之甚少，对
理论的学习由于缺乏与现实的联系而无法形成一定的教育意义，因而这些
理论不会成为他们生活的一部分，也就不会成为他们将来在教育实际中有
意识践行的东西。[③] 之前，高等师范院校普遍开设的教师教育专业课程主
要有教育学、心理学和学科教学论，知识相对陈旧，缺乏时代感和针对

---

① ［瑞典］T. 胡森：《教育社会学》，西南师范大学出版社2011年版，第165页。

② Lortie, D. C., *Schoolteacher: A Sociological Study*, Chicago, IL: University of Chicago Press, 1975, p. 76.

③ 朱小蔓：《谈谈"教师专业化成长"》，《南通师范学院学报》（哲学社会科学版）2001年第1期。

性，不利于教师专业发展所需要的知识与能力的培养。同时，教师的职前教育与职后培训没有系统设计，处于分离状态，职前教育由师范院校承担，以学历教育为主，职后培训主要由教育学院和进修学校完成，二者在办学体制、课程设置、资源配置等方面缺乏联系，使得教师的职前教育与职后培训缺乏呼应，没有内在的连贯性和层次性。① 这一方面需要师范院校及教师入职教育摒弃传统的课程设置，代之以观念新、内容丰富、针对性强、学生选择自由度大的课程体系；另一方面也需要对教师职前培养与职后培训进行一体化的设计，建立教师终身教育体系。

有研究者认为，学校文化中最重要的社区文化、教师文化及学生文化，学校的传统教学内容及行政措施都深受社区文化价值观念的影响。教师一方面接受社会化文化的影响，一方面又附属于学校，与学生团体有密不可分的关系，虽然学生可能来自不同的社会背景，但在学校形成的学生文化却常有其共同特色。② 其中，教师文化是师范生社会化的重要社会化来源，教师文化对师范生社会化影响超越了专业知识和教育态度的培养，对师范生人格养成和自我概念的形成都具有潜移默化的影响。

就高等师范教育的教学而言，我国主要重视的是"模仿"与"认知"的教学模式，以教材和教师为中心，注重学科知识的传授，学科教育重于专业教育、课堂指导重于实验与学生独立学习，良好的教学体现为对基础知识的掌握。这种教学以课本知识为核心；教学方法的设计以帮助学生掌握教材、应用教材为出发点；课程计划是必修课多于选修课，选修课在整个课程中所占比重低于15%，与此相关的教学观念是教师的教学演示重于学生间的交流。③

师范生接受的教学模式会在正式入职后进行迁移。目前，我国的中学普遍强调升学率，多数学校用学生的考试成绩来衡量和评价教师，教师教学因此也相对侧重知识的传授，注重学生对知识的记忆。同时，中学的班级规模普遍在40人以上，在一定程度上限制了师生间的深度交流，教师无法对学生进行深入的个别指导，这也导致教学侧重知识的单向传授而非师生间的双向交流。

---

① 周南照等：《教师教育改革与教师专业发展：国际视野与本土实践》，华东师范大学出版社，2007年版，第6页。

② 林清江：《教育社会学》，复文图书出版社1978年版，第170—183页。

③ 丁钢：《中国教育的国际研究》，上海教育出版社1996年版，第232—233页。

二　对体罚学生由震惊到习惯

1995 年春节过后，我们大学三年级学生参加教育实习，当时我们班去了 W 县支教扶贫。W 县当时是贫困县，我们到了实习学校 H 学校。H 学校事实上是小学初中一贯九年制，从一年级到七、八、九年级都有。

我们实习生去了以后，哪门课缺老师，我们就担任哪门课的老师。老师每天只有两块钱签到费，我们实习生去了，他们都想歇一歇，但他们也不舍得多请假，请一天假两块钱就没有了。于是他们就像是商量好了一样轮流请假，以至于我们一星期换一门课替一位老师上。在教育实习的半年里，我每个班都进去过，语、数、外、理、化、生、政、史、地等课程全代过，甚至连音乐、体育、美术都代过。

我们看到的情景就和鲁迅先生《三味书屋》中描述的一样，每个教室的讲桌上都放着三指宽的木板，叫"戒尺"，是用于体罚学生的。当时在 H 学校经常能看到，学生排好队，主动伸出手来老师挨个打，一点都不夸张，就和电视剧里演的一样。我小时候从没有经历过体罚，可能城市还是好一些。当时就感觉学校里体罚挺明显的，像是世世代代传下来的——打孩子。当时已经是 1995 年了呀。我当时就觉得：怎么还有这样的事，和课堂上学的理论也不一样啊，比电视剧里演的旧社会还糟糕。当时教育实习大约半年，半年里在那种氛围影响下，我也变得一遇见不听话的学生，就想一耳光扇上去。当时踢学生穿的是拖鞋，同学在一边提醒我换成皮靴，还说皮靴踢完了才会感觉挺痛快。

当时自己教育观念最大的变化就是开始发现体罚才是硬道理。那时候，H 学校的风气就那样，你扇学生耳光，学生特别感激你、认可你，你不打学生，他觉得你不管他。我们是过完年过去实习的，大概是 2 月末吧，到了 4、5 月，就开始有家长大清早趁我们还没起床前就把成袋的、新鲜的玉米棒子放在宿舍门口了，我们出来看见后，都不知道谁给送过来的。还有的学生就像活雷锋似的，把自己家腌制的西红柿酱放在我们窗台上，西红柿酱里面放有豆角、茄子之类的蔬菜，一看见我们出来就赶紧跑了。当时挺感动的，农村孩子太朴实了，那些腌菜对他们来说很珍贵，是要留着冬天和来年春天吃的。孩子们觉得我们哪怕是打他们，也是为他们好，要回报我们。他们真的和城市的孩子不太一样，城市的孩子不太懂这些。

据 L 老师回忆，半年的教育实习结束之后还写了实习报告，虽然报告内容现在已经不记得了，但传统教育观念中根深蒂固的部分已经"到心里面去了"。在那种环境下，体罚学生是正常的，你不体罚学生，反倒会显得不正常。尽管 L 老师从小生活在大城市，受教育期间没有经历过体罚，也没有经历过被体罚，并且最初去实习时，是想要友好地对待孩子们，赢得学生的尊重，而不是对学生施加控制。但是在周围环境的感染下，大家都体罚学生，如果你不体罚学生，学生不会"听"你的，必须严厉一点，像其他老师一样把学生"震住"才行。所以，L 老师在经历了对学生友善和保持专业风范之间的挣扎之后，还是选择模仿当地老师了。

教师的角色期望是教师和其他人对教师行为所抱有的一系列期望，教师会受到许多对他们行为期望的约束。在我国的传统文化中，教师在被期望扮演"传道、授业、解惑"的角色同时，社会也赋予教师维护"师道尊严"的一套权利。多数研究者认为期望能够预测行为。教师被认为会顺从，或至少想顺从对他们的社会职位提出的期望，而且，其他对教师持有期望的人被认为是想给教师施加压力使其顺从。[①]

L 老师来到 H 学校后，H 学校的校长和同事没有明确对 L 老师提出要求和期望，但从校长、同事和学生的日常互动中，L 老师发现，在 H 学校体罚学生是具有积极意义的，非但没有被加以制止，反而获得了不同形式的鼓励。学生让老师"换成皮靴踢他们，说踢完了痛快"，偷偷给老师送腌制的咸菜，家长则悄悄给老师送新鲜的玉米棒子，大家各自以不同的方式表达对 L 老师的认可和感谢。这些潜在的行为透露着 L 老师所在的 H 学校对教师的角色期望——学生和家长希望老师能"管"孩子，并且认同老师通过体罚来"管"孩子，而学校的校长和老师早已认同了家长的这种期望。来自学生、家长、H 学校校长和老师外显的和潜在的期望构成了 L 老师教育行为的背景：一方面，H 学校的校长、老师、家长和学生都对 L 老师抱有期望，期望 L 老师能和 H 学校的其他老师一样对待学生；另一方面，在这种情况下，L 老师面对体罚学生的现象虽然觉得诧异，对照自己的受教育经历和师范期间理论学习的理论知识，认为"怎么还有这样的事（体罚学生），和课堂上学的理论也不一样"，虽然 L 老师之前并不认同体罚的教育方式，但是在这种氛围的感染下，她还是对 H 学校

---

① ［瑞典］T. 胡森：《教育社会学》，西南师范大学出版社 2011 年版，第 166 页。

老师体罚学生的行为进行了模仿，"也变得一遇见不听话的学生，就想一耳光扇上去"。L 回忆说当时也挺害怕，觉得自己有了暴力倾向。

三　链接：G 老师个案——教育实习结束后放弃从教

G 老师，女，2009 年 9 月初中毕业后升入 J 师范学院，攻读语文专业，五年制学习毕业后获得大专文凭。2013 年 9 月五年级上学期时参加教育实习，G 老师选择了回到家乡附近村庄的小学任教，目睹了所在乡村真实的教育情景，实习结束后放弃教师职业，选择在县城的药店做药品销售员。

在回溯研究中，笔者对 G 老师进行了访谈。她坦言，自己最初是抱着积极的态度报考师范学院的，她喜欢孩子，喜欢做老师。在师范学院学习期间，她选择了语文专业。她来自农村，想要毕业后回家乡做一名小学教师，守护弱小的孩子。放弃当老师的表面原因是参加地方关于特岗教师的招聘考试没有被录取，进不了教育系统，无法获得正式编制。但她说，更深层次的原因是实习期间在学校简单机械的教学方法和"唯分数论"的阴影下对教师的考核机制让她大失所望。师范院校期间的理论学习与她所看到现实差异太大，而且，实习期间，指导老师也没有主动问询过她实习的情况。

她举例说，学生若没写完作业，老师就不让学生回家吃饭，学生背不下来课文就被罚整篇整篇抄写，连思想品德课内容都得一字不漏地抄写。大部分老师对学生都过于苛刻，对学生施行严重的体罚，如用中性笔扎学生的脑袋、扇学生耳光、踢学生等，学校对此也默许。各个学校都在互相较劲，每次期中和期末考试，全县进行成绩总排名，学校会根据排名的前后对教师进行奖惩，成绩排在前面的发奖金，成绩排在最后的学校会扣掉老师的津贴。G 老师说，她"看不惯"这些。各种因素交织在一起，她真的不想当老师了。

接受师范教育阶段，师范生的身份是准教师，他们关注的是如何成为一名好教师，但由于没有接触实际的教育工作，没有置身于真实的教育情境中，对教师角色的认识处于想象阶段，或者说，还是教育的理想主义者，对现实的教师行为不能全部理解，对一些极端的行为甚至持批评态度或心怀敌意。"看不惯"的背后是个人教育理想面对真实教育情况的粉身碎骨。以"唯分数论"的教育观念为统领的一系列事件，如对教师自身价值的扭曲认识、对学生作为生命体的漠视、缺乏合理的激励机制等，共同促使了 G 老师从教意愿的破灭。

G 老师的故事提醒我们，师范阶段的学习尤其是教育实习具有挑战性，如果教育实习摧毁教师对教育的热情和信念，准教师很可能会放弃从教。我们无法求证，如果大学期间 G 老师学习的理论知识能契合教育实际，能给她的教育实践以理论指引，如果有一个更加友好和理想的实习环境，如果实习期间指导教师经常与 G 老师沟通，或者如果 G 老师通过了地方特岗教师的招聘考试，她是否仍然有可能成为一名教师呢？

第三节　观念迷茫期：受教时代教育观念的迁移

初任教师入职之初，面对充满不确定性的新环境，充满了新鲜感。要参加工作时，L 老师依然不喜欢当老师，再次迫于家长的压力选择了教师职业。刚刚参加工作时，L 老师并没有明确的教育观念，她模仿自己在学生时代耳濡目染所获得的教育观念。由于和学生年龄相差不大，L 老师和学生相处融洽，慢慢喜欢上了教师这个职业。

一　任教之初，不喜欢当老师

L："毕业后，该找工作了，我仍然不喜欢当老师。也是家人说来 F 学校，因为离家近，职业高中没啥教学负担，想法特别简单。"

"面试时，学校问我想做什么，我说不想当老师，学校就安排我去了德育处，带着学生外出实习。当时带学生到过三友电器、126 寻呼台，摄影楼之类的地方实习过。因为学校和大连、青岛联手培养日语生，当时最希望带学生到青岛、大连去实习。"

二　担任政治课老师，喜欢上教师职业

正准备去时，有位政治课老师调走了，学校缺老师。就这样，很偶然地，我就当上政治课老师。刚开始代课时，一点儿经验也没有。其实也没什么教育观念，就是小时候受的教育，直接搬过来而已。选择读职业高中的学生都是各个中学学习比较差的、难管教的学生。当时学生多是十六七岁的年纪，我比他们也大不了多少，所以和学生交流挺多的，处得挺亲

的。原来虽然不太喜欢教师这个职业，但随着和学生相处的时间久了，慢慢就喜欢上了。孩子们挺好的，就是不爱学习，不提学习的话，每一个孩子都挺好的，干什么都好。可是，只要让他们学习，他们就说不会。我想，人本来就是有差异的，这也正常。当时就是觉得和他们很有情谊，这感觉，唉！（说到这儿，L老师露出无比留恋的样子。）

入职第一年，原本不愿意当老师的L老师无意间担任了政治课老师，据她自己说，当时"没有什么教育观念"，仅仅是对之前的受教育经历时习得的教育观念进行了照搬。有研究者指出，"我们会记住我们喜爱的和憎恨的教师，我们会模仿那些让我们敬佩的教师，我们呼唤那些在早年生活中就学到的价值观"[①]。在学生时代，在与教师交往的过程中，学生会自行阐释和内化不同任课教师的教学模式。当学生日后成为一名教师，自己就会激活曾经阐释和内化的教师教学模式。所以，L老师所谓的"没有什么教育观念"，真正的含义是她在学生时代所获得的教学形象、模式和概念，以复杂的无法言明的方式隐藏在她的观念体系中，当她置身于真实的教学情境中，这些观念真正支配和操纵了她的教育行为。

担任老师后，虽然面对的是职高学生，都不爱学习，但L老师当时就认识到了个体存在的差异性，接纳了"不爱学习"的学生。由于她与学生年龄差异不大，L老师和学生相处融洽，感觉学生很单纯可爱。时间久了，L老师由原来"不太喜欢教师这个职业"到后来就"慢慢就喜欢上了"。许多教师喜欢与学生在一起，觉得教师的职业相对单纯，逐步强化了从教意愿。

三　链接：C老师个案——兴奋而紧张的第一年

C老师是A班的美术课老师，刚刚入职，从2012年9月算起的话，到接受采访时教龄不足10个月。

C老师说，来校快一年了，每天都是在兴奋和紧张中度过的。兴奋是因为第一次有了自己的班级和学生，很开心，每次课堂都想方设法让学生开心快乐，她也为了上课打扮得漂漂亮亮，希望学生能喜欢自己。一个多学期过去了，能明显感受到学生喜欢自己了。上课时学生都很活跃，下了

---

① ［美］布鲁克菲尔德：《批判反思型教师ABC》，张伟译，中国轻工业出版社2002年版，第61页。

课也围着 C 老师聊天，学生还夸张地说"C 老师，我们爱你"之类的话，总之很开心。但她同时表示，自己也很紧张，主要是担心对学校的环境还是有些不适应，学校为了年轻教师更快地适应，专门为每位新来的老师配备了一名"师傅"，她有时观摩自己"师傅"的课堂，有时去听其他老师的课，感觉其他老师对学生都比较严厉，也不知道自己和学生这样亲近到底好不好，所以在教研室会议上，她一般很少发言，主要听别的老师怎么说。还有就是学校经常查课、听课，弄得她自己很紧张，生怕出现什么闪失和错误，被领导批评。

教师角色期望可以通过多种不同的形式来表达，其中口头表达、文字表达最为常见，前者常见于校长和同事间的谈话，后者则是以资料说明或以行为准则的形式呈现的书面内容，还有其他隐晦的表达方式。当然，教师的期望还有一种是教师个人所持有的期望。为了使初任教师尽快熟悉和掌握学校的规范，在教师任职之初，学校通常会安排相应的培训和学习。校长通常会对初任教师提出期望，要求初任教师转变角色，尽快适应学校环境，同时学校通常会围绕"转变角色、适应环境"的主题对初任教师开展一系列的培训。

为了促使初任教师尽快成长，提高自身素质，提高整体教学质量，A 中学要求每位初任教师与老教师相互签订《师徒帮教合同书》。合同书规定了师傅和徒弟双方的权利和义务，要求徒弟虚心学习师傅的优良师德和教学经验，研究师傅的教学方法；要求师傅热心地从思想、教学、教育、教研等方面对青年教师进行全面指导，热情帮助徒弟研究教材、教法和学法，帮助指导总结教学经验体会。合同书同时还对师徒双方履行合同做出具体的过程性规定，如制订教育计划、备课、检查教案、听课、开展活动小结等。A 中学针对初任教师的培养策略代表了多数中学培养初任教师的做法，成为中学培养初任教师的专业传统。

从国际上的研究来看，教师的团队工作是推进教学和教师专业化成长的重要方法。"同伴互助"提倡教师共同工作，形成伙伴关系，认同教师是学习者的角色，倡导通过共同研习、示范教学以及有系统的教学练习与回馈等方式，彼此学习和改进教学策略。如果从传统文化层面来做解释，儒家文化把个体人格的实现和价值的实现看作一个经过社会转换的过程，即个体价值的确立须经由社会的承认，因此个体的价值在于其社会性的评价。传统文化中对自我的界定需要在与他人的关联中发生，中国人首要和

首先的是一个集体中的成员，是与他人发生联系时角色的总和。这是关于
"同伴互助"和师徒帮教合作的文化解释。

同时，A 中学执行《青年教师专业素质培养制度》，培养内容涵盖校
史、学校传统教育，教育法、法律法规教育和师德师风教育，教育思想和
新课程理念的培训，教学技能的培训，班主任工作培训，教育研究引导与
培训，校内课堂研究实际工作和校内领导培养等内容板块。其中，校史和
学校传统教育板块明确提出：让青年教师了解 A 中学的历史与传统，帮
助青年教师较快地适应 A 中学的新环境，同时传承 A 中学的优秀革命传
统和良好教育传统。教育思想和新课程理念的培训则强调现代教育理论、
教学论思想、新课程教学理念，使青年教师获得比较先进的教育思想，用
来指导自己的教育教学实践。"青年教师专业素质培养制度"中提出，期
望教师在 5 年左右的时间内成为具有良好的师德师风、完备的专业知识结
构、扎实的教学基本功、全面娴熟的教学技能、先进的教育理念、较强的
教育实践能力、一定的教育科研能力的教师，并且能够针对教学实践开展
科研活动，成为教育改革和研究的探索者与实践者，能在学习工作中挑大
梁、唱主角，成为学校教育教学和科研的骨干。

第四节　观念适应期：基本沿袭传统的教育观念

参加工作第二年到第五年间，L 老师逐渐适应了学校的环境、熟悉了
课堂。由于学校主要基于学生的成绩来评价老师，L 老师下功夫抓学生成
绩，毕业考试她所带班级的政治课考取了全市第一名。在日常教育实践活
动中，L 老师基本沿袭了传统的教育观念，采取传统的教学模式，随着教
学经验和课堂管理经验的积累与丰富，L 老师逐渐增强了个人教学效
能感。

一　照本宣科，班级考试成绩居全市第一

这一代课不要紧，后来就停不下来了，因为全市职业高中每年都统一
考试，评比成绩。虽然学生都挺可爱的，但不爱学习，当时我年轻气盛，
很要强，那会儿还没有结婚，有的是精力。考试肯定要争第一，于是就用
笨办法，上工作量，抓考试成绩。上课的时候，照本宣科，作业一道道

讲，一项不敢落下。每天让学生背诵，背诵不完不让回家。这当然是最笨的手段，但有效，背诵真是应试教育的良策！我带的班在当时的毕业考试中考了太原市职业高中第一。所以，人生方向就定了，不可能再去做别的工作了，也跑不掉了。

社会奖惩是社会制度的重要组成部分，社会通过奖励与惩罚来对成员施加压力，也通过社会价值的内化给个体带来就范的压力。社会成员相互间为依赖关系时，容易发生认同现象。个体的身份地位与社会角色结构中的其他成员关系紧密联系，彼此间需要密切配合才能发挥角色的作用。

为了能够尽快适应学校，L 老师必须遵从学校尤其是校长对自己的角色期望，特别是担任任课教师后，L 老师对任课教师的角色有了新的认识——教师需要带出好成绩才能被认可。为了"争第一"，L 老师课堂上"照本宣科，作业一道道讲，一项不敢落下。每天让学生背诵，背诵不完不让回家"。虽然 L 老师意识到这是最笨的办法，但对应试教育而言很有效果，毅然选择了"上工作量，抓考试成绩"的办法。传统的教学方法带来了预期的效果，毕业考试政治课考取了全市职业高中的第一名，刚刚代课的 L 老师获得所在学校包括校长和同事的认可，也获得了家长与学生的认可。L 老师第一次担任教师"争第一"的心理是初任教师重视学生考试成绩的典型表现，同时她担任的课程考试获得全市第一名成绩的事件也成为提高 L 老师个人教学效能感的关键事件。

二　由 A 中学推荐保送生的条件窥视当下的教育评价观

第一次到 A 中时，我在一进校门的公示栏内看到了《A 中 2013 年高中招收推荐保送生工作方案》，明确规定了保送生的条件：

一是品学兼优、德智体全面发展、学习成绩突出；

二是综合素质评价结果为 5A；

三是中考体育成绩达到 35 分以上（符合中考体育考试免考规定的除外）；

四是初二年级第二学期期末成绩 20%，初三年级第一学期期末成绩 20%，第二学期山西省适应性考试模拟训练和一模考试成绩各 30%，四次考试加权后的总分校排名 35 名以内；

五是初中三年就读期间因违反校纪校规受到处分者，实行一票否决。

从 A 中学由初中部往高中部推荐保送生的条件可以看出，成绩是关键的因素之一。A 中学 2013 年保送生名额为全校初中应届生总数（357人）的 10% 以内，最多能达到 35 名同学。半个月后，公示栏公布了 2013年 A 中学保送生名单，初三 8 个班级共有 24 名同学被保送升入 A 中的高中。只有不足 10% 的学生能被保送到高中部，对大多数同学而言，这是个残酷的事实。

前两次去 A 班进行课堂观察的时候，A 班教室后门一进去的地方张贴着班级 2012—2013 学年第二学期初一年级排名表，两页 A4 纸打印，横式表格，如表 3 - 5 所示（表格中"名次"一列中的两个数字，"/"前面的数字为学生的年级排名，"/"后面为班内排名）。同时，在讲桌上，还有 2013 年 3 月的月考成绩单，如表 3 - 6 所示，成绩单的栏目有班级名称、姓名、各科目、班级排名和年级排名。经了解，不只是 A 中，太原市的其他中学每个月也都会安排月考成绩，其期中考试和期末考试由太原市教育局统一组织、统一命题。

表 3 - 5　　　　2012—2013 学年第二学期初一年级排名表表样

进退	班级	姓名	总分	名次	语文	名次	数学	名次	英语	名次
			653	1/1	86	2/1	95	4/1	98	1/1
+1	A	甲	生物	名次	政治	名次	历史	名次	地理	名次
			92	20/4	95	1/1	94	13/2	83	24/5

表 3 - 6　　　　　　　　A 班第一次月考成绩单表样

班级	姓名	语文	数学	英语	政治	历史	均分	班级排名	年级排名
A	乙	93	92	88	94	80	89.4	1	3

每次考试结束后，学生的成绩单就被张贴在教室里，学生能清晰地看到自己在全年级的排名和在班级里的排名，包括总分的排名和各科的排名，以及自己进退步情况。第一次看到月考成绩名单时，我非常震惊，这完全出乎我的意料。在我的印象中，初中阶段的学生比较敏感，最要"面子"，他们前所未有地在乎他人对自己的看法，尤其是同伴群体对自己的看法，怎么会容忍自己的分数"赤裸裸"地公然张贴在教室里？事实上，同学们似乎都不以为意。课间，很少有同学围着成绩单看，或许，同学们早已习惯了。

教育评价作为教育实践活动的最后一个环节，直接制约着教育活动过程的开展。就山西省的中高考制度而言，2014 年山西省中考共有 6 个科目，总分 710 分，其中语文、数学和英语各 120 分、理科综合（包括物理和化学）与文科综合（包括思想品德与历史）各 150 分、体育 50 分。2014 年山西省高考实行 "3 + X" 科目设置，总分 750 分，其中 "3" 指语文、数学、外语三个科目各 150 分，"X" 为 "文科综合" 或 "理科综合"，各 150 分。比较中考和高考的分数设定，由于语文、数学和英语在考试中所占比例相对较大，相应地，学校的课程安排也倾向于语文、数学和英语较多。仅就初中一年级的课堂教学和作业布置而言，由于科目的不同，科任教师的课堂模式和对学生要求也有所不同。在访谈中，语文、数学、英语课的教师普遍坦言承受着更大的考试压力，这些压力通过教学又转移到了学生身上。语文、数学、英语的课堂讲授课本内容都会占到课堂的 1/2 以上，同时语文、数学、英语教师每天都会给学生布置 30 分钟以上的作业。历史、地理的主要教学模式为以课本知识点的讲解为主、以练习册进行强化训练为辅的模式，课堂上学生集体喊答的频率较高，练习册基本在课堂上就能做完，每周最多布置 1—2 次作业，通常要求周末完成即可。政治课由于和学生的生命教育联系比较紧密，教师在讲解课本内容的同时经常引导学生对自身思想与行为进行反思，通常没有课后作业。

三　静物的秘密：被规训的学生和教师

在 A 班教室门外的墙上 1.5 米高处有金属制成的班级标识牌。金属边框是银色的，标识牌的内容底色为深红色喷绘，喷绘最上面为校徽和学校名称（中英文对照），下面是可活动的宽窄不一的金属条，共有 7 个部分，自上而下依次是班级名称、班主任姓名、开设课程、代课教师姓名、班级座右铭和班级合影。班级座右铭一栏赫然写着十六个大字："学会做人，学会做事，学会求知，学会共处。"

教室靠走廊的一侧开门，都是防盗铁门，门上视线高度有透明的玻璃小窗，在走廊就可以看到教室里面。教师可以透过 "小窗" 从教室外面窥视和监督学生的举动，掌握学生的动态，同样，学校的管理人员也可以透过 "小窗" 视察和窥视教师与学生的课堂表现。透明的 "小窗" 折射的不仅有被规训的学生的身影，也透露着被规训的教师的形象，一个貌似微不足道的设计体现了学校内被规训的教师与学生的生活境遇。教室里墙面是白色的，从地面开始往上涂有淡绿色的油漆 1.3 米高。窗帘是深蓝色

的，靠走廊侧没有窗帘，只有两个大的透明玻璃窗，学生坐下后看不到
走廊。

教室为长方形，长 10 米、宽 6 米，教室的平面如图 3－1 所示。教室
前方的讲台上有墨绿色黑板，由四块小黑板组成，中间两块可以往两侧推
拉，推开后是电子白板。悬挂在黑板上方白墙上的是班训"励志求知，
自勉不辍"八个红色雕刻大字，每个字高 45 厘米、宽 30 厘米，非常醒
目。这是学生目光集中和停留最多的地方，许多学校都选择在黑板上方悬
挂标语，对学生进行道德教化与学习鼓励。

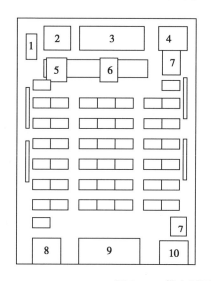

1.班级合影
2.量化考核公示栏
3.黑板
4.公告栏
5.多媒体操作台
6.讲台
7.门
8.卫生角
9.黑板（报）
10.考试成绩单

图 3－1　教室平面

讲桌在讲台的南侧，讲桌是金属制成的，上方是电子白板的操作台，
操作台平常上锁，班主任老师拿着钥匙，只有用投影的时候才打开。黑板
的南侧是量化考核公示栏，里面张贴着"各组日均分公示"。黑板的北侧
是公告栏，张贴着班级的花名册和学校下发的各类活动通知。在课堂观察
期间，公告栏里共有 5 份通知：一是关于举办"迎新剪纸制作"比赛的
活动方案；二是 2012—2013 年学期小型体育比赛的通知；三是初中一年
级小型体育比赛通知；四是关于"美丽校园"摄影比赛的通知；五是关
于开展我们的节日"清明节"活动方案的通知。

一进教室门，靠走廊的墙面上粘贴着一个透明的文件袋。文件袋内是
A 班级课程表、学生作息时间表、初一年级晨誓词和初一年级学生日常行
为十不准。

教室正后方是一块传统的木质黑板，用石灰粉笔书写。课堂观察期间，黑板上共有两次主题板报，一次主题为"感恩母亲节"，一次主题为"诚信"。黑板的下方的 1/3 处由课代表书写各科老师布置的作业、班级临时发布的通知和值日生名单。教室后面的黑板上方贴着 3 张奖状，从北至南依次是初中年级"美丽校园"摄影比赛三等奖、初中年级军事训练第三名、初中年级军事训练精神风貌奖。教室后门一进去的墙面类似公告栏，用于张贴班级月考成绩单。另一个角落是班级的卫生角，用于存放卫生用具。卫生角放置有一张课桌，有时候学生把收好的作业本也放在那里。老师有时候罚同学站，说"到教室后面去"，学生一般也站在卫生角。

第一次踏进 A 班教室，看到悬挂在黑板上方的班训与教室门外的班级座右铭所彰显的教育价值显然不同，一个是传统的教育价值观念，一个是当下社会倡导的教育价值观，自己当时顿生疑惑，暗自猜想 A 班教师持有怎样的教育观念。后来，这个疑惑竟成为我进行课堂观察的关键线索。

有研究者认为，主观文化居于文化的主导地位，唯有了解中国人的主观文化，即中国人共同的思想、态度、观念及行为，才能真正了解他们的物质文化与完成文化的精髓。[①] 如果进行逆向推理，物质文化与完成文化体现着主观文化。这正是进行实物分析的价值与意义。实物分析主要依赖于形象的召唤和联想以及物品本身的使用方式，实物主要来自人们日常生活中的"实践理性"。实物作为文化的物化形态，本身是一种文化建构，承载着特定时代的特定文化内容。这些物品通过被使用，不仅有意义解释的作用，同时还具有改变特定社会规范的潜在功能。由于实物的制作和使用与特定的社会文化环境密切相关，对实物分析需要将其置于特定的历史文化背景之中进行。"对物品的分析涉及一定的社会文化情境下人们生成、交换和消费的方式，需要我们采取一种关联的、历时和共时相结合的思路。"[②] 在进行实物分析时，需要辨别实物产生的时代背景、被使用的方式、作者的意图以及使用者的目的等信息。

作为一种外在的静默的社会规定性，实物对教师的日常教育实践活动

---

① 文崇一，萧新煌：《中国人观念与行为》，中国人民大学出版社 2012 年版，第 2 页。

② 陈向明：《质的与研究方法与社会科学研究》，教育科学出版社 2010 年版，第 258 页。

具有规约作用。教室作为教师与学生交往的主要场所，是课堂观察中最微观的情境，映射着社会宏观环境和中观环境的各种"使命"，默默地"被渗透"。教室的素材、材质和色彩，乃至教室内所有的物品与符号都具有自身存在的意义，尽管它们静默。A班教室的布局与陈列是目前中学教室布局与陈列的典型。教室以黑板与讲台为中心，秧田式的课桌椅都朝向黑板与讲台方向。这种单向的、整齐划一地排列的课桌椅凸显着追求教学效率的功能主义和教师对学生管理的权力性，也导致了教室空间的无机性。学生的座位与张贴在墙上的月考排名表分别是显性的与隐性的等级划分，在学校既定的规训化序列中，每位学生都在特定序列中不断地变换着位置。

　　教室原本应是教师和学生共同栖息的场所，而不是单纯接受知识的讲堂。初一年级每天上学时间近 8 个小时，除了体育课可以到操场、少数课程可以到实验室外，其余时间教师和学生只能在教室内活动，格外封闭。教室内的所有实物、各种符号及陈列结构本应该有助于教师与学生更好地交往，包括相互交流、合作和开展学习探究活动。但是，A 班教室的布局与物品陈列显示出教师与学生之间平等对话的自在与快乐的丧失。教室成了无机的、生硬的、缺乏色彩的全然丧失了人文情怀、象征意义和探究气息的虚无的空间。教室被异化，成为加剧机械训练的学习场所，成为教师与学生活动受到显而易见的日常管理和细微潜在的规则所制约的空间。A班教室的空间和布局暗示了教师与学生之间的不平等关系以及他们之间潜在的冲突和对立。若是管理人员站在教室外的走廊，他可以窥见整个教室；若是教师需要单独和学生沟通，通常是在讲台上，然后说"下课后到办公室来"。

　　教师所感知到的教室环境对师生交往的影响随着教师社会化的发展而变化。本书调查问卷部分就"您怎样看待学生端坐在长方形的教室里，教师站在讲台上，背对黑板，面对所有学生进行互动的方式"的题目进行了调查。研究发现，教师选择比例最高的选项为"这样的教室是一个'与世隔绝'的小空间，师生之间的交往会受限制"。其中，1 年以内教龄的教师选择比例最高，达 44.3%；其次为 5—9 年和 10—19 年教龄的教师，选择比例相同，为 37%；2—4 年教龄的教师选择比例为 31.0%；20 年以上教龄的教师比例最低，为 22.2%。选择"已经习惯了，没有太在意"的教师中，1 年以内、2—4 年及 20 年以上选择比例接近，在 35%

左右；10—19 年和 5—9 年教龄的教师选择比例相对较低。关于"这样的空间和布局暗示了师生之间的不平等"选项，5—9 年教龄的教师选择比例最高，达 28.8%；其余四个教龄段的教师选择比例在 17%—20%，差异不大。关于"这样的空间和布局不会影响师生之间的互动"选项，20 年以上教龄的教师选择比例最高，为 23.8%；2—4 年、5—9 年和 10—19 年教龄的教师选择比例在 12%—15%，差异不大；1 年以内教龄的教师没有选择该选项。这表明，1 年以内教龄的教师对教学的物理空间更敏感，20 年以上教龄的教师对教学的物理空间相对习惯与适应。

通过纵向比较，发现教师对教学物理环境的认识存在如下趋势：与其他教龄段的教师相比较，5—9 年教龄的教师更关注教学的物理环境对师生互动方式的影响，更能意识到传统的教学物理环境暗示着师生之间的不平等；1 年以内教龄的教师对教学物理环境会影响师生互动方式的认可度最高，随着教龄增长，教师对此认可度呈现下降趋势；20 年以上教龄的教师对教学物理环境会影响师生互动方式的认可度最低，他们更倾向于认为传统的如 A 班的教学物理环境不会影响师生互动，较少能注意到传统的教学物理环境具有不平等的意味。

在进行课堂观察和整理资料的过程中，我一直在追问自己：无限可能的孩子，身着整齐划一、蓝白相间的校服，在最活跃的年龄，每天近 10 个小时安安静静地坐在小小的、四四方方的教室里，除了身体被束缚外，心灵会不会被束缚？什么样的环境能够最有效地激发学生的学习动机，学生最需要什么样的学习环境？什么样的环境才能配得上学生生命意义上的成长？

四　链接：W 老师个案——知识的传递者与课堂的管理者

W 老师是 A 班的英语课老师，5 年教龄。

课堂回放：6 月 5 日　英语课

预备课铃声响后，学生甲和乙从老师办公室抱回作业本和卷子给同学们分发。上课铃声响后，英语课代表学生甲领读单词和短文。大约 5 分钟后，W 老师进来。

"行了行了！"W 老师显得有点儿不耐烦，打断了学生们的朗读。

"今天来晚几分钟，有几位同学的作业没批改完。咱们班最近的作业写得非常糟糕，作业多的、作业少的都不好好写，作业中等的是只做一半，或者只做一点儿。这是怎么了啊？"W老师生气地问道。

W老师点了6位同学的名，说他们的作业没有翻译，让这几位同学下午第二节课交回作业："你们中午干什么呢，把作业补起来，听见没？"同学中没有人应答。

"丙和丁的作业重新写，丙的作业咱们参观一下，每天只写两三行，也不翻译，拿了作业本到外面写去。"学生丙拿起作业本低头走到教室外头去了（我当时还纳闷儿他到教室外头怎么写作业，下课后问其他同学，同学解释说"趴在墙上写呗"）。

W老师回到讲台上，厉声说："别以为期末了，布置的作业就不算数了。怎么着？难道是你们认为快上完初一，翅膀都硬了？脑子都满了？"

开始正式上课后，W老师让学生看课本作业，并点名让某同学读课本作业，"声音再大点儿，太小了"，"'was'读什么，学了三四节课了，还读错！这位同学在咱们班英语七八十分，算是不错的吧，学了三四节课了，结果还读错"！

就在这位同学读课本作业的时候，W老师看到学生戊扭头和后面的学生乙说话。

"学生戊，和谁聊得热火朝天、眉来眼去的？"

"我没有。"

"那你和谁聊了？"老师反问到。

"学生乙，你俩都站到后面去，一边一个，有什么咱们下了课再说，不想浪费大家的时间。"学生戊和学生乙拿上书站到了教室后面，学生戊伏在桌子上记笔记，学生乙则拿着书双手扣在背后倚着墙角站着。

下课后，老师伏在讲台上，处理学生甲和乙的纠纷，听他们说详细情况，大约持续了10分钟。

随后，我与W老师聊天。

我："今天的英语课很辛苦吧？"

W："辛苦也没啥效果，你看这堂课"，W老师长长地叹了口气，

"我每天讲的自己都没劲了"。

在学生眼中，W 老师就是他们心目中的好老师，在针对学生的"焦点访谈"上，同学们说："我们很喜欢英语老师，她特别负责任，是我们心目中的好老师。"还有一位同学在课间聊天时说："W 老师去年下半年开始代我们班英语课，应该是刚休完产假。她可认真了，每天英语晚自习过来，拿着个小本本（她用手比画，一点点大），记我们背诵的情况，画正字。我们英语 80 分以上的同学还要做额外的作业，每周交一次，W 老师给判。"

在 L 老师的 QQ 空间里，有 W 老师在课堂上和 A 班学生一起做三明治的图片。从准备食材，到各式各样的三明治展示，学生们脸上都是抑制不住的兴奋，W 老师也始终笑嘻嘻的，每个人都开心极了。

> 课堂回放之二："站起来！"
> 站起来！
> 站着，在我们的课堂；
> 站到后面，在我们的课堂；
> 站到教室外面，在我们的课堂。
> 第一种情况：学生没写作业，或没写完作业
> 案例1：5 月 16 日 英语课
> W 老师一进来就说，"站，站，没写的站"，两名男生和一名女生站起来。其中一名男生踢凳子，发出很大的响声。W 老师开始讲课后，这三名同学就一会儿站着，一会儿趴到桌上，弯曲着身体写作业。
> 第二种情况：教师制止学生说话
> 案例2：6 月 5 日 数学课
> 老师上课时看到同学甲和乙说话，于是说："甲、乙，拿上东西，站到后面，不要说话。"甲和乙拿上作业本和笔站到了教室后面听课。
> 第三种情况：防止学生瞌睡
> 案例3：6 月 5 日 数学课
> "丙，到后面去，我的课是睡觉的？到后面站会儿去，站到后面

就不瞌睡了。我的课是睡觉的？"

第四种情况：学生上课嬉笑

案例4：6月3日 语文课

丁不知道和同学说什么好笑的事，忍不住一直笑。

老师看了他们几个一眼，说："控制不住就自己站起来。"

第五种情况：学生没能回答老师的提问，或回答得不理想

案例5：6月4日 英语课

老师提问甲，她没有回答完整，就一直站着。后来又提问其他同学，大约过了10分钟，老师才让甲坐下。

根据课堂观察，不只是W老师，"站起来"是许多老师常用的课堂管理手段。站起来，原本是多么自豪的事情，可是在课堂上，除了老师提问，被点名站起来回答或举手老师同意后站起来回答，其余就是各种被惩罚的"站起来"。如果仅就W老师的课堂上各种惩罚意义的"站起来"进行分析，第一是没有按要求完成教师布置的作业，包括完全没有写作业，或只完成了部分作业，或作业潦草；第二是没能回答教师的提问，或者回答得不理想，学生在老师指令坐下之前要一直站着听课，即使是做课堂笔记也得站着写；第三是扰乱课堂秩序，譬如学生间嬉闹、说话，不同的教师会视情况的不同让学生站在不同的地方，通常是站在座位处，严重的站到教室后面，更严重的要站到教室外面。有时在课堂上，学生瞌睡，老师也会让他站起来听讲。

在和W老师交流时，W老师表示，刚参加工作的时候，她很想和学生做朋友，但后来发现对学生过于友好与随和，学生就不会把老师放在眼里，课堂上也嘻嘻哈哈，根本没办法好好上课。她自己曾一度的陷入想要和学生交朋友和维持课堂秩序两难的困境，后来发现对学生还是得严厉点。慢慢地，她在课堂上就变得越来越严厉了，但即使是这样，W老师认为自己课堂上需要拿出很多精力来应付课堂管理，有的时候只能压缩教学内容，自己感觉很无奈。

初任教师面对陌生的充满不确定性的环境，会遭遇系列困难。Veenman曾对初任教师在教学工作中遇到的问题进行了实证研究，发现初任教师遇到的问题集中在24个方面，按出现频率由高到低排序，居于前12位的为课堂纪律、激发学生动机、处理个别差异、评价学生作业、与家长的

关系、组织班级活动、教学材料和设备欠缺、处理个别学生问题、由于没有充分的准备时间而形成的教学负担过重、与同事的关系、制订授课和教学工作计划、有效运用各种教学方法。[1] Veenman 的研究后来在美国以外的其他国家其他时间进行，研究结果显示，初任教师遇到的问题与社会背景和时代背景没有密切关系。我国有研究者发现，初任教师经常遇到的困难或问题依据出现的频率由高到低排序，居于前 12 为的为：教材不熟，重点难点把握不准；教法不灵活，难以调动学生的学习积极性；教学管理能力差，难以维持课堂纪律；不能与学生进行有效的交流和沟通；不了解学生的学习需求；对学生提出的疑难问题难以解答；不能妥善处理课堂偶发事件；教学材料匮乏；难以处理与同事的关系；教学设施简陋；教学语言不流利，有时出现口误；板书不规范。[2]

本书的调查问卷部分就"在课堂上，学生的哪种行为更容易被教师罚站"的题目进行了调查，研究发现，不同教龄段的教师选择比例最高的均为"学生说话、嬉笑打闹，扰乱课堂秩序"。其中，1 年以内教龄的教师选择该比例最高，达 80.3%；其次为 10—19 年、20 年以上及 5—9 年教龄的教师，选择比例差异不大，均在 70% 左右；2—4 年教龄的教师选择比例最低，但仍达 56.9%。这从侧面折射出各个教龄段的教师都面临着较大的课堂管理压力，初任教师面对课堂管理压力尤其大。选择"学生瞌睡"的教师比例居于选项第二位，其中 10—19 年、5—9 年教龄的教师选择比例较高，在 40% 左右；其次为 20 年以上和 2—4 年教龄的教师；1 年以内教龄的教师选择该选项比例最低，为 9.8%。选择"学生没写作业或没写完作业"的教师中，2—4 年教龄的教师选择比例最高，达 32.8%；其余教龄段的教师选择比例在 10%—15%，差异不明显。选择"学生没能回答老师的提问，或回答得不理想"的教师比例极低，但课堂观察发现，学生没能回答老师的提问，或回答得不理想也是被教师罚站或延迟坐下的主要原因之一。

通过纵向比较，发现教师对课堂管理的典型惩罚性手段——罚站——的认识存在如下变化趋势：面对学生扰乱课堂秩序，不同教龄段的教师多

---

[1] Veenman, S., "Perceived problems of beginning teachers", *Review of educational research*, Vol. 54, No. 2, 1984, pp. 154 – 155.

[2] 赵昌木：《教师成长：实践知识和智慧的形成和发展》，《教育研究》2004 年第 5 期。

数都会将罚站作为惩罚手段，但 1 年以内教龄的教师最容易将罚站作为惩罚手段，随着教龄的增加，这一趋势会发生两次转折，但整体呈现下降趋势。与其他教龄段的教师相比较，面对学生没有完成作业的情况，2—4年教龄的教师更容易选择罚站作为惩罚手段。随着教龄的增长，选择罚站避免学生上课瞌睡的教师逐渐增多。每个教龄段的老师都选择了"学生说话、嬉笑打闹，扰乱课堂秩序"，且比例占到最高，这与中学阶段的学生活泼好动、自制能力差有关。

课堂管理是教师在课堂上用以维持学生合宜行为的措施，包括教师为鼓励学生参与课堂任务而采取的一系列行为和技术，通过课堂管理，不但可以约束和控制学生有碍学习的不良行为，而且可以引导学生在课堂上进行积极的学习活动，以增进学习效果。[1] 课堂的"管理者"是教师在课堂上扮演的重要角色。为了保证学生在课堂上注意力集中，教师通过提问、点名等手段提醒学生"溜号"。如果学生有破坏课堂纪律的不良行为，教师通常会视行为的严重程度进行不同的处理，最严重的是将学生驱逐出教室；其次是罚站，通常是让学生从椅子上站起来听讲，也有的同学被罚站到教室后面的角落；再有是口头的批评教育，有时是在课堂上进行，有时是下课后把学生叫到讲台上批评，或者让学生下课后到老师办公室。当教师认为情节严重时，还会求助于学校政教处、班主任或者约见家长，学生称之为"告状"。

目前，普通中学初中年级班级规模在 40—50 人之间，高中年级班级规模在 50—60 人之间。教师每天都受到严重的挑战，不仅仅是学生成绩和升学压力的挑战，还有来自学生的挑战。青春期的孩子需要高度的关注，同时需要为他人负责任的机会。大容量的班级限制了师生互动的频度、广度和深度，学生为了获得应有的关注，在课堂上表现的这种不安分，在一定程度上挑战了教师对学生的管理和对自我情绪管理的能力极限，导致教师经常使用惩罚性管理手段。

个人教学效能感是指教师对自己是否有能力完成教学任务和教好学生的观念。随着教龄的增长，教师的个人教学效能感整体呈现出上升趋势。[2] 本书的数据调查显示，教师任教后 2—4 年，个人教学效能感出现

---

① 傅道春：《教学行为的原理与技术》，教育科学出版社 2008 年版，第 34 页。

② 林崇德：《教师素质的构成及其培养途径》，《中国教育学刊》1996 年第 6 期。

第一次非常显著的上升趋势；从教 20 年以上，教师的个人教学效能感再次出现显著的上升趋势。

第五节　观念探索期：对教育育人价值的觉醒

2003 年，赶上学校合并，L 老师先后担任了职业高中的模特儿班和初中班的班主任。这一阶段，L 教师超越了先前关于"教育是为了传递知识"的认识，开始对教育的育人价值有所觉醒，鼓励学生制订个人的目标规划，追求更加高远的目标。

一　鼓励学生追求更高远的目标

2001 年 9 月，我担任了模特儿班班主任兼政治课老师。当时的模特儿班只有 6 个男孩子，其他全是女孩子，特别难管理。学生都长得特别漂亮，身材也好，大多是十六七岁，正是最好的年龄。学校外面诱惑太多，当时学生在最繁华的商业区走秀，走一场 400 多块钱，还有著名的影楼请她们过去当模特儿，给的费用也不少，学生也觉得挺美的，打扮漂漂亮亮的，照照相、摆摆造型就把钱挣了。学生哪能禁得起这种诱惑，都坐不住了，没有几个学生安心学习。

当时学校禁止学生擅自外出参加商业活动。我也给学生讲，"走台只能走一时，不能走一世，青春饭不能吃一辈子，应该趁年轻多学点东西"。一开始学生还觉得，"我就这样了，学习又不好，没希望了"，但后来我天天讲，慢慢地，学生就听进去了。尽管我们班孩子的家长素质一般，但家长都希望孩子有好的前途。当时我就和学生、家长不厌其烦地沟通，慢慢地，他们的观念就有所转变了。后来，摄影楼、走秀场等偷偷邀请孩子们出去走台演出或拍照，家长和学生还主动向我汇报。

临近毕业，我们班的同学都参加高考并上了大学。学生基本上都考到外省去上学，去向挺好。最开心的是有一名女生参加 CCTV 模特儿电视大赛还得了"十佳"和"最具潜力奖"，CCTV 模特儿大赛是由中央电视台主办的全国性大赛，应该是国内模特儿最高水平的比赛吧！电视直播的时候，她提前给我打电话，让我看电视，我当时挺感动的，这就是做一名老师的成就感。老师的价值不就体现在这里嘛！有的学生会记得你，有什么好消息会告诉你，这就挺开心的。其实老师挺可怜的，是吧？（L老师说到这儿停下来看我，我们两个相视而笑。）

当时孩子们最好的一点是能听进去劝告，知道自己应该追求更高的目标，不迷恋眼下这点儿收入，眼光放得长远了。当时就是这种感觉，感觉教育观念真重要！观念一旦转变了，行为导向就变了。我们模特儿班有一名男生当年考到海南上大学，许多年以后，过春节的时候，他给我打电话，说他移民到澳洲了。在电话里，他说毕业十年多了，逐渐意识到当年我说的好多话都是对的。我听到他这么说很欣慰。

L老师说，带模特儿班的时候，她对学生管理方式很严，也很下功夫，各方面投入也多，当时她最大变化就是逐渐意识到要引导学生把目标放长远些，并一步步引导和鼓励他们追求自己的目标。L老师回忆说，带前一届电脑班的时候，她没有意识到这点，虽然也投入了很多感情、时间和精力，参加任何比赛，班级成绩都在最前面，特别有面子，但没有意识到要培养孩子们学会自己走的能力。L老师认为，做教师不能只看眼前，只看学生的成绩，今天考了多少分，明天要考多少分。她认为这是一种短视逻辑。但是，目前社会大环境就是如此，高考、中考是指挥棒，作为一名普通教师，无力改变现状。教师能够做的，就是在教学的同时培养学生自己走的能力，把发展的理念教给学生。

从那时起，L老师开始有意识地反思自己的教育观念，开始意识到教育观念的重要性，并有意识地进行反思，因为她发现，"教育观念一旦转变，整个行为导向都会转变"。

二　新的学生与新的课程

2003年，学校合并后，我们就到了A中，当时我们职中过来的老师都在初中部，我从初一到初三带了完整的一届。起初，自己最不适应的就是突然和初中生打交道，原来职业高中的学生什么都懂，现在全是小孩子了，不懂事，道理跟他们说不通，他们也不听，我就不和他们讲道理了，开始强制要求。同时，之前没带过初中课程，课本都是陌生的，"新课改"以后虽然是旧课本但是新课标的要求，教学内容也变了，我当时讲课觉得很辛苦、很累。那时候，无论是学生管理还是课堂教学，事无巨细，我都不敢有一点儿疏忽，照本宣科讲授特别多。我还给他们编制了"兵书"，就是考试宝典（L 老师说到这儿，自己也笑了）。实际上是自己下功夫将课本知识进行了归纳和串联。我上课的时候经常说，"把我们的 L 氏学习宝典拿出来"。学生觉得很有趣，他们认为 L 氏学习宝典很珍贵，因为考试内容上面都会有。

当时除了这些外，我还经常参加培训、听课及做点评、调研等。有一次，一位政治课的专家来我们学校观摩听课。当时只有同行在，观摩完我的课后，专家给出两点建议，一项优点一项缺点：优点是我讲课时对象意识特别强，专家推断我平时和学生相处特别融洽；缺点是我的课标意识不强（当时上课我是什么都讲，讲得特别细），专家指出，课标有明确要求的需要讲，课标没有要求的就不需要讲，可以放弃。可我哪敢呀！就怕落下东西。

专家的建议对我影响很大，后来我才仔细研究课标，逐步改进教学。我当时讲《未成年人保护法》，讲一个条例，对应举一个案例，案例全是我自己设计的，平时看报纸、看电视收集各种素材，写成叙事类小文章，每节课备课感觉像编写个小剧本似的。学生特别认可我讲课的方式，现在回头看，虽然成绩很好，但就是备课特别累。

所谓专家引领，主要指专家参与的一些教研活动，在观摩一线教师教学后，从教育研究专家的角度给予教师的理论引领。[①] 在教师社会化发展过程中，适时与专家进行对话，由专家给予教育实践理论引领，是教师教育观念发展的重要路径之一。

课堂回放：5 月 22 日　政治课

L 老师：这节课讲"防患于未然——预防未成年人犯罪法"。L 老师用"如何才能避免陈某的路"将课本知识做了个串联。

"我怎么写，你怎么写，我标红，你也要标红，方便咱们开卷

---

① 王枬：《教师发展：从自在走向自为》，广西师范大学出版社 2008 年版，第 199 页。

考试。"

"边看边画，和上个学期的学科知识梳理联系，转化成术语。"

"谁第一个举手？积极调遣上个学期知识。"学生集体回答。

"把措施写到书上：

第一点：自觉树立法律意识、维护法律尊严，自觉依法自律，做一个守法的人。把这个画上波浪线。

第二点：加强道德修养，做一个有道德的人。在重点处画上红色波浪线，写上道德与违法犯罪关系。

第三点：从小事做起，防微杜渐，预防违法犯罪。

第四点：谨慎交友。避免沾染不良习气，防患于未然。

第五点：培养坚定意志，抵制不良诱惑。

第六点：培养高雅的生活情趣。"

梳理完预防措施的知识点后，L老师要求学生"对号入座"，即在每个知识点的后面标注上内容所在的页码，并在相应的页码用笔进行重点勾画。

三　学生观：你们已经不是小孩子了

案例1：5月22日 政治课

这节课讲的是"防患于未然——预防未成年人犯罪法"，L老师结合课程内容对学生讲："大家想想，自己是否有不良行为，或者已从不良行为转为严重不良行为？你们已经不是小孩子了，你们在书写自己的人生历史，勿以恶小而为之。万一遇上坏人，别理他，一次两次他就没趣了。上课说话也是一样的，一定要学会拒绝，公然说不。"

案例2：5月22日 课间

在教室门口，我和L老师聊天。

L老师说："初中的孩子最难教了，不像小学的孩子那样把老师的话当圣旨，不像高中孩子那样懂事，他们自己觉得长大了，但还是个孩子，处于叛逆期的孩子，和他们说话又不能侵权。"（我俩正在教室门口的楼道里聊天呢，班里的学生甲经过，L老师喊他：甲，你过来，把你的领子理一理，边说边给他把皱皱巴巴的校服领子整理了一下。）

案例3：5月22日 课间

"初一生涯马上就要结束了。如果你想上A中的高中（A中有高中部，高中属于省重点中学），不努力是不可能考上的。大家都要好好学，如果争取到保送名额多好，而且保送还减少压力。咱们每个人都有尊严，如果能被保送，对自己和家人都好。明年加物理，后年加化学，今年保送参考初二期末考试的成绩，谁知道明年会怎么样？小学左三年右三年，晃着呢，初中不一样啦。人活着不能没有希望，可能每个人的特长不一样，但我们都要尽力。"

"不要浪费自己的青春，如果把人生比作四季的话，你们是四季中的早春时节。相信大家都渴望过更好的生活，20岁以前是家人给你的，20岁以后是自己努力来的。不要怕老师冤枉了你，用实际行动来证明自己。良好的态度很重要。"

案例4：《初一年级晨誓词》片段

"我们深知父母劳作艰苦，我们懂得文明谦让、理解尊重，我们坚持乐学上进、自强不息。我们信心百倍、潜力无穷，我们一定能成人、成才、成功！"

案例5：A班班级宣言

讲桌旁边靠窗口的墙上是塑封的班级合影。合影旁边用彩色的纸张进行了装饰。合影里，同学们身穿校服，站在教室门前的台阶上，共4排，女生站在第一排和第三排，男生站在第二排和第四排。班主任L老师身穿白色西服，明黄色内搭，站在第三排的女同学中间。照片下方用手写体写着"我们一直在努力！——A班班级宣言"。

案例6：7月8日 班会

"这个学期有折腾的人，咱们班若表现得好，9月开学咱们就搞活动。"学生听完后欢呼雀跃，教室里立刻沸腾了。L老师连续两次用手做出安静的手势，学生才陆续静下来。

在笔者进行的课堂观察和访谈的过程中，L老师多次教导学生，要珍惜现在的时光，要为了过更好的生活而努力学习。同学们说，L老师她很多时候和学生说话的口吻就像家长一样。"你们已经不是小孩子了"，这是班主任老师包括其他任课老师在课堂上多次表达的一个主题。A班44名同学中，有39名同学出生于2000年、5名同学出生于1999年，他们是名副其实的千禧一代，俗称"00 后"。初中阶段的孩子通常处于 12—15 周岁，身心都处于快速发展时期。在老师眼里，同小学阶段相比，他们已不再幼稚，身心都开始逐渐趋于成熟；同高中阶段相比，他们依然稚嫩，无忧无虑，没有真正"懂事"。L 老师充分考虑到这个年龄阶段的学生特征，允许学生"折腾"，循序渐进地引导学生成长。同时，她也意识到这个阶段的学生正处在叛逆期，和他们沟通"不能侵权"，需要充分尊重学生的人格、维护学生的尊严。"每个人"都不一样，教师应认识到学生的家庭和成长环境不同，每位学生在心理、文化等方面都有着自身特质，意识到教育应该针对个体差异，因材施教。

语言是教师与学生沟通的重要中介，从教师与学生的沟通语言中，可以获悉教师的教育观念。本书中调查问卷部分就"下面的话语中，哪一句是老师对学生讲得最多的"为题目进行了调查。调查显示，四个选项中，不同教龄段的教师选择比例最高的均为"社会竞争这么激烈，如果不努力，就会被严酷的竞争所淘汰"，选择该选项比例最高的为 1 年以内教龄的教师，比例为 68.9%；其余四个教龄段教师选择比例差异不明显。选项比例第二位的为"为了自己的前途，不要怕吃苦，今天努力，以后享福"，选择该选项比例最高的仍为 1 年以内教龄的教师，达 60.7%；其次为 2—4 年、20 年以上、10—19 年和 5—9 年教龄的教师。各个教龄段教师选择"今天不好好学习，日后就成不了国家栋梁"和"如果不努力，就不能成为独立自主的公民参与社会"的比例均较低，仅 2—4 年教龄的教师和 20 年以上教龄的教师各有一项选择比例超过 10%；其余教龄段教师选择比例都低于 10%。

通过纵向比较，发现教师对劝导学生用语的认识存在如下变化趋势：随着教师公共使命的式微，教师劝导学生的用语普遍由之前的鼓励学生成为国家和社会栋梁或做独立自主的社会公民逐渐转向私人性的劝导，如要努力，不然就会被严酷的竞争所淘汰，或者不要怕吃苦，今天吃苦，明天享福等。1 年以内教龄的教师劝导学生用语最具私人性，随着教龄的增长，教师对学生的私人性劝导逐渐减弱，但变化趋势并不明显。

在 A 班教室的墙上张贴着"初一年级学生日常行为十不准"，内容如下：

按时到校，不准迟到、早退、旷课、旷操；

遵守校规，不准打架斗殴、抽烟喝酒、进网吧；

尊敬师长，不准顶撞老师、说闲话、说脏话、上课吃零食；

轻声慢步，不准在楼道及室内追逐打闹、大声喊叫；

爱护环境，不准乱扔垃圾、随地吐痰、吃口香糖；

爱护公物，不准破坏公物；

拒绝诱惑，不准带手机等电子产品到学校；

有学生样，不准染发、烫发、留长发、化妆、戴饰物；

衣着整洁，不准奇装异服、穿紧身裤、牛仔裤、穿靴子、高跟鞋；

尊重他人，不准在集会时嬉笑、交头接耳、冲撞他人。

（落款：A 中学初一年级组　2012 年 9 月）

同时，在 A 中学的规章制度汇编中，有《中学生日常行为规范》《学生日常行为规范综合测评量化考核条例》《学生一日行为学分制评分办法》《学生礼仪常规》《学生违纪处理条例》《文明学生"十不"规范》及"两操一活动"、升旗仪式等各项关涉学生活动的具体管理制度。《中学生日常行为规范》共有五大部分 40 条具体内容，五大部分包括自尊自爱、注重仪表，诚实守信、礼貌待人，遵规守纪、勤奋学习，勤劳俭朴、孝敬父母，严于律己、遵守公德。在访谈过程中，我问起《学生日常行为规范综合测评量化考核条例》如何执行，L 老师说，目前学校虽然没有严格按该条例对学生打分，但班里的基本情况班主任都比较清楚。《文明学生"十不"规范》则明确列出文明学生十条"不"行为，内容与《初一年级学生日常行为十不准》的内容相似。

以上针对学生所确立的各种规范、条例和行动法则都属于社会文化的一部分，从这些规范、条例和行动法则中可以归纳学校所期许的学生应具备的性格与特质。如同《三字经》可以作为一段时间内我国儿童和青少年社会化过程的重要资料一样，以上所列举的针对学生的各种条例和行动法则也是如此，它们千篇一律地说着对学生的各种规范和要求，然而，千篇一律正有它的社会化功能。

教师则化身为社会规范和道德标准的执行者和守护者，同时还扮演着社会规范和道德标准执行过程的监督者和执行效果的评判人。L 老师认为，目前的中学生是来自"太阳系"家庭的孩子，在父母甚至是祖父母辈的精心呵护下长大，习惯了以自我为中心的思维方式，许多学生出现了任性、蛮横、自私等不良的个性。L老师认为，初中学生的心理年龄特征具有反复和不稳定的因素，同时也隐藏着巨大的可塑性。正因为如此，她从来没有放弃对学生进行教育，她认为短短的初中三年会对学生的一生产生深刻的影响。日趋激烈的社会竞争，更是昭示了一个人的综合能力才是成功的前提。在这三年里，教师要做到不仅仅是传授知识给学生，更重要的是要为学生掌握成为社会人所具备的各种素质能力打下基础。因为初中生正处于活泼好动的阶段，具有很强的模仿能力，所以L老师在敦促学生好好学习的同时，利用各种细节培养学生的能力。L老师认为，无声的行动比有力的语言更具说服力，作为班主任，她以身作则，首先规范自己的言行，用无声的行动给学生树立榜样：每天上班上课不迟到，做到守时；说过的事竭力做到，做到守信；每天的衣着都干干净净整整齐齐，做到整洁；一笔一画地写板书、一丝不苟地批改作业，做到认真；不乱扔废纸、不随地吐痰，做到有公德。在她的示范下，班里的学生很快也养成了良好的生活与学习习惯。

四　链接：Z老师个案——教育评价限制了教育手段

Z老师担任A班地理课老师，9年教龄。

课堂回放之一：5月16日　地理课

Z老师进来后看见有学生嬉戏，用手指了指讲台旁，对那位学生说："甲，搬个凳子坐到这儿来，这么大的地方，坐下别说话。"

Z老师提问，学生集体回答，共同回顾上节课内容。

"给你们30秒钟把'三个中心'背会。"30秒过后，老师提问"三个中心"是什么，学生集体喊答。

Z老师边讲课边巡视学生。"大家把72页的空填上，写！"看到有名学生整个上半身都趴在桌上玩纸片儿，Z老师用书拍该学生的肩膀。"大家把这几句话写到这儿，写到原因那儿。"过一会儿又看到另一名同学趴在桌上和同桌说话，Z老师用课本戳学生的肘子："赶紧写，别叽叽叭叭说个没完，说的比写的都多啦，少说话，多做事。"

Z老师让同学阅读课本，找澳大利亚的几种矿产资源。学生们开始做小动作，有的私语，有的互相扔纸条。"咋地啦？（方言：怎么了？）操点儿心行不？"Z老师用课本狠拍扭头讲话的男同学的头。

课堂回放之二：5月28日 地理课

这节课内容为：《美国：经济高度发达的国家》。

Z老师，"很好，大家阅读课文，默读，勾画相应数据。"

Z老师拿着教材，一边讲课，一边在教室里踱步巡视，看有的同学没动手："勾画住了没有？等你的嘞！画重点，怎么手不动、笔也不动？"

"'二战'之后，"Z老师一边讲课，一边提醒学生说，"画住啊，这半天了。优势还没画，都画住啊！画住！说一遍就听不见。"

"大家看第80页，自己默读，把重点画一下，一会儿就找不见了。"

"我停顿的、强调的，都是重点，黑板上写的都要掌握，该勾画的就要勾画。"

在进行课堂观察期间，有一种现象特别引起了我的注意。老师面向全体学生提问，学生就会集体扯着嗓子回答，我把这种现象称为"集体喊答"。集体喊答现象并不局限于历史、地理、生物、政治这些普遍需要识记的学科，而是在每节课上都或多或少地发生。同时，老师还会不断提醒学生"勾住""画住""记住"，尤其是地理和历史，基本上是以课本为主，以练习册为辅，上课以画重点、答疑、作业为主的模式。有一次我和Z老师谈起这件事，问起为什么课堂上不用多媒体给学生播放BBC的地理专题节目，或其他类地理专题节目？Z老师说，地理课上播放专题节目虽然好，学生也喜欢，老师也省事，但担心教学进度完成不了，再说，有的学生还知道学习，有的学生基础差，又不自觉，如果学生连基础知识和基本技能都学不到，到考试的时候就麻烦了，毕竟，考试还是要看分数的。Z老师说，在课堂认真负责地讲清知识点、监督同学进行练习，确保学生能牢固掌握知识，考试时不出差错，这是最主要的。在课间休息时，应笔者的请求，看了地理教师的教案，在教学目标上，每节课都有明确的知识"重点"与"难点"，需要掌握的"技能"和"技巧"，至于认知课堂以外的目标则很少提及。偶尔有提到，也极其简单和抽象。

其实，不只是Z老师，就课堂观察来看，A班多数任课教师迫于

"应试教育"的压力，教学依然呈现出以"应试教育"为导向，以学科既有的基础性知识教育为主体，指令学生通过听讲、勾画、记忆、背诵、强化练习等方法理解、掌握知识的教学模式，课程的目标直接指向顺利通过考试甚至取得好成绩，为后续的学习打好基础、做好准备。

在课间与教师和学生聊天时，笔者曾就"课堂是什么"的问题问过任课老师和多位同学，老师典型的回答为："课堂就是讲课啊。每节课都有要讲的内容，很快就期末了，最近假期多，高考、中考、端午节（都要放假)，得赶进度。"学生典型的回答为："课堂就是听课啊。听课就是过家家，老师让干啥就干啥呗。"

哈贝马斯（Jürgen Habermas）强调，"语言是进化的社会文化阶段上理解的特殊媒介，通过语言建立起来的、理解的主观际性标示着总的历史中的一件新事物，这种主观际性使社会文化的学习水平成为可能"①。通过语言交流，教师与学生对社会规范、客观知识及对方经验取得共识，并获得超越生物进化的社会化成长。课堂观察发现，"写""听讲""勾画住""看黑板""背下来""记住"，这是教师在授课过程中经常提到的言语，充分说明多数教师对教育目标的选择依然停留在"知识的传递"上，只有少数教师关注到学生技能、技巧、智力和能力的发展，但相对有限，在课堂观察期间，L教师和T老师能经常涉及认识范围以外的目标。在随后的访谈中，我问过几位教师，目前的课堂学生主要是安静地听讲，如何能让学生更多地参与到课堂中？多数教师表示，如果把课堂放开的话就"乱套了，你想啊，课堂上总是让学生提问题、发表意见，课堂纪律就乱了"。虽然只有部分教师会在口头上强调"我课堂"，但是在课堂观察过程中发现，在多数课堂上，学生大部分的时间不是在听老师讲课、听着教师的指令"看黑板""听"或"写"，就是在听老师提问其他同学、听其他同学回答。学生多数时候是被动的，处于安静地听讲的模式。教师这样的回答说明他们还没有走出"老师讲、学生听"的传统课堂教学的思维模式。

课堂观察期间，除了部分教师运用小组合作教学、鼓励学生自主探究和合作学习之外，以教师提问、集体喊答为代表的教育方法主导了课堂教

---

① ［德］哈贝马斯：《交往与社会进化》，张博树译，重庆出版社1989年版，第2页，第102页。

学。教师通过一系列的指令，通过对教材的讲解，将既定的学科知识传授给学生，较少给学生发挥的空间。

有研究者指出，就我国中小学的教育实践现状而言，教师对学生普遍采取的是单一、直接的控制方式，其结果常常事倍功半，学生一方面熟知教师提出的各项目标要求和行为规范；另一方面却无意努力去达到目标要求，不去严格遵守行为规范。可以说这是对教师采取单一的直接影响方式的一种嘲讽。[①] 通过对 A 班的课堂观察和对教师与学生的访谈，多数教师对学习手段的理解和认识比较模糊，认为学生只要跟上教师的节奏，好好听讲、按时完成作业就可以了，事实上仍将学生的学习视为"被动地听讲，依据教师指令书写、勾画、背诵和作答"。这显然是要求学生接受学习，即学生通过教师呈现的材料来掌握现成知识，而非发现学习，即学生发展探究性思维，通过自己探索来获取知识。表面上看，这是教师的教学方式和教学手段不适合学生的需求，没有激发起学生学习的动机和兴趣，究其根本原因，是教师对学生作为教育主体的漠视。

Hargreaves, A. 指出，合作型教学文化所具有以下特点：精神支持、增进效率、改善效能、减低负荷、同步进行、建立安全感、增强反思能力、提高组织反应能力、提供学习机会和不断改进。[②] 合作型教学文化扭转了人们对教学的片面看法，重建教、学、教师、学生等概念，倡导探究性、合作性、开放性的教学行为和学习方式，是对传统教学观的超越。[③] 如果教育游离于学生的生活世界之外，教育就无法培养出一个"整体的人"，如果教育主体间的交流没有渗透对话与理解，那教育将培养出马尔库塞所谓的"单向度的人"。在传统的课堂上，教师是统治者和操纵者，学生是被统治者和被操纵者，教师是信息的发出者，教师向学生传递信息，作为学生仅需接收和储存信息，并按照指令性的信息活动。合作型的教学模式力图打破这种单向度的文化模式，构建一种对话式的教学文化模式。

---

① 鲁洁：《教育社会学》，人民教育出版社 1990 年版，第 464 页。

② Hargreaves, A., *Changing Teachers, Changing Time: Teachers Work and Cultures in the Postmodern Age*, London: Cassell, 1993, pp. 66 – 68.

③ 钟启泉，姜美玲：《新课程背景下教学改革的价值取向及路径》，《教育研究》2004 年第 8 期。

第六节　观念更新期：对学生主体价值的觉醒

经历过前几个阶段，L 老师已经完全适应现实的教学情境和各种工作任务，在这一时期，L 老师的注意力从关注自我转移到关注学生的学习需求和学习兴趣上，更专注于学生的心理和学生的学习成果。伴随着对学生作为教育主体价值的觉醒，L 老师的教育观念也获得一系列的更新，并在实践中陆续践行。L 老师对思想品德课程的教学进行了改革，让思想品德课"活"了起来；主动加强了家校沟通，竭力帮助家长转变教育观念；面对传统教育观念无法承受之重，主动转变了对学生的教育方式，更加注重呵护学生的心灵成长；鼓励学生学以致用，运用现代化的学习手段增强学习效果。这一时期，L 老师的教育观念获得整体的提升。

一　让思想品德课"活"起来

带完 2003 级学生之后，我没有从初一开始带班。2006 年 9 月，我直接带了初二两个实验班，从那时候开始探索思想品德课的教学改革，下功夫做了细致的研究，改革挺成功的。当时同一个教研组的另外两位老师，每天听我的课。

思想品德课在中考所占分数比重日益减少，再加上近几年中考又将思想品德科目改为开卷考试，许多同学轻视思想品德课的学习，错误地认为"开卷"就是"抄书"；再加上教师教学不生动，空洞说教多，所以多数学生愿意花时间做一道具体的习题，也不愿意花时间去思考一个抽象的问题。由于思想品德课教学缺乏吸引力，很多学生对思想品德课学习没有兴趣。

为了使思想品德课"活"起来，让学生感兴趣，L 老师在思想品德课教学中进行了一系列让思想品德课"活"起来的尝试，如联系生活实际让思想品德课知识通俗化、构建活动课让思想品德课道理生活化、让音乐走进课堂让思想品德课理论活泼、运用多媒体教学让思想品德课教学手段现代化等，均收到较好的效果。

二　传统教育观念无法承受之重

　　2007 年 9 月，学校把比较捣蛋和成绩落后的孩子单独编了一个班，所谓的问题班级，并安排我当了这个班的班主任。当时学校有一位 D 老师对学生很严厉，学生背不完书不让回家，学生迟到了她就打学生耳光。他们班有一位家长因为自己的孩子甲被 D 老师打了耳光，就在学校和 D 老师发生严重冲突。这件事之后，D 老师有一段时间都不提甲的名字，也不给甲批改作业。以前的老观念，什么"打是亲、骂是爱"，可把老师和学生给害苦了。

　　现在和以前不一样了，城市和农村也不一样，有一次一位家长和我说："L 老师，孩子就交给您了，他不听话，您就揍他。"我对这位家长说："难怪你和孩子有这么多冲突，你的教育观念不变我们就没有办法了。老师能去打孩子吗，再说了，简单粗暴地打会有用吗？"

　　L 老师认为，D 老师教的学生成绩都挺好，辛辛苦苦管理学生，因为管理学生方式不当，学生和家长都不理解，也没"落下个好"。这件事一方面挑战了老师的教学方式，给 D 老师造成了巨大的心理伤害，一方面也给学生带来巨大的心理压力。教师的教育方法很重要，有时候，即使有好的意愿，希望学生好，但是教育方法不对，还是无法达到理想的效果。L 老师认为，个体有差异很正常，要尊重学生间的个体差异，教学上对学生的要求不能只用一根标尺，设定强制统一的要求，"老师是想让学生都一样的好，但并不是人人都能考 100 分"，面对不同的学生，教师需要区别对待，布置任务也要有梯度、分层次。即使在生活中，也要讲究和学生的沟通方式，包括对学生迟到的处理方式也需要改进，就连教师偶尔也会迟到，怎么能要求学生完全不迟到，还惩罚性地强制打孩子呢？

　　L 老师从实习期间遭遇观念冲击，对体罚从震惊到习惯，再到对"打是亲、骂是爱"的传统教育观念的批判，认为教育方法很重要，特别是与学生沟通的方式很重要，"孩子们都大了，让学生心理有感触比打两下作用更好"。从表面看，这仅仅是 L 老师教育手段观的变迁，但更深层次则折射出她对学生主体价值的深层觉醒。

三　家校沟通中教师要起到应有的作用

　　我们班上有一个"政策"，哪位同学若是犯了错，就得给大伙儿买雪糕。当时有一名同学犯错了，该给同学们买雪糕了，他自己没有钱，又不敢告诉家长。我当时就借钱给这位同学，还和他开玩笑说，是贷款给他，第一次是无息贷款，以后可就有利息了。后来我就忘了这件事，可是孩子还一直记得。他的妈妈知道这件事后很感动，专门带着孩子到学校把钱还给我，后来这位家长逢人就给别人说我怎么好怎么好。

其实，我们有的时候换位思考一下，老师面对几十个孩子，但家长就一个孩子，孩子成功还是不成功、学好还是学坏，对家长而言非常重要。只要老师起到好的作用，家长们会发自内心地感激。特别是在孩子发展的关键几步，如果疏于引导和管理，万一沾染上不良习气，可怎么办？所以家长对老师的感激也是情理之中的事。后来在家校沟通的过程中，我经常找家长谈话，做他们的思想工作，帮家长转变教育观念。我认为，作为一名老师，这是应该的。

非正式访谈链接：

在课堂观察期间，我第一次听到关于家长评论是在初一年级组的教师办公室。当时我是被数学 Y 老师"请"出教室的。我一进去办公室就向两位老师做自我介绍，并解释说"数学老师说，……"还没等我说完，T 老师笑着说："Y 老师肯定是要骂学生呢，我们的学生差，家长又不懂，老师可费劲了。譬如说，有的家长，我们观察孩子精神恍惚，和家长说要注意观察孩子，看是不是上网，家长一口咬定说，没有啦，每天就是在家里看课外书，没有上网，好多家长根本不配合，不懂，还得先给他们开个培训会。"看我一脸诧异的样子，她又补充说："家长没钱，不懂教育。"

"咱们学校什么时候开家长会？"

"开家长会吗？应该是期终考完试开，家长不爱开，嫌麻烦。"T 老师笑。

"那家长主动和老师联系吗？"

"我们给家长打电话，家长还不接呢！"T 老师一副无奈的表情。

"那家长主动与学校这边配合吗？"

"他们才不在乎，把孩子放到学校，好像没自己什么事了。有时我们感觉就是白费力气，出力不讨好。"T老师说话很快，爱笑。

这是第一次听到关于"家长"的评价性话语。在第一次进行课堂观察时，我对教师用书拍学生、戳学生等行为非常不解，心里纳闷教师怎么可以这样对待学生，并且学生好像也不以为意。听了T老师的解释，"家长不懂教育"，"把孩子放到学校，好像没自己什么事了"，我似乎对教师的行为更能理解。这件小事给予我两个方面的启示，一方面是关于研究方法，自己要摒弃"文化客位"的观点，站在"文化主位"的立场，耐心细致观察，倾听教师自己对行为的解释；另一方面是关于研究内容，最初的研究设计中，关于家长对教师教育观念的影响并未过多考虑。这件小事之后我开始重新思考家校沟通对教师教育观念的影响。

在访谈过程中，几位教师多次提到"生源不如以前了"。L老师也谈到，2009级的学生家长比较配合老师，她给家长讲教育方法，家长也配合共同教育孩子。但是2012级家长普遍不怎么管孩子。老师在学校费上5天的工夫，周末回去休息两天，就变成了零，"5＋2＝0"，所以每次发现学生有问题倾向，她总是先找家长来谈话，了解家长的教育观念，并在此基础上进行沟通和引导。

在针对教师的焦点访谈上，我们谈到的第一个话题就是A班学生的家庭情况。据几位老师说，A班很多家长都是个体户和小商贩，在服装城、海鲜市场做生意，有的是卖土特产、批发酒店用品的，还有的是无业。班上还有几位同学是单亲家庭。在7月8日的返校班会上，我请同学们填写了一份综合情况的调查问卷（参见附录4：A班学生综合情况调查问卷）。通过对同学父母亲的职业情况统计发现，A班同学的父亲中，有1/3无工作，1/4为个体户，其余为厂矿工人、出租司机和打工者，有一位医生、一位工程师和一位教师；A班同学的母亲中，有一半没有工作，1/4为个体户，其余为厂矿工人和打工者，有两位教师和一位律师。

城市规模扩张引发学校规模扩张，农村人口进入城市，引发教室里的变革，这成为影响教师教育观念的因素之一。A班的教师多数来自中产阶级，但A中学的多数学生却是来自工人阶级或更低层的家庭，教师与学生之间阶层的差别，包括不同的生活方式、沟通方式、期望、抱负、价值观，都容易引发教师与家长的冲突。在对家长的采访中，家长认为孩子在学校，教师就应该"对孩子负责任，这是老师应该做的，否则要老师干什么"。在采访的过程中，家长表示一般也不愿意主动找老师进行沟通，要是孩子不听话，老师就会叫家长，这时候就得"硬着头皮来"。

角色集是一个角色与它的角色对象之间关系的总和，表现了社会地位的复合性。学生作为与教师相对的一个角色，在他的角色集中还有一个重要的身份，他首先是家长的孩子，其次才是老师的学生。家庭极大地影响了孩子所表现的学习动机与认知水平，而且家庭会继续影响孩子们所受学校各方面的质量。家庭中有助于这些影响的重要方面包括家长期望、文化差异、社会地位差异和家长与孩子的交往。家庭作为教育的共同体支持环境之一，家庭教育的支持力量会影响到教师的教育观念。中层和上层阶层的家庭会利用各种资源提升他们孩子的教育成就，如给孩子上课外辅导班，为孩子请家教，与老师积极沟通进行有利于孩子的调整，甚至与孩子一起完成学校的任务。相反，处于社会下层的家庭，则缺乏相应时间、金钱、教育和身份等资本，这些家长通常感到没有能力去评论学校，也无法胜任辅导孩子完成家庭作业和其他与学校任务有关的角色，对学校实际上只有较低的压力水平。在此次对 A 班的家长访谈中，当问到他们对孩子有什么期望时，几位家长不约而同地表示"只要孩子好好学，能考上高中就可以"。在 L 老师看来，家庭和学校之间的关系比"割裂"更严重——"5＋2＝0"，家庭不但没有发挥教育共同体的支持力量，反而消解了学校教育的正向功能。在这种情况下，身为班主任老师，更要主动做好家校沟通工作，发挥教师在家校沟通中的作用。

四　一句话引发的教育观念转变

2007 年，一个偶然的机会，我整个教育观念彻底发生了改变。当时刚接了初三一个差班，班级习惯不好，师生冲突比较严重。当时有位老师批评学生甲说："你怎么不要脸？"学生甲马上就呛声说："我就不要脸，你要怎么样？"这位老师一时气急就动手打了甲。

我觉得要带好一个班，抓好典型学生的教育很重要，于是刚接上这个班的时候，我就把甲叫到办公室，想和他聊一聊，了解一下他的具体情况。可是甲到了办公室后，就像犯了啥错误似的，头低低的，手背在身后，一副随时等待着挨批评的样子。当时看见甲这样，我心里特别难受。我只是想了解一下他的情况，可孩子的样子（L 老师说到这儿，停下来，给我模仿学生低头认错的样子，她一次比一次放慢节奏进行模仿，前后模仿了 4 次。好像生怕我无法真正体会那种感觉，她脸上的神情也从第一次的说笑着模仿到后来神情越来越凝重）。我就安慰甲说："没事，别紧张，你又没犯错，我只是和你聊聊，不会批评你的，你不用这样。"甲当时说了一句话，说"我习惯了"。

我一听，差点儿哭出来。

他以前没见过我，我也是第一次见他，第一次见面他就这样。我说："你坐下，不要这样行不行？"他拉过凳子来坐下，但还是低着头不敢看我，我更难受了，觉得非常揪心。我说："你放心，不会有人说你的。"但他真的是手足无措，不知道该干吗。没办法，只好和他说大实话了。我很坦诚地跟他说，自己听说过他和老师之前发生冲突的事情，想看看他是不是需要帮助。其实我也不是想调查他之前怎么样，只是偶尔听到了，希望他别再受那件事的影响，有个新的形象。甲听了我的话也很感动。

我原来那个班，管理挺严格的，但我发自内心爱孩子们，孩子们也能感受到，所以当时我也偶尔会打他们一下、拍他们一下，孩子们也能接受，那是出于爱的严厉。但到了这个班以后，我没动过孩子们一下，我觉得孩子们太可怜了，已经经历这么多创伤。他们的第一个班主任对他们放任，第二个班主任又是传统的严苛，我是第三个班主任。这个班严重缺乏"爱"，学生没有安全感，更没有归属感。

L 老师说，就是这位学生一句"习惯了"引发了她教育观念的彻底转变。从那一刻起，面对一群缺乏安全感、缺乏爱的学生，她开始关注孩子们的心理状况，并且坚信教育要通过触及孩子的心灵来实现，要做一个好老师，首先就要呵护好学生的心灵。这件事情之后，虽然她有时候对学生还是挺严厉，但没有再对学生进行过体罚。L 老师认为，学生很敏感，需要老师的认同和肯定，考虑到这个班的孩子很少得到别人的肯定，也没人关注过他们成绩之外的自身，她就经常和学生聊天、谈心，注重培养学生的情商，经常夸班里的孩子，说他们如何优秀、有潜力之类的话语。学生听了都很开心，也变得更加努力，成绩慢慢就提高了。她说："现在回过头来看，当你不把成绩当成教育的首要目标，而是关注学生身心健康成长时，学生成绩反而进步很快。"同时，家长也感受到了学生的变化与进步，逐渐认可了 L 老师和她的教育方式。

在前文关于"学生在校感到痛苦的事"的调查中，学生在 12 个选项中对"学校里受限制和约束的事太多"的选择比例最高，这说明学生认为被规训是最痛苦的。"规训化"的教育缺乏宽容心，把学生作为一种必须要制服、要监视、要支配的对象，以防止儿童产生错误行为，并且给儿童设定严格的行为界限，不容许儿童逾越一步，对儿童的行为失范或者行为没有达到规定要求的，学校或教师都是以严厉惩罚对待儿童。[①] "规训化"教育的主要功能是训练，而不是教化，它对儿童的"造就"体现为一种操纵，一种为了"有用"而进行的训练。[②] 如果教育伴随着强制和压迫，伴随着痛苦和恐惧，伴随着体罚和叱责，伴随着灌输和愚弄，教育就是非人的。[③]

L 老师说，2007 年准备上职称时，再次学习新课程理论，这次重新学习 2003 年《基础教育课程改革纲要（试行）》的内容时自己有了新的感触，特别是对"以学生为本"的认识，相比较而言，之前学习新课程理论感觉只是泛泛而谈，没有切实的体验。她在 2007 年第二次学习时，结合自己的教学体验，将理论不断内化，理论水平有了显著提升。通过第一次的学习，L 老师认同了部分新的教育观念，但最初仅是理性观念，在教育实践活动过程中，理性的教育观念经历了实践的检验，转变为实践的教育观念，她自己也获得了提升。

五　学以致用：鼓励学生运用现代化学习手段

课堂回放之一：5 月 28 日　政治课

学校要建立学生的电子学籍卡，要求以班级为单位填写。L 老师让同学们在电脑上填写自己的基本信息表，并通过电子邮件发给她。前一天 L 老师为此专门召开了家长会，将填写学生基本信息表的重要性和具体填写要求进行了说明，要求第二天务必交回学生基本信息表。

第二天上午的课间，L 老师进到教室里和学生交流："昨天给家

---

① 金生鈜：《"规训化"教育与儿童的权利》，《教育研究与实验》2002 年第 4 期。

② ［法］福柯：《规训和惩罚》，刘北成、杨远缨译，生活·读书·新知三联书店 2007 年版，第 193 页。

③ ［法］利奥塔：《非人——时间漫谈》，罗国祥译，商务印书馆 2000 年版，第 5 页。

长讲了半天，学籍卡必须有代码加文字，好多人都没有写邮件姓名，或者发过来没有附件的空邮件，你们学这么长时间电脑了，一说玩游戏都会，怎么实际运用时倒不会了？"

课堂回放之二：5月24日 班会

L老师一早就和我说，今天下午的班会我可以参加一下，全部是学生自己做，包括主题设置、PPT准备、班会流程和人员组织等。第六节课下课后，两名同学在操作台调整为这次班会专门制作的PPT。这次的班会的主题是"感恩·母亲节"。我坐在最后一排学生的位置上看。

演示PPT的时候插件的音频文件没有声音，L老师叫来技术维修老师调试好后，和同学们说："以后要提前演示，做好各种准备。"笔者课间问这些PPT是谁做的，一名女生告诉我，"都是甲一个人做的，都是她做的，她可厉害了"。8名同学朗诵《游子吟》，PPT同时展示画面和音乐，班里学生齐唱歌曲《感恩的心》。

课堂观察期间，5月24日的主题班会是唯一用到多媒体的一次。关于教育手段的使用，每位教师都会用到黑板、粉笔之类的常规教具，只有英语老师用录音机播放英语课文、语文老师用MP3播放名家朗诵的诗歌。当播放徐志摩的《再别康桥》时，伴随着男中音和着音乐声从音响中传出来，同学们都安静下来，教室里流淌着一种明媚而忧伤的光辉，浸润着每个人。

关于现代化学习手段的使用，从教师对学生发邮件不写姓名或者发送没有附件的邮件的质疑声中，可以看出教师对学生信息化手段学习的迁移能力与应用能力的不满。在随后针对教师的焦点访谈中，多数教师对学生运用电脑学习的能力和水平都表示怀疑，"学生里没几个用电脑学习的，多数是把电脑当成游戏机"。在和学生的聊天中，有几名同学说每天坚持练听力，有的用点读机，有的用录音机，个别同学下载到MP3和手机里听，同学们说，家长不让他们经常用电脑，怕他们玩游戏。

山西省初中生选用的信息技术课教材是山西省中小学信息技术教育中心编制的《综合实践活动信息技术》，初一年级上册课本第二单元"融入网络世界"中第三节"畅想网络交际"有"便捷的电子邮件"的内容，下册课本第二单元"巧用电子表格"第二节"辛勤数据采集员"有"数据编辑"的内容。小学阶段，学生则从三年级起开设《综合实践活动信息技术》课程。但是，就课堂观察与访谈来看，普通中学生的媒介素养水平还比较低，特别中学生自身的信息化学习能力不强，利用现代化学习手段发展自我意识较弱。中学开设了信息技术课程，但学生的信息化学习意识仍然较弱，尽管有学生选择现代化学习手段获取网络资源，但停留在简单复制粘贴的层面居多、利用现代媒介进行深度学习的较少。

为了实现教学过程的优化，现代教育技术开始渗透到课堂中。"教育技术绝不是强加于传统体系上的一堆仪器，也不是在传统的程序上增添或扩大一些什么东西。只有当教育技术真正统一到整个教育体系中，促使我们重新考虑和革新这个教育体系的时候，教育技术才具有价值。"[1] 教师应该结合各自学科的特点，创建能够激发学生学习兴趣的教育方法，将现代教学媒体应用于所教学科，以提供更广阔的教育资源，引导学生学习使用现代教育技术，通过探究获取知识，进行创新学习。

在 7 月 8 日的班会上，班主任 L 老师布置暑假作业和社会实践活动，要求学生要制订详细的、可落实的个人学习计划，并要求用 PPT 的形式来展现；社会实践作业是关于梦想的，要求用视频形式展现。同时，因为初二要增加物理课，要求学生回去预习初二年级的物理课本，并观看神舟十号航天员在天宫一号开展的基础物理实验——"太空里的一堂课"，并说课程会展示失重环境下物体运动特性、液体表面张力特性等物理现象。L 老师特意布置需要运用现代化的学习手段才能完成的作业，这给学生带来挑战，也拓展更广阔的学习空间与眼界。

六　链接：T 老师个案——教育观念的力量

T 老师，A 班的语文老师，教龄 14 年。

课堂回放之一：5 月 23 日 语文课

T 老师讲《荷塘月色》的课文，课上，多次强调学习方法。

"注意学习方法，要学通了。而不是学一篇是一篇，学两篇是两篇。要举一反三，学习的差别就在于此，主动学习，你可以自己往前

---

① 联合国教科文组织国际教育发展委员会：《学会生存——教育世界的今天和明天》，教育科学出版社 1996 年版，第 100 页。

走，被动学习，你只能跟在老师身后走。"

"死记硬背太累，咱们概况一下。脑子越用越好，不用就锈住了，动脑子想想。学习得一步一步来呢，别以为哪天你就豁然开朗了。"

"甲，你知道你怎么背不下来，只用眼看能看会吗？需要眼、耳、口、心一体。"

"只要进过语文课堂，就知道《荷塘月色》，大家自己读，画一句你自己最喜欢的，要鉴赏。"

"鉴赏几步走，乙？" T 老师听完同学的回答后，对鉴赏的步骤和要点进行了概括。

课堂回放之二：6 月 5 日 语文课

T 老师讲陆游的《卜算子·咏梅》，其间，多次结合讲解课文鼓励学生。

"我们每个人都有自己的精神家园，你们现在还小，等你们长大后，会找到一个寄托，心中宁静平和，那就是你们的精神家园、精神寄托。"

T 老师："古代作品大多是托物言志，表达自己。"

"自恋。"有学生起哄说。

T 老师："我还希望你们稍微自恋点儿，太不自信了，干什么都说我不行！"（T 老师边说还边模仿了学生不自信时脸上的神情，这时候，学生中有几个都难为情，互相吐舌头扮鬼脸。）

"每个人的思想背景不同、家庭环境不同，这个社会有千差万别的人。别总是觉得人家多好，我自己多糟，要有自信！语文学得好，可以调节你们的心情，可以让生活丰富多彩。你们都是十几岁的年龄，应该活蹦乱跳。怎么每天还迷 CS（《反恐精英》（Counter - Strike），第一人称射击游戏）！希望有一天看到一篇文章，作者是咱们班的学生甲。" T 老师点到学生甲的名字，同学都扭头看甲，甲不好意思地摸摸头，腼腆地笑了。

T 老师多次鼓励学生，要有自信，要有梦想，要为了自己的梦想而努力。在学生心目中，她是一个特"逗"的人。在组织学生的"焦点访谈"及与同学们的多次非正式访谈中，同学们毫不掩饰对 T 老师的喜欢："T

老师可好啦，也说我们，骂我们，但都是幽默的，我们都能接受。每次讲完一个内容，都会问我们 O 啦？就是 OK 啦？其实就是问我们懂了没有，特别幽默。老师态度温柔，对我们好是第一位的，就是要尊重我们，不要侮辱我们。"

课堂观察期间，T 老师多次在讲授课本内容时穿插和强调学习方法。在教师的"焦点访谈"上谈到学生的学习方法时，T 老师也表示"学生自己得会学，光是老师教是教不会的"，并举了班里一名同学的例子，"我发现学生乙会学习，对学习内容与方法能够举一反三、触类旁通"。有一次课上提问，讲到如何学习专题，学生乙回答得非常系统，还融入了自己的见解。当场得到了 T 老师的表扬。

关于学生是否需要预习，焦点访谈上几位教师的意见出现分歧。L 老师和 W 老师认为学生应该预习，通过预习学生能够发现疑问，带着疑问能更有效地参与课堂。T 老师则认为"还是不要预习了，就那么点儿东西，学生都预习了，上课哪还有心思好好听讲"？Y 老师则提倡要复习，有一次检查学生的作业后说："数学回家没有复习吧，这不上自习不行呢！昨天上午上了 45 分钟，一天不见面，这就忘完了？"

L 老师认为，由于她经常和 T 老师在一起交流，两个人又是搭档，教育观念相近，都比较新一点，T 老师虽然去年刚当上班主任，但经常和学生在办公室谈心聊天，感觉学生变化特别明显，T 老师班学生成绩很快就有明显进步，年级排名第二。L 老师认为，虽然别的老师非常用功，但教育观念不同，自然收效也就不同。

教师的教育观念透过教育行为对学生产生影响。教师的教育行为是教师为实现教育教学目标或意图所采取的一系列具体的行动。广义的教师教育行为等同于教师对儿童所实施的全部教育，既包括教师的内隐行为也包括外显行为。例如，教师的教育行为是置于教育者和受教育者之间的一切中介的总和，是教育者按照一定的社会要求，对受教育者的身心施以影响的一种有目的、有计划的活动。狭义的教师教育行为指外显的教育行为，即教师在教育实际活动中所表现的行为、教育方法、措施与手段的总和。

教师的教育观念是如何作用于教育行为的？在教师教育观念系统内，各种层次的观念相互渗透、相互影响，共同制约和决定着教师的教育行为，最终主导教育行为的通常是与教育观念内核向度一致的教育观念。但是，这并不能说明教师的教育观念与教育行为是单向的线性因果关系，我们可以运用复杂性思维中的循环原则，认识两者之间存在的张力。循环的观念不同于原因—结果、产物—产生者、结构—上层建筑的线性观念，即所有被产生的东西通过一个自我建构、自我组织和自我产生的圆环又回到了它们自身。教师的教育观念作用于教育行为，而教育行为产生的结果又会反作用于教育观念。若教师的教育观念经由教育行为的实现，取得好的效果，这将强化教师已有的教育观念和教育行为，若是处于内化水平低的教育观念，将会趋向于被教师内化到更高的水平，教师的教育行为也会获得强化；反之，将削弱教师对应的教育观念，并弱化相应的教育行为。教师的教育观念与教育行为彼此既是因又是果，两者通过反馈机制建立起的因果性循环不断获得发展。[①]

第七节　观念丰富期：教育关注视域的拓展

2009 年 9 月之后，L 老师连续担任两届学生的班主任，并兼任初中年级主任。期间，L 老师的教育观念获得丰富，教育关注的视域得到拓展：更加注重学生的身心健康成长，成功实施小组合作教学，充分调动学生的积极性；同时，L 老师将教育工作升华到教育事业的高度，深刻体悟到身为教师的快乐，在主动寻求学习的过程教育观念不断自觉与更新，实现了对自我的超越。

一　培养学生健康成长：给学生打"强心针"

2009 年 9 月，接上新班级后，我主要是在"心育"的基础上进行拓展，通过活动育人。新同学一入学，我就召开家长会，与家长、学生共同制定了我们班的奋斗目标——努力创建一个阳光快乐、积极进取的优秀班集体，希望这个集体中每一位同学都能快乐成长、健康成长。确定目标后，我们提出了"我们一直在努力"的班训。紧接着，就建章立制，制定具体可行的班规班纪，从文明习惯、学习习惯开始抓养成教育，周周评比、月月总结，并时刻与家长保持联系，家

---

① 李海芳、李德显：《复杂性思想视域下教师教育观念的特质研究》，《教育理论与实践》2014 年第 9 期。

校合力齐抓共管，养成教育效果显著。

为了鼓励学生，我们班每学期定期组织班级活动，如去山西省博物院参观了解山西的文化历史发展，去阳曲县深入田间地头了解农作物的种植技术。每年重阳节深入社区慰问孤寡老人、空巢老人，去宇文山庄开展集体主义教育活动等，学生可喜欢了。走出校园的社会实践活动丰富了学生的知识、拓展了学生的视野，回到课堂上他们学习更有动力和方向。除积极参加学校组织的各项活动外，我们班里的班会课程化搞得也是红红火火，充分发挥了学生的参与性、积极性和主动性。在各类活动中学生的个人素养得以提升。同时也为正处于青春期的学生提供了释放自我的平台。

当时我们班级中不唯成绩论，同学们比的是学习状态和进取精神，比的是谁为集体贡献大。在这样的理念下，班级气氛很活跃，也很和谐，全班同学人人努力、个个奋发。学生大多是独生子女，多以自我为中心，缺少责任意识。我们就利用节日进行感恩教育，培养学生的责任意识。如，母亲节来临之际，提出"我为妈妈做什么"，感恩节来临之际，鼓励学生向所有对自己有过帮助的人说一声感谢的话语。别看是小活动，家长和学生反映都很好。班级里奖罚分明，学生也渐渐有了规则意识。

当时我每天的工作就是静观其变，调节气氛，随时准备解决他们的问题，隔段时间当他们快要松懈时，组织各种活动给学生打气加油，调动学生的积极性，我们戏称为打"强心针"。当时没有任何杂念，心思全部在学生身上，感情投入可多了！

（部分摘自 L 老师整理的《初 0905 班事迹材料》）

教师社会化发展进入关注学生阶段后，教师开始把学生作为关注的核心，关注他们的学习、社会和情感的需要以及如何通过教学更好地影响学生的成绩和表现。[①] 本书通过调查问卷发现，随着教龄的增加，教师会逐渐更关注学生的心理健康，20 年以上教龄的教师最关注学生心理健康，相反，教师对学习成绩的关注度会随着教龄的增加呈现逐渐下降的趋势，

---

① Fuller, F. & Bown, O., "Becoming a teacher. In K. Ryan (Ed.)", *Teacher education* (*The 74th yearbook of the study of education*, 1975, pp. 11 – 13.

1 年以内教龄的教师最关注学生的学习成绩。

二　成功实施小组合作教学

关于小组合作教学，是 L 老师参观全国小组合作教学示范学校的小组合作教学后的思考与实践。L 老师结合 A 中学的实际情况对小组合作教学进行了设计。

（一）同学分组

A 班共 44 名同学，分 7 个小组，每组 6 名同学，组内同学再按学习成绩依次排号，1、2、3 号同学成绩比较好，4、5、6 号同学成绩比较弱。具体分组情况如表 3 – 7 所示。表格中名字下面画 "～～～" 的为小组组长，名字下面画 "～～～" 为小组副组长，有两名同学未被列入任何小组。

表 3 – 7　　　　　　　　　　　　A 班小组名册

序号	小组名称	小组成员						备注
一组	永远的第一	1.1	1.2	1.3	1.4	1.5	1.6	
二组	梦之翼	2.1	2.2	2.3	2.4	2.5	2.6	
三组	梦想腾飞	3.1	3.2	3.3	3.4	3.5	3.6	
四组	裸奔的林肯	4.1	4.2	4.3	4.4	4.5	4.6	
五组	流光溢彩	5.1	5.2	5.3	5.4	5.5	5.6	
六组	完美的组合	6.1	6.2	6.3	6.4	6.5	6.6	
七组	弑魂血冰狼	7.1	7.2	7.3	7.4	7.5	7.6	
其他				43	44			未列入小组

每个小组都有自己的名字，我在课间问了同学们的组名。各小组名称如表 3 – 7 所示。第一组、第二组、第三组、第五组和第六组的小组名称都比较容易理解，含义一目了然，第四组名称是 "裸奔的林肯"，我问这个名字有什么含义吗？第四组的一名同学说，林肯曾经一无所有，但始终有追求，一直前进，希望自己的小组也像林肯一样勇往直前。第七组的组名是 "弑魂血冰狼"，第七组的同学给我解释，这是游戏中的名字。弑魂是网络游戏《地下城与勇士》中某一角色觉醒后的名字。

在七个小组中，只有第七组全部是男生，课间的时候，我问第七组的一名同学："你们这个组都是男生？" 他回答说："是呢，老师给我们调的，让我们在一起好好学，别捣乱。" 第七组的组训是："坏不重要，重要的是我们会改，我们能改！！！"

（二）量化考核

教室前面黑板的左侧是"量化考核"公示栏。上面按日期张贴着"各组日均分公示"，每张 A4 纸上有两周的均分，每两周根据各小组总均分排名次，而后根据名次排座位。科任教师根据学生课堂表现和作业完成情况给各小组及小组内成员计分。课堂观察第一周和第二周的各组日均分公示如表 3 - 8 所示。

表 3 - 8　　　　　　　　　　　各组日均分公示

排名	组别	第一周					第二周					总均分
		周一	周二	周三	周四	周五	周一	周二	周三	周四	周五	
6	一组	3.6	0	1.8	2	2.6	1.7	5.5	0	4.6	3.8	25.6
2	二组	3.4	6.5	0	2.5	3	6.2	3.6	6.7	6.2	7	41.5
5	三组	5	4	4	4	4	0	5	6	3.5	3	34.5
1	四组	5.83	11.3	4.62	6	5.82	0	7	12.6	4.33	4	61.5
7	五组	2.9	0	3.1	5.7	3.1	0	5	0	3	3.2	26
4	六组	7	4	2	2.5	3	4.4	4	4	4	2.3	37
3	七组	4	6.3	9.4	2.5	4.5	3	4.5	0	7.5	3.2	44.5
个人汇总	班级前三名						班级后三名					

（三）流动的座位

座位根据小组排名安排，在对 L 老师关于小组合作教学的专访中，L 老师说学生特别重视座位，于是小组记分、排名就和座位直接挂钩，每两周一次核分数排名，调换一次座位，根据日均分统计，从高到低打分，排名第一的小组先挑选座位，然后依次是排名第二、第三小组挑选。通常组长安排自己小组内成员的座位，老师根据需要进行微调。微调时主要考虑有的同学座位太近，上课爱说话，就需要把他们的座位调开。每个学期期末考试结束后，老师会根据同学的综合情况对分组进行微调。

（四）小组合作教学课堂呈现课堂回放：6 月 5 日 思想品德课

L 老师："咱们一共有 8 道题，同学们举手抢答。哪个组都可以，谁都可以，答对的，1 号得 1 分，2 号得 2 分，依次类推，如果答错，

1号错了扣3分，2号错了扣2分，3号错了扣1分，4号不扣分，每个小组的5—6号可求助。第七组只有1号、2号扣分，3—6号翻倍加分。来，咱们8道题，一道一道过，现场记分，有疑问的当场可以质问。"

L老师开始提问后，教室里马上升温，学生开始抢答，各小组内同学还商量让谁回答能拿到更多的分数。L老师一边提问一边点评学生回答，包括答案正确与否、表达规范与否、回答态度认真与否等。

（五）班务公开本

班务公开本是一个传统的红旗本，从2012年10月开始记录。班务公开本共分4栏，分别是时间、学生姓名、事由和教师签字，主要记录同学们"未完成作业"情况和违反课堂纪律情况（"吃东西、上课被老师点名、上课打闹、嬉戏"等），也记录"没带书本"和"迟到"情况。班务公开本用红色口取纸标识了不同的科目，不同的科目由各科目的老师根据课堂情况标明减分情况并签字确认，每周有同学负责进行统计。班务公开本具体格式如表3-9所示。

表3-9 班务公开本格式

时间	学生姓名	事由						教师签字
		未完成作业	上课被老师点名	上课吃东西	上课打闹嬉戏	没带书	迟到	

A班虽然实施小组合作教学，但并不是每位教师都严格执行。在政治课和语文课上，教师利用小组合作教学的时间最多，政治课上小组合作教学的时间每次都超过课堂时间的1/3。L老师谈到，虽然名义上初一年级实施的是小组合作教学，许多教师可能是不愿意，或者不敢改变传统的教学方式，或者没有做好与学生共同合作推进课堂的准备，所以其他班还是老样子，没有真正实行小组合作教学。A班是做得最好的，但即使这样也不是每位教师都充分利用了小组合作教学的优势。L老师说，小组合作教学改变了课堂，学生热情度很高，就像是被解放了一样，都活跃起来了，学生愿意参与进来，学习积极性和主动性也有所提高，不像以前一样不喜欢课堂了，有的学生主动性明显增强，教师只要组织好就行。

班级气氛是指班级中各个成员的共同心理特质倾向。班级气氛的形成主要受教师领导方式影响。班级气氛有多种分类和界定，可以是教师中心或学生中心的；可以是专制的、民主的或放任的；也可以是开放的或封闭的。班级气氛借由班级社会体系中各成员间的交互作用而产生，班级气氛形成之后转而影响班级社会体系中个别成员的行为，所以班级气氛实质是一种社会压力，在无形中塑造教师和学生的观念、态度与价值，进而影响师生在教室中的教学行为。从社会学的观点而言，要了解一个人，最好从他所属的团体去了解；要改变一个人，最好从团体着手去改变；而使个人充分发展，也必须从团体中去实现。

有研究发现，班级凝聚力强弱与学生的学业成绩有关，在凝聚力强的班级，学习成绩会更好。教师无须在努力构造建设性的教室环境与努力提高学生的认识与发展水平之间做出选择。事实上，建设性的教育环境既可以被看作达到有价值的目标的手段，本身又可以被看作值得追求的目标。[①] L 老师充分运用团体动力学的原理，在小组合作教学中，她依据同质异组、异质同组的心理学原理，将学生分成不同的小组，实行小组考核机制。小组内各个组员人人是组长：卫生组长、收作业组长、检查背诵组长、纪律组长、统计组长、总组长。人人承担责任、人人履行义务。通过在小组合作教学，学生们增强了主人翁责任感，自我管理、自我反思、自我约束，增强了团队合作意识，在提高自我管理能力的同时，也提高了班级的凝聚力，不仅带出了一个阳光快乐、积极进取的优秀班集体，学生的成绩也比较理想。2009 级中考全校两个并列第一的学生都在 L 老师的班级，考上 SD 中学、TW 中学（SD、TW 是太原市排名第一和第二的中学）的学生平均成绩位列全年级第一。

三　课程改革的两难境地

课程改革实施后，学生都参与进来了，完全颠覆了以前大家安安静静听课的教学模式。有时候，领导出来查课，从教室外面往里面看，觉得课堂乱哄哄的，会说你维持不好课堂纪律，因为学校不允许课堂秩序乱了。大家都比较传统，看见就会说，"某某老师管不住学生"，说了就传开了。其实是学校管理制度落后于教学改革了。如果

---

① ［瑞典］T. 胡森：《教学》，西南师范大学出版社 2011 年版，第 15 页。

从上到下的教育观念都没有转变，只有老师努力改变有什么用？在现实面前，普通老师只能妥协。做人都需要有归属感，如果学校要倡导先进的教育理念，效果会比这样大家都反对好很多。其实，传统的授课方法简单，无须对课本重新演绎，照本宣科就行。按新课程改革的要求讲课更难，老师需要准备更多的东西。教师想做但无法获得有效的外部支持，这就是课程改革面临的两难境地。

当时官方的学习和培训都很空，不接地气，可能和他们远离教学一线有关系，只是一味地想当然。所以说，官方培训对我并没有太大的帮助。理论培训是这样的，你说纯粹没有用吧，也不是。有些内容是要求必须记住的，像"必须把学生看作活生生的人""全面发展"之类。但当时只是机械地背下来了，真正要做到却很难。家长认为孩子是"我生命的延续，我没有做到的，让孩子去完成"，老师也是只顾讲课，真正关注孩子自身的少。可是这两年，我却真切地感受到了这一点，家长虽然养育了孩子，但孩子自己就是一个独立的个体，老师更是，面对的每一个学生都是一个自主的生命体。人们口头上宣称的、社会倡导的教育观念，和人们真正做到实处的教育观念其实是有距离的。从2003年课程改革开始，我们学习新课程改革精神，因为不理解，好多老师在背诵条例时一不小心就把"主导""主体"给颠倒了。到应用阶段，有上级单位来检查，在课堂上看老师有没有违反相关理念，老师是否主导课堂，学生是否是课堂的主体。老师设计课程时就特别注意了，尽量多让学生活动，体现学生活动优先。

其实，这也只是形式。课程改革一开始要求丰富教学手段，老师讲课开始用演示文稿，使用各种动画链接，做得花里胡哨。到后期就开始否定这些了，全市的教育界就开始有些反思，说不能因为搞形式而冲淡课堂，板书还得有，过于花哨的东西会不会分散学生注意力、是不是有些顾此失彼了、是不是注重形式反而把内容冲淡了？应该是教学手段为课堂服务，而不是课堂、师生、课程内容为教学手段服务吧？

之前，曾经有位老师问过我，说接受新思想、放手做会怎么样？我说你别怕失败，放开手，给学生点儿时间成长，暂时不要去管成绩，以后孩子们自己知道上进后，成绩自然就起来了。这位老师对这一点也挺认可的，但具体做的时候，觉得还是不行，不盯着学生成绩他就心虚。还有位数学老师也是这种情况。我特别希望这些老师越来越好，想让更多的教师能够理解和接纳我的教育观念，但是这位数学老师却说，学科性质不一样，说我教的课程是文科，可以多讲也可以少讲，而数学课程则需要多讲。这本质上是教师教育观念的问题，老师如何看待学生，如果意识不到学生在学习中的主体地位，认为学生只会被动接受，那就必须老师讲授，学生才能学习。其实，在学习过程中，教师就是引导者，在学生需要帮助的时候，你出现点拨他一下，其他时间就让学生自己走就可以了。学生在学习上走点弯路不可怕，只要不是做人上有问题就行。

L老师认为，课程改革10年，并没有取得预想的成功，原因可能有多方面，但教师教育观念没有转变是核心原因之一，因为教育观念没有变的话，其他就都流于形式了。虽然提到课程改革理念老师都知道，但在具体实践中并不是每位教师都能做到。对于新课程理念，老师没有实践过，一开始当然做不好，但由于担心课堂纪律混乱，又没法实践，所以只能生搬硬套，最终导致课程改革只能沦为形式。如果没有成功实施新课程改革，就无法体验新课程改革带来的感受。传统的教育观念根深蒂固，无法轻易扭转。她举例说，老师传统的权威根本不允许师生平等，新课程改革提倡师生间平等的对话还是不切实际，只是一种愿望。通常情况下，如果老师批评学生，学生反驳，老师就会认为学生在顶嘴，这就是不平等。

权威，是由儒家思想所设计的一套行为规则，"天、地、君、亲、师"的权威系统在中国的政治、社会和家庭中一直发挥着维持传统和稳定社会结构的功能。在中国人的心理特征中，与社会取向密切关联的是权威性格。中国人的权威性格，表现在人际关系里，就是强调上下级的关系，喜欢把地位较高的人权威化。① 通俗的说法有"养不教，父之过，教不严，师之惰"，传统的观念认为，家长对家庭成员应施行严格的管教政策，这是长辈的义务和权利。若家中的子弟有不当行为，受到社会的讥讽，长辈要负连带责任。同样，在学校里，学生听命于教师也被认为是理所当然的。中国人的权威性格就是在这样的教养和学习环境中养成的。这种对权威态度一部分是认知的，表现出对宇宙、对人生的认同取向，另一

---

① 文崇一、萧新煌：《中国人观念与行为》，中国人民大学出版社2012年版，第9页。

部分是非认知的，不允许对既存的权威做任何批判性的检讨或评价。服从权威久了，就容易形成驯服、依赖、缺乏勇气和创造力的性格。[①] 相应地，权威的发出者，则容易养成权威性格。

新课程改革的基本价值取向是"以学生发展为本"，并围绕"以学生发展为中心，重视学生的主体地位"这一理念，提出课程目标、课程结构、课程内容、课程实施、课程评价、课程管理等一系列的时代转向。教师教育观念转变需要社会提供支持性环境，从宏观层面国家政策的制定和执行，到中观层面学校的落实和保障，到教育机构的学习和培训，都会制约教师教育观念的发展。具体到学校而言，如果学校管理人员，尤其是校长没有提供支持性的环境，教师个体无论从行为上还是从观念上都较难实现转变。教育培训亦是如此，有研究者认为，教育培训方法受技术理性的控制，这个问题在目前显得相当突出、并有愈演愈烈之势。一些人不顾客观情况的差异，一味地强调教育的技术化、量化和外显化，忽视了教育是一项内在化、心理化和复杂化的事业。[②] 如果培训仅停留在理性层面，无法触及教师的教育生活和体验，让老师觉得"没有对象感"，则容易流于形式，无法被教师认同和内化。

四　引导学生做人最重要

老师一定要教导学生做人必须有原则，有错必须迅速纠正。我想起了一个典型的学生，和我相处得很好，模样也挺可爱，但特别爱撒谎，多次骗老师，还在同学之间制造各种矛盾。有一次，老师要求学生放学后留在教室改错题，她就骗老师说她要去小饭桌吃饭，吃完后回来再做，结果她就没回来。其实那只是一个导火线。当时我就利用这件事，一改往日对她的温柔态度，严厉批评她，和她说，犯错并不可怕，今后改了就行，怎么能撒谎骗人呢？后来我告诉所有的任课老师，只要这位同学撒谎就请老师们一定告诉我，我一定要把她这个坏习惯改过来，结果大家联合起来一起做。后来这个女孩改掉了撒谎的习惯，还成了唯一一个组里 6 号的学生当组长的（通常各小组都是

[①]　李亦园、杨国枢：《中国人的性格》，中国人民大学出版社 2012 年版，第 26—27 页。

[②]　朱小蔓：《谈谈"教师专业化成长"》，《南通师范学院学报》（哲学社会科学版）2001年第 1 期。

由学习成绩最好的 1 号当组长），她把组内所有人的积极性都调动起来，自己的成绩也慢慢提高了。

2012 年 6 月 19 日，给学生发了准考证，第二天就要中考了，我走在回家的路上，班里几个男生推着自行车过来说，"老师，我们走了，您别难过、别伤心啊"。看着不识愁滋味的少年们嘻嘻哈哈打打闹闹消失在夕阳下，心中百味杂陈，当时竟怔怔地落下泪来。结果班里有位同学正好打我身边经过，看到了这一幕，回去后就在他的 QQ 空间里面写了一篇题为"我即将离去的朋友们"的文章，说老师 3 年来对学生如何用心、如何用情之类的，他如何感恩之类的。许多同学纷纷转发，因为这位同学平常比较贪玩，学习成绩较差，最头疼作文，大家还取笑他说，"这次可是写了篇正儿八经的文章"。

L 老师意识到教育学生做人最重要，并将其作为自己教育观念的重要部分，这表明 L 老师已经体验到这种观念的重要性。在诸多教育观念中，有的教育观念是因为社会倡导而被教师看重，有的是因为教师个人体验到某一观念被某个参照群体奉行转而重视，有的则是因为学校或同事乃至教育培训上各式各样的说教而关注。无论是通过哪种方式获得的教育观念，想要获得教师个体的充分理解和认同，无法仅仅通过讲授或者告知教师就能达成。教师需要在教育观念冲突的事件中加以辨析和选择，通过逐步建构而获得教育观念的发展。

五　把教育当事业做，让工作快乐起来

前两年，我经常参加省心理学会组织的活动。好多老师抱怨工作很累，但想想不如把工作当成事业来做，因为职业只是谋生手段，而事业才是人生追求嘛。可能别人乍一听以为是在说大话，但这是我的切身感受！我觉得我从最初开始不愿意当老师，到后来喜欢和孩子们在一起，教育观念彻底改变了。我认为，主要是自己逐渐认识到了工作的价值，并从中体验到快乐。在一次会议上，我也把自己的心得和大家做了交流。

第一，要热爱工作，把工作当事业来做，而不仅仅是谋生的手段。毕业至今我一直工作在教育教学的第一线，担任着政治课教学工作和班主任工作。工作是超负荷的，任务是艰巨的，但无论教学工作

还是班主任工作、心理辅导工作，我都满怀激情、充满热情，乐在其中。在这十几年中，我不断摸索、锤炼、思考、完善、创新，逐渐形成了一套"实、活、宽"的、乐学乐教的、独具自身特色的教育教学工作模式。每当看到学生的进步、家长的满意，我就觉得非常快乐与幸福。

第二，要热爱我们的学生，认识到学生是一个个鲜活的、独特的生命体，而不是我们教师工作的标准化产品。谁爱孩子，孩子就爱谁。因为心中有爱，就多了一份宽容，教室是孩子们犯错误的地方；因为心中有爱，就多了一份关心，就能满足学生被注意、被尊重的心理需要；因为心中有爱，更多了一份细心、耐心、责任心，总能捕捉到学生身上的"闪光点"，发现学生是如此的纯真可爱，如此的朝气蓬勃，如此的阳光向上；因为心中有爱，更多了一份对学生的激励，学生也在实现目标的过程中获得了自信；因为心中有爱，我想办法丰富学生的课余生活——羽毛球比赛、知识竞赛、才艺大比拼、金秋采摘、创班级刊物、选封面小组、积分拍卖会，让学生充分感受学校生活的快乐、学习的快乐，并给他们提供自我发展的机会，满足他们在班集体中获得成就的需要；因为心中有爱，我用期待的眼睛注视着学生，因为我相信他们一定会越来越好，自身也从学生的进步中享受着工作的快乐。

第三，时刻不忘学习，树立终身学习的理念，与时俱进，时刻更新自己的教育观念；不断成长，掌握科学的、辩证的思维方法；快乐工作、享受工作！

（摘自：L老师在"减压·快乐·幸福"主题会议上的发言）

马克思曾谈到，"能给人以尊严的只有这样的职业——在从事这种职业时，我们不是作为奴隶般的工具，而是在自己的领域内独立地进行创造"[1]。给人以尊严的职业，是与人的生命的本质和高级需要的满足直接相关的职业。独立地创造，正是人的生命存在的本质方式。教师通过创造性的劳动，获得职业给予教师的内在尊严与欢乐。教师只有超越在工具意

---

[1]　［德］马克思、恩格斯：《马克思恩格斯选集》第4卷，人民出版社1995年版，第284页。

义和外在价值水平上从事教师职业的认识，意识到职业之于自身的内在价值，才能切实获得教师职业所给予教师的内在尊严与欢乐的体验。马斯洛说，人的发展不断从潜在的可能性向现实转换，"这个新自我的现实化方面意味着感受的深度和广度的逐渐增加，感受的范围越来越大，感受的潜能越来越有深度"①。教育活动不仅是学生的成长过程，同时也是教师自我生命价值与自我实现的过程。

六　链接：Y 老师个案——缺席的在场者

Y 老师，数学老师，教龄 28 年。

> 课堂回放之一：5 月 16 日 数学课
> Y 老师边讲题边在教室里巡视："你们可以分析一下，在你们的草稿纸上画画。"看见学生好多都没有草稿纸，又说："做数学题旁边没有草稿纸，你们这个习惯我都说了你们快一年了（学生陆陆续续地往出掏草稿纸）也没有养成，在草稿纸上写写画画就出来了，边写边思考，条件不就出来了么？在旁边写一写，你们都等着我写上正确答案然后再抄，是不是？"
> 老师边巡视学生边看学生的计算情况。
> "学生甲，你这胡说八道呢，这还是平方吗？"
> "学生乙，还没改完呢，闹不机米（方言：闹不清楚）最后一步。"
> "学生丙，笨死了，啥也不会，这展开不就是分配律吗？小学就学过，打开书看看平方差公式。"
> 课堂回放之二：6 月 5 日 数学课
> "咱们看一下昨天甲上台写的这道题。"
> "咱们看一下今天的作业。"
> "咱们先分析好这个题，再写过程，咱们问乙吧。"
> "我说太多了，你们记不住了，先写到这儿吧。"
> "后面该你们写了，我就写到这儿，该你们写了。"

---

① 中央教育科学研究所比较教育研究室编译：《简明国际教育·人的发展》，教育科学出版社 1989 年版，第 87 页。

"下面看你们的啦，我就开始问了。"

"现在把你们的过程给我写好啊。"

"你别对黑板上的答案，我给你判对错，快点儿，还没做完？"

"我要不给你点儿时间思考吧，要不告了你挺简单的，你一点儿也记不住，给你留点儿空间吧。"

"上课时间不足一周了，这节复习数学公式。丙，你别管别人，我说你考试怎么考不好呢？你细心点儿，考试细心点儿！"

　　本书设计了"您如何看待上课时老师频繁提醒学生的现象"的题目并进行了调查。从调查数据的统计结果来看，教师选择比例最高的选项为"频繁提醒学生会在无意识中培养学生'听从老师'的意识，削弱学生的主体性"，其中，5—9 年教龄的教师选择比例最高，达 69.2%；其次为10—19 年、2—4 年和 1 年以内教龄的教师；20 年以上教龄的教师选择比例最低，为48.4%。关于"这是老师应该做的，说明老师很负责任"的选项，1 年以内教龄的教师选择比例最高，达 75.4%；其次为10—19 年教龄段的教师，选择比例为 46.8%；其余三个教龄段的教师选择比例在38%—42%，差异不大。选择"这是教师权威在课堂渗透的表现"的教师中，5—9 年教龄的教师选择比例最高，达 35.4%；其次为 1 年以内教龄的教师，选择比例为 29.5%；10—19 年和2—4 年教龄的教师选择比例接近；20 年以上教龄的教师选择比例最低，仅 12.9%。选择"老师是课堂的主人翁，一般老师都会这样做"的教师比例相对最低，其中2—4 年教龄段的教师选比例为 29.3%；10—19 年教龄的教师选择比例为18.4%；其余三个教龄段的教师选择比例在25%左右，差异不超过3%。

　　通过纵向比较，发现教师对教学过程中频繁提醒学生学习现象的认识存在如下趋势：1 年以内教龄的教师对该现象的认识具有矛盾性，他们一方面认为频繁提醒学生学习是教师的职责所在，一方面又认为这样会在无意识中培养学生"听从老师"的意识，削弱学生的主体性。随着教龄的增长，教师对频繁提醒学生学习是教师职责的认识有下降趋势，对该方式会削弱学生的主体性的认识有上升趋势。与5—9 年教龄的教师认识正好相反，20 年以上教龄的教师普遍并不认可这是教师权威的课堂渗透，也较少认为这会削弱学生主体性。

　　6 月 5 日，数学课下课后，笔者到讲台旁边和 Y 老师聊天。

　　"Y老师，我进行课堂观察一段时间了，感觉中学老师不好当呢。"

　　Y老师："唉，前几年不是这样，学生的生源好，我稍微讲讲就可以了，但这几年的生源不行了，你也看见了，一个小括号什么的我也得讲半天，这种情况要是放在别的学校，都让人笑话。"

　　苏霍姆林斯基认为，"常常以教育上的巨大不幸和失败而告终的学校内的许许多多冲突，其根源在于教师不善于与学生交往"①。师生的交往质量会影响双方的自我概念、成就动机和抱负水平。在课间交流时，Y老师明显表示个人教学效能感下降。Y教师个人教学效能感下降与她对自我和学生的认知有关联，Y教师还对生源进行了纵向比较与横向比较，一方面是与之前的学生进行纵向比较，一方面是与"其他学校"的学生进行横向比较，她将原因归结为A中学学生源质量下降。

　　Y老师对待学生认真负责，对待教学严谨细致，能准确记住每位学生做错哪道题了，原因是什么。每次发批改完的作业本时，Y老师都要边发本边挨个说学生，"某某，你第几道题第几步写错了，怎么把小括号丢了"之类的。Y老师在讲课过程中几乎能点评到每一位学生。

　　在学生的眼中，Y老师"可凶啦，总是用侮辱性的言语"。在针对学生的"焦点访谈"上，学生对Y老师的评价基本一致，是学生"最不喜欢"的教师。

　　　　学生甲："有一次，我和另外一名同学打架。她说'你们俩要打，滚出去打'。当时我就可想出去了，可是那位同学已经在外面，否则我早出去了。其实，我们都大了，大家心里都想得差不多。她当着那么多人的面说我们，我们就感觉特别没有面子。她课下倒是态度挺好的，就说'你们上课不能那样啊之类的'。"

　　　　学生乙："好什么好啊，我都被伤了好几次心了。这不，今天下午又要叫我爸来，说我上课走神分心。"

---

　　①　［苏］彼得罗夫斯基·A. B.、施巴林斯基·B. B.：《集体的社会心理学》，卢盛忠译，人民教育出版社1984年版，第174页。

在课堂观察期间，Y 老师多次婉言劝我"这节课要不别听了，我要说他们"。所以 Y 老师成为我研究的"缺席的在场者"，我也成为 Y 老师课堂"缺席的在场者"。有一次课间，我在座位上补充记录，Y 老师进来和我说："下节课要不别听了，我说他们的作业，每周一都是问题最多的时候，我要多说他们，可能课还会比平常多 15 分钟，你就早点儿回去吧。"她第一次微笑着和我解释，很不自在的样子。我只好宛然笑着从教室出来。从学校出来后，我在附近的咖啡厅坐下，心情久久不能平静，应该是泪吧？一阵阵涌上来，暖流仿佛要从心底溢出来，老师"为谁辛苦为谁甜"地付出与努力有多少学生会明白和珍惜？

在和 L 老师交流时，L 老师说，教育还是要讲究方式方法，虽然 Y 老师对学生很好，但学生接受不了，而 T 老师就不一样，T 老师注重和学生沟通的方式方法，学生就都喜欢上她的课。因为多数中学阶段的学生对任课教师的态度会直接影响他是否喜欢这个科目。

所谓"平等关怀"是把每个儿童作为具有同等社会价值的人看待，把儿童作为自尊易受挫伤的人同等地关怀他们；所谓平等尊重是把儿童作为能够理智地、自主地思考、选择、行动并体验他们的生活价值的人同等地尊重，尊重他们的意志和意愿，考虑他们每个人的意见和利益，保障每个人的自由和发展。[①] 面对学生，Y 老师体现出"我课堂"的权威姿态，如"别影响我课堂啊，吵架出去吵"，这充分说明教师存在以自我为中心的倾向，表面上看，这是由于教师的角色还未完成传统到现代的转换，从更深的层面来看，教师权威还存在着文化上的固着性。同时，对学生作为教育主体的认识还不足，所以与学生的交往方式还倾向于权威的控制。

第八节　在现实中仰望理想：A 班的座右铭与班训

此刻，回头看课堂观察第一天看到 A 班班训和座右铭的差异，明白了 L 老师在现实中仰望理想、在教育理想与教育现实中寻求平衡的苦心孤诣。

A 班的班级座右铭中的"四个学会"源于 1996 年由国际 21 世纪教育

---

① 金生鈜:《"规训化"教育与儿童的权利》,《教育研究与实验》2002 年第 4 期。

委员会向联合国教科文组织提交《教育——财富蕴藏其中》的报告，雅克·德洛尔代表在报告中指出，面对 21 世纪的挑战与使命，教育需要围绕"四个学会"展开，即教育学生学会认识、学会做事、学会共同生活、学会生存。[①] A 班班训"励志求知，自勉不辍"显然是将"求知"作为了学生接受教育的主要目标，与四个"学会"中的教育目标相比较，"励志求知，自勉不辍"的教育目标相对单一化。如前文所述，教育目的规约着教育活动过程的开展及教育结果评价，由不同的教育目的派生的教育活动组织及教育评价模式也存在差异，同样，教育目的观统摄着其他教育观念，不同的教育目的观也会衍生出不同的教师观、学生观、课程观、教育手段观、学习手段观和教育评价观。

　　在"焦点访谈"与非正式交谈中，我曾有意提起初中阶段的教育目的，请老师谈谈看法。有一次谈到培养学生全面发展，他们也都认同，但是他们抽象地谈论着的教育目的观与他们在日常教育实践活动中所奉行的教育观念并不一致，有时甚至相差甚远。但这种背离甚至冲突更启示我要对教师教育观念进行深入分析，寻求隐藏在教师言行不一背后的合理解释。

　　A 班的教师普遍认可倡导的教育观念，认为初中阶段的教育对于学生而言具有"打基础"的性质，"打基础"直接指向班级座右铭的四个方面，即学会做人，学会做事，学会求知与学会共处。但是，在日常教育实践中，在现存教育体制之内，迫于应试教育的压力，教师还是"硬着头皮"，被迫无奈地动用可能的手段使学生首先完成"求知"的任务，其余诸如学会做人、学会做事与学会共处均无法获得与求知一样地位。事实上，这里论述的学会做人并不仅仅局限于我们传统的道德和伦理意义上"做人"，而是指向德、智、体等全面发展的人，培养全面发展的人是教育的终极目标。

　　通过课堂观察、访谈与实物分析，A 班的教师在课堂上均较好地扮演了知识的"呈现者"、对话的"提问者"、学习的"指导者"、学业的"评价者"和课堂纪律的"管理者"的角色，执行小组合作教学的教师还扮演了课堂的"组织者"，使得课堂呈现出动态生成的创生性质。同时，

────────────

　　① 联合国教科文组织国际教育发展委员会：《教育——财富蕴藏其中》，教育科学出版社 1996 年版，第 75—76 页。

多数教师对自我角色的认识，在实然和应然之间存在一定的张力，他们在"知识的传递者"与"知识的促进者""课堂的管理者"与"课堂的引导者"之间进行徘徊。

关于教师的教育目的观，通过对 A 班教师教育目的观的现状描摹和理论的应然分析，我们发现，在社会倡导的教育观念与现实践行的教育观念之间存在明显的区隔。教师在现实中仰望理想，有的经过无力抗争，被现实驯服，有的经过积极调适，找到了理想与现实的平衡点。强调基础教育的未来性、生命性与社会性，与现实生活中部分教师依然强调基础知识的掌握、强调基本技能和技巧的训练并不相同。中学教师作为学生社会化的重要他人，将学生的中学阶段视为人生的"早春季节"，虽然能够从生命整体性角度清晰地认识到初中阶段的教育对于学生发展的独特价值，并持有竭力开发学生生命潜力的意愿，但在日常的教育实践中，由于缺乏有效的社会支持系统，依然把"求知"作为了教育的首要目标。教师沉浸于传递知识、训练学生技巧与技能之中，自身也会对教育产生懈怠。

本书呈现的几则案例中，L 老师从不喜欢当老师到充分享受教师职业带来的幸福与快乐；G 老师在教育实习期间遭受挫折后放弃教师职业；C 老师入职之初面对新生活，兴奋与紧张并存；W 老师面对教学的热情投入和面对课堂管理的无奈叹息；Z 老师迫于考试压力采用传统填鸭式的教学方法，课堂上学生不停地勾画重点，一次次集体喊答；T 老师在同事影响下从教育观念到教育行为的转变，边讲授学习方法边启发学生重视课程的价值；Y 老师一丝不苟地教学加上严苛的教学方式，换来的是学生的不喜欢甚至厌学。这看似平常的故事正是在我们身边日复一日上演的事实。

在后续的联络中，有一次在 L 老师的微信朋友圈里看到她分享的一则诗歌，是汪国真的《热爱生命》，L 老师在评价中说，这是她在中学时代最喜欢的一首诗歌。我当时就想，这也是我和 L 老师接触以来，从她身上感受到她对教育的执着追求最贴切的写照：我不去想是否能够成功，既然选择了远方，便只顾风雨兼程——我们热爱，不是因为想要获得而去热爱，而是因为热爱而最终获得。试问，投身于教育，做一名教师，如若没有对教育事业义无反顾的热情，如若没有对学生生命的尊重与热爱，如若没有寻求到教育的意义，尤其是教育对自己的意义，如何度过一个又一个看似平凡的春夏秋冬？

第四章

中学教师教育观念的发展机制

在实证研究的基础上把握教师教育观念的发展机制，是教师实现教育观念自觉与更新的认识前提。

社会心理学研究认为，个体的思想、情感甚至行为都会受到周围他人、所处社会环境实际的、想象的或潜在的存在的影响，同时个体也会以自身特有的方式去对这些影响做出建构和诠释。这里说的他人，不单指具体的个体，也指由个体构成的组织、社会、文化等，这里所说的社会环境也不单是外在的环境，而是个体通过建构而形成的环境，这里所说的影响也不是一个单向的过程，而是个体与社会环境彼此作用的过程。[①] 从社会心理学个体与社会环境之间相互建构的视角，可以揭示出在教师社会化过程中教师教育观念的发展机制。

第一节　教师教育观念的发展机制：
社会影响与个体认同

一　社会影响

社会影响具有双重的含义，一种是静态的，等同于社会环境；一种是动态的，是社会环境作用于个体的机制。本书中的社会影响取后一种含义。

（一）社会影响的类型

社会影响有两种不同的类型：第一种类型为信息影响，是指个体把他

---

① 杨宜音：《社会心态形成的心理机制及效应》，《哈尔滨工业大学学报》（社会科学版）2012 年第 11 期。

人的反应（信念、观点、态度等）作为有关现实的证据而加以接受，从而导致观念的改变，在信息影响下，个体会为减少不确定性而产生对他人的依赖。第二种类型为规范影响，是个体顺从于他人的期望以获得社会承认或避免拒绝，在规范影响下，个体为了获得外在补偿和避免代价而产生对他人的依赖。社会影响会使人们之间在信念、态度和价值观上产生相似性。①

社会影响源的构成内容广泛，可以进行多维度的划分。从空间维度而言，可以借鉴社会学家乔纳森·特纳对社会现实三个水平的划分，即由体制领域、分层系统、国家以及国家系统构成的宏观水平，由社会组织构成的中观水平及由面对面人际互动构成的微观水平。② 具体到教师教育观念的社会影响源，宏观层面的有社会发展水平、国家体制、教育政策等；中观层面主要有学校环境和教师教育团体的培训；微观层面则包括教师在社会化过程中与学生、家长、同事、学校管理人员等的人际互动。宏观的、中观的和微观的三个层面的社会现实自上而下、自外而内，层层嵌套，作为一个整体共同作用于教师教育观念的发展。从时间维度而言，社会影响源包括共时性的内容，如时代精神、社会舆论、社会共识等，也包括历时性的内容，如文化传统、国民性、集体无意识等。

（二）社会影响的通路

社会影响对个体的规范与压力透过对个体所依存群体扮演的社会角色期望来传达。在个体社会化过程中，特定的社会成员会遵循既有的社会规范与期望，依据体系中成员相互之间的角色期望来表现出相应的专业角色。社会的价值观隐含在社会结构及制度之内，使现有的社会架构得以保持。社会制度包括社会化、社会控制、社会规范和社会奖惩等，通过规范、价值、惩罚等给个人带来外在压力，也通过社会价值的内化给个人带来就范的压力。③

在教师社会化历程的每一个阶段，空间维度和时间维度的影响源都交

---

① ［澳］约翰·特纳：《自我归类论》，杨宜音译，中国人民大学出版社 2011 年版，第71—72 页。

② ［澳］乔纳森·H. 特纳：《人类情感：社会学的理论》，孙俊才、文军译，东方出版社2009 年版，第59—64 页。

③ 杨国枢：《中国人的价值观——社会科学的观点》，中国人民大学出版社 2013 年版，第66 页。

织在一起对教师产生影响。米德认为，心灵与自我是个体在社会环境中通过互动即通过他人的影响而形成和发展的，因此心灵与自我的发展是社会化的结果。在论述角色社会化的动力和源泉时，米德创设了"类化他人"的概念，认为"类化他人"并非指特定的个人或一群人，而是指社会成员尤其是个体所处社区或社会团体的行为标准和价值的总和。赋予个体自我统一性的有组织的共同体或社会群体，正是以类化他人的形式出现，对其个体成员的行为加以控制；通过这种形式，社会过程或共同体作为一个决定性因素进入个体的思维。①

在教师社会化的不同阶段，教师会受到不同的"类化他人"的影响，教师生活的家庭、就读的学校、任教的学校、身处的社会文化背景与教师个体的人格交互影响，构成了影响教师教育观念发展的社会规范与角色期望的环境场域。在这个环境场域中，环境因素力量通过对教师个体的价值规范与角色期望施加影响，决定教师的角色认知、教育观念与教育行为，在这一过程中，教师教育观念得以不断发展。

二　个体认同

作为一个自主的生命体，教师个体并不只是简单被动地服从社会环境的影响，而是自主地对来自社会环境的各种影响进行价值辨析，并在此基础上做出认同与否的决定。通过教师的个体认同，社会环境施加的社会影响与教师个体的教育观念形成互动的环状关系。

（一）个体认同的内涵

个体认同是通过个体内的活动实现的，是个体内部心理结构同外部社会环境相互作用，并对后者加以选择与适应的过程。个体经历的变化在组织化的社会关系背景中具有社会学上的相关性，在这种意义上，社会化的概念具有"成员资格"的意味："社会化的这个组成成分在认同概念中是非常明显的，认同是社会化的重要过程之一。社会化的两个方面在这里是相关的：谁认同和认同什么——谁认同涉及个体身份的建立，也即在情景中决定这个人是谁和其他人是谁。认同什么是指个体在情感上与心理上对

---

①　［美］乔治·H. 米德：《心灵、自我与社会》，赵月瑟译，上海译文出版社 2005 年版，第 156 页。

其他个体或群体的归属。"①

社会由社会归类组成，类别和群体的自我归类是一个社会认同的过程，个体正是通过自我归类转化为群体的一员。在一定的社会结构中，个体通过认同过程产生了个体的社会归属。"群体被认为是一个心理实体，对于那些被吸引进入群体的人，群体会告诉他或她什么是应该优先考虑的，应该遵循哪种规范，集体行动的确切目标是什么。将自我范畴化为某一群体成员的过程会引导信息的寻求、与他人情感纽带的建立以及自我规范的融入。"②

个体认同充分体现了个体具有社会化的主动性。在教师教育观念内在化的过程中，教师个体决定外在环境是否会影响自己，教师个体一旦认同了社会影响中蕴藏的社会价值观，既有的教育观念就会重新进行建构。

（二）个体认同的通路

1. 共享现实性

观念是一种社会成员共享的心理现实性，共享现实性源于个体与他人体验关于世界内在状态的共同性。③ 人们在信息上依赖于他人减少不确定性，会更多地顺从相似他人以及专家、有能力的或可信的他人，顺从会随着刺激的模糊性、任务的难度或复杂性的增加而增加。④ 当个体面临具有不确定性的情境时，特别是在信息暧昧不清、对方是权威、情况相对紧急的情境下，更容易采纳他人的意见，通过依赖他人来共同界定事情，也更容易接受群体的建议，与群体内成员保持一致。群体规范感是个体自觉地归属于所参加群体的一种情感。有了这种情感，个体就会以这个群体为准则，进行自己的活动、认知和评价，自觉维护所属群体的利益，并与群体内的其他成员在情感上产生共鸣，表现出相同的情感、一致的行为以及所属群体的特点和准则。入职之初，面对陌生的环境，初任教师普遍容易受

---

① Geeas, V., "Contexts of socialization. In Rosenberg M. Tuener R H（eds.）", 1981 *Social Psychology*: *Sociological Perspectires. Basic Books*, 1981, p. 47.

② ［澳］迈克尔·A. 豪格、［英］多米尼克·阿布拉姆斯：《社会认同过程》，高明华译，中国人民大学出版社2011年版，第273页。

③ Echterhoff, G., "Shared Reality Theory", *Handbook of Theories of Social Psychology*, 2012, pp. 180 – 199.

④ ［澳］约翰·特纳：《自我归类论》，杨宜音译，中国人民大学出版社2011年版，第71页。

到任教学校既有规范的影响。

　　人们的共识是通过共享形成的。共享现实性指向某种目标，可以是态度、观点、兴趣和价值观，如相同的教育目的观，也可以是对一些事情的评价标准一致。共享现实性形成后，人们内在的共同性就会被调动起来。凭借共享现实性，人们可以避免更多的生活不确定性和不稳定性。教师在学校与同事经过长期合作，也容易相互影响，形成对教育观念的共享。

　　在群体中存在两种不同类型的认同，一种认同是自觉的，通常是由于群体内人际关系密切，群体对个体的吸引力大，个体置身于群体中能实现个体的价值，各种需要能得到满足，在这种情况下，个体会主动地认同群体；另一种认同是被动性的，通常是在群体压力下，个体为避免被群体抛弃或受到冷遇而产生从众或服从行为。

　　2. 角色内化

　　在米德看来，作为社会互动的实体，个体拥有接受社会影响和影响社会的双重能力，因为个体的"自我"可分为"主我"与"客我"。"主我"具有主动判断的能力，对他人行为可以做出主观的解释；"客我"则是个体通过"角色取替"的过程获得"重要他人"和"类化他人"对自己的系统看法，两者具有相互依赖的动态关系。"重要他人"对个体的智力、语言、思维方式的发展以及行为习惯、生活方式、价值观念的形成具有重要影响。由于个体对符号的主观解释是个体行为的依据，所以符号互动理论强调，个体在社会化过程中居于主动地位，认为个体社会化的本质是社会化者与被社会化者双向互动的过程，个体需要以"重要他人"的观点或"类化他人"作为参照，判断和解释人际间的关系，并据此修正和发展自我观念，从而表现出适宜的角色行为。

　　教师在社会化的过程中，所经历的"重要他人"和"类化他人"不断发生变换。接受师范教育期间、正式任职后，不同的"重要他人"和"类化他人"通过角色期望表达和自身示范作用对教师角色自我进行定义，教师通过与"重要他人"和"类化他人"彼此互动，对照角色期望进行观念与行为的调适，不断生成新的教育观念，教师教育观念在此过程中得以发展。

　　3. 从众与服从

　　从众是个体在既没有遵从团体的直接要求，也没有任何改变行为的充分理由的条件下，为了适应真实或想象中的团体压力而改变自己的观念或行为，表现出与群体中多数人一致的观念或行为倾向。① 社会或团体规范是代表众人观点的客观行为标准，从众则代表个人的心理倾向。从众是一种较普遍存在的心理现象，是观念传播和形成的重要机制。

服从是个体迫于外界压力的影响，按照社会要求、团体规范或别人的期望而做出的行为。外界压力影响下的服从有两种情况：一种是在所属团体规范影响下的服从，如个体对所属团体的各项政策、法律以及各种规章制度的遵照与执行；另一种是对权威人物命令和建议的服从，如对领导、师长、权威人士的服从，对权威人物的服从可能是出于敬仰而发自内心的信服，也有可能是出于惧怕而导致的无条件服从。

从众与服从均属于个人在团体中的相符行为，有时可能交织在一起，难以截然分开。两者的区别在于，从众不是对团体规范的服从，而是个体为了消除团体压力，求得心理上的平衡而对社会舆论或团体压力的随从；服从则是被迫的，是个体对团体的明文规定或权威人物的命令和意志的无条件执行。②

4. 价值辨析与归因

一般来说，当了解某人做事的原因时，我们可能把原因归结为个体的特质或者周围的情境。依据指向的不同，可以把归因分为特质归因和情境归因。特质归因，也称内部归因，是把所观察到的行为原因归结于个体内部，认为行为反映了个体自身所具有的、导致其行为表现的品质和特征，包括个体的人格、情绪、心境、动机、欲求、能力和努力等。情境归因，或称外部归因，指把行为原因归结于个体外部，认为是个体自身以外的事件导致行为的发生，如环境条件、情境特征和他人的影响等。③ 当行为是非常规时，或者行为者经常做出某些行为，或者跨情境的一贯性行为发生时，人们倾向于对行为进行特质归因。

教师个体在成长过程中，会经历一系列事件，其中，能引发教师对教育观念进行反思或发生改变的事件可称为关键事件，也即在教师生活中的重要事件，教师围绕该事件可以做出某种关键性的决策，促使教师在特定

---

① 沙莲香编：《社会心理学》，中国人民大学出版社2002年版，第214页。

② 同上书，第346—348页。

③ ［美］菲利普·津巴多、迈克尔·利佩：《态度改变与社会影响》，邓羽译，人民邮电出版社2007年版，第66—68页。

发展方向上做出行为选择。① 事件本身是否能成为关键事件，在于教师个体对于关键事件的解释以及关键事件对教师个体成长的意义。每位教师有不同的成长经历，人格因素和个体因素对教师教育观念的发展具有重要影响。教师自我与外在环境的冲突是教师教育观念发展的主要因素，教师个体应对冲突的不同方式，或者说对冲突不同的解释和归因，会使得教育观念朝向不同的路径发展。

我们可以运用"个体与社会环境"相互建构的分析框架来认识教师教育观念的发展机制，如图4-1所示：

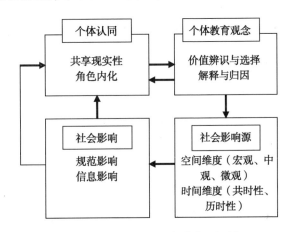

图4-1　教师教育观念的发展机制

图4-1简要呈现了教师教育观念的发展机制，事实上，教师教育观念的发展交织着各种复杂的因素。社会环境影响着教师个体，同时，教师个体决定着自己的教育观念在社会环境的影响下是否发生改变。在教师社会化的过程中，共享现实性、角色内化、从众与顺从、解释与归因等并非单独起作用，而是互相关联共同作用于教师教育观念的发展。

以下结合实证分析，对教师教育观念在不同社会化阶段的可能发展予以解释，其中，所谓阶段划分仅是一种分析框架，而非教师教育观念发展过程的真实写照。在教师社会化的每一个阶段，教师都会进行角色调适，经历角色学习、角色扮演、角色转换、角色冲突和角色重建，以下依据教师社会化阶段的侧重点阐释教师教育观念的发展机制。

---

① Siles，P. et al，*Teacher Careers：Crisis and continuities*，Lewes，UK：Falmer Press，1985，p. 92.

第二节　角色学习与角色扮演：准教师
教育观念的初步形成

　　师范教育时期是教师预期社会化的重要阶段，师范教育为特定职业群体潜在的成员，即准教师进入教师行列做准备。师范教育阶段，教师社会化的重点在于通过理论学习形成系统的教育理性认识，同时，通过教育实习形成对教育实践活动的客观认识，并调和理性认识与实践认识的差异，运用理性认识观照教育实践活动，运用教育实践活动检视关于教育的理性认识。在师范院校就读期间，师范生以准教师的身份，在角色学习与角色扮演的过程中形成初步的教育观念。

一　角色学习：教育观念的初步形成

　　角色学习是社会成员掌握社会理想角色的行为准则、技能，提高角色认知水平，缩短与理想角色差距的过程。[①] 角色学习是社会化的重要途径，每个个体在社会化过程中，都会经历一系列的角色学习。角色学习的过程同时也是对角色进行认知，并树立角色意识的过程。师范生通过角色学习，形成对理想的教师角色的认知，并把教师权利、义务、规范、态度、情感等内化为支配其行为的角色观念。

　　师范生在师范院校期间经历预期社会化，以准教师的身份系统学习扮演教师角色应具备的知识与技能，包括教师角色的权利、义务、行为规范以及教师应具备的情感和态度。其中，教师的权利、义务和角色规范由社会分工或社会文化决定，具有社会规定性，是准教师进行角色学习的主要内容。角色学习是角色扮演的前提和基础，准教师想要扮演好教师角色，必须先行掌握社会对教师的权利、义务和角色规范要求。同时，社会还会对教师应具有的情感和态度提出期望。准教师需要把社会对教师角色的情感和态度期望内化为自己的主观意识，由于情感与态度的改变具有复杂性和长期性，准教师对教师角色情感和态度的学习与内化是一个更加复杂的、需要潜移默化的过程。

---

　　① 王康编：《社会学词典》，人民出版社1988年版，第207页。

师范院校的环境氛围、授课教师的影响、师范生的社会背景及人格特征等均是师范生社会化的因素。从教育形式上来区分，师范教育通常分为理论学习和教育实习两种形式，就我国现行高等师范教育的四年学制而言，师范生一到三年级通常以理论学习为主，三年级下学期或四年级，开始为期 1 个月到 5 个月时间不等的教育实习。

理论学习阶段，师范生扮演受教者的角色。师范生从入学之初的探索适应到适应之后的稳定成长，通过理论学习及参与学校各种形式的活动，学习掌握教师所应具备的专业知识体系，确立起基本的教育观念，他们对教育目的、教育活动过程展开及如何进行教育评价形成了初步的理性认识。这些理性认识一方面可以修正师范生既有的对教育的认识，即师范生在进入师范院校之前就已经具有的教育观念，另一方面还可以观照到教育实践活动，为师范生审视教育实习及正式入职后的教育实践活动提供合理的理论视角。当然，通过理论学习习得的教育观念仅是关于教育的理性认识，在教育实践活动中需要根据实践进行调整。

二　角色扮演：教育观念的初步践行

进入教育实习阶段后，师范生则扮演教学者的角色。角色扮演是社会互动得以进行的基本条件。角色扮演是个体根据自己所处的特定位置，并按照角色期待和规范要求所进行的一系列行为。[①] 角色扮演涉及社会互动的双方对自身角色的理解，需要互动的双方对彼此的角色都有一定的认识，并在此认识上对互动取得一定的意义理解，才能达到理想的角色扮演效果。在角色扮演过程中，个体需要正确理解互动对方的角色行为，并依据对方对自己的角色反映来调整自己的行为，如果个体对自我角色的认识与社会对该角色的期望一致，社会互动容易取得理想的效果。角色扮演的过程分为对角色的期望、对角色的领悟和对角色的实践三个阶段：对角色的期望通常以理想角色为标准，理想角色是社会对角色的期望标准，通常也是评判角色扮演的客观依据；对角色的领悟是扮演者对所扮演角色的认识和内化，对理想角色的内化程度是角色扮演的关键环节；对角色的实践是个体在对角色期望和角色领悟的基础上扮演自己的角色，是角色扮演的结果。

---

① 奚从清：《角色论——个人与社会的互动》，浙江大学出版社 2010 年版，第 80 页。

　　教育实习期间，准教师迈入真实的教育实践生活，教育实践与他们理论学习阶段形成的理性认识通常存在一定的差异。研究者在采取个案法研究师范生教育实习期间的社会化过程中发现，师范生在教育实习期间主要经历三个阶段，分别为蜜月期、危机期及动荡期。① 在蜜月期，实习教师对专业理想心怀憧憬，渴望能够将理论学习期间习得的专业知识、技能与形成的教育观念在教育实践活动中践行，他们通常满怀热情地投入教学工作，所在学校的环境氛围及同事对他们的影响还不明显。随着实习的继续进行，实习教师通常会发现依据自己所习得的专业知识、技能与观念教学时，会感到力不从心，特别难以在维持课堂秩序与获得学生尊敬之间保持平衡。当实习教师发觉所教与所学存在差距，仅仅凭借对教育的热情无法达到有效的教学目标时，他们普遍会感到焦虑，陷入充满不确定性的危机，此刻，实习教师容易受到所在学校的环境氛围、校长的评价与期望、同事之间的非正式规范等的影响。当实习教师经历过危机时期的各种实践冲击后，会认识到理论学习与教学实践之间的差距，部分顺应所在学校对自己的期望，逐渐趋于依照教育实践活动调整理论期间习得的教育观念。

　　教师个体对特定的社会文化环境会形成不同的情境定义，不同的情境定义对教师个体社会化过程具有不同的影响。经历教育实习之后，大多数师范生通常会对自己的教育观念及教育知识体系、能力体系等进行重新思考，形成初步的教育观念自觉，并力图使自己的教育观念向着积极的方向发展。但也有的师范生在经历教育实习后由于无法接受现实环境的冲击，形成对教育实践活动的偏激印象，失去继续从教的信心，遭遇教师社会化的失败。如前文研究，在教育实习阶段，L 老师和 G 老师虽然都经历了对教育体罚的震惊，但 L 老师对体罚乃至对教育现实的认识经历了从震惊到习惯的过程，而 G 老师则因"看不惯"而放弃了教职。

　　在教育实习期间，准教师通常会采取策略性依从和策略性重新下定义来应对学校的各种权威。策略性依从是教师个人服从权威人物对情境的要求和对教师的行动进行的种种约束，但个人的意见有所保留。换言之，教师表面上看起来服从，但内心并未接纳和认同权威人物施加的影响。策略性重新下定义则是教师在没有经过权威人物允许的情况下，在实际行动中

---

① Lacey, C., *The Socialization of Teachers*, London: Methuen and Co. Ltd., 1977, pp. 44 – 56.

引进一些新的、富有创意的观念或技能（如在教育实习中，实习生能带来新的知识、新的价值观和技能，提出解决问题的新办法），以扩大对教学情境的自主范围。① 在教育实习期间，准教师仅是作为"实习生"的身份进入学校，学校对他们的规约和他们正式入职后任教学校对他们的规约还存在质的差别。所以，准教师在实习阶段虽然参与部分教学与课堂管理，但对于真实的教育活动他们仅是"部分的参与者"，他们自身对来自实习学校的规约的体察与正式入职后任教学校对他们的规约还存在距离。同时，作为准教师，他们也不必完全遵从实习学校的各种规约，师范生与实习学校两者处于一种弱关系状态。所以，通常情况下，准教师在实习阶段面临的教育观念冲击还不足以令他们退缩。

师范教育不应该被看成一件"学会如何教"的事情，而应该被看成造就一个教师的过程。师范教育阶段关于师范生的人格培养中，一个重要的方面就是关于教师观念的培养。因为教师如何理解和处理课堂中发生的一切，皆有赖于他们在那一刻如何看待自己，如何看待所处的情境以及试图做什么等，也即源于教师个人的信仰和对教育意义的理解。② 师范生毕业取得教师任职资格后，就完成了预期社会化，进入继续社会化阶段。自此，师范生的角色开始发生由准教师向教师的一系列转换与适应。

第三节　角色转换与角色适应：初任教师教育观念的发展

初任教师通常指刚刚入职的教师。在本书中结合实证研究，初任教师主要为1—4年教龄的教师。其中，1年以内与2—4年教龄的教师社会化发展各有侧重，前者侧重于由准教师向教师的身份转换，后者侧重于对教师角色的深度内化与逐步适应，教师教育观念也在角色转换与角色适应中获得发展。

一　角色转换：教育观念的迷茫与从众

从教第1年是教师教育观念发展的关键期，初任教师面临在新的环境

---

① Lacey，C.，*The Socialization of Teachers*，London：Methuen and Co. Ltd.，1977，pp. 44 – 56.
② 库姆斯：《师范教育的新设想》，《华东师范大学学报》（教育科学版）1989年第4期。

中进行角色转变与将理论观念运用于教育实践的双重挑战。"尽管学生的课桌和教师的讲台之间，只有很短的一段距离，但很可能有一段最长的心理距离，这些年轻成人要在如此短的时间跨越它。"① 新的学校环境和复杂的课堂环境都充满不确定性，初任教师的教育观念容易陷入迷茫状态，他们最重要的任务是实现由准教师向正式教师的身份转换，在角色转换的过程中，通过与新环境中的他人共享现实性，实现教师角色的内化。

在师范院校期间，准教师的身份是一名学习者，即使在教育实习期间他们以教师身份出现在课堂上，在教育实习学校看来，准教师仍然被认为是一名学习者，或者说兼具学习者与任教者双重身份。但是正式入职后，其角色和身份就会发生质的改变——师范生成为教师，随着身份的转换其角色地位发生了变化，具有了多重性，学校领导、同事、学生、家长等均会基于各自的立场形成对教师的期望，期望教师能表现出符合其身份的角色行为，但事实上，刚刚入职的教师是以学习者的身份来进行角色扮演，对他们而言，最主要的任务是实现角色的转换，表现出符合教师身份的角色行为。

虽然学校作为教师的职业组织，对教师而言主要作用不是社会化，但是学校环境的结构仍会影响教师教育观念的发展。多数学校都会对初任教师进行专门的培训和指导，使初任教师尽快被学校社会化并融入学校。对学校而言，初任教师遵循和内化学校既有的规范，一方面是教师个体获得学校赋予的成员资格的需要，另一方面也是维护学校稳定发展的需要。有研究者把职业社会化的过程描述为一种适应，即适应于个体从组织外部进入组织内部获得成员角色的过程。教师任教后就隶属于一个特定的教学团体，基于对陌生环境的不确定性，极易受到所在教学团体群体规范的影响。教学团体所确立的标准化观念被认为是对团体成员行为的一种期望，这种期望透过教学团体的次级文化对教师施加影响，尤其是校长、学校同事的教育观念对初任教师个体的教育观念影响较大。

社会心理学研究个体如何符合团体规范与行为模式。在面临具有不确定性的环境时，如果个体发现有经验的同事可以作为他的参照群体，那么他就比较容易接受同事的观念并模仿他们的行为。由于教师工作中存在着

① Cruickshank, D. R. & Callahan, R., "The other side of the desk: Stages and problems of teacher development", *The Elementary School Journal*, 1983, pp. 251–252.

专业隔离，初任教师较难与成熟教师建立密切的关系。如果学校采取师徒合同书模式培养初任教师，初任教师在师徒合作的过程中，通常会从行为上对师傅进行模仿。模仿是社会互动中一种重要的心理力量，分本能的、智能的和反省的三个阶段。初任教师将师傅作为学习的榜样进行模仿，通常会经历教学行为的简单模仿、认知上的理解和观念上的反思三个阶段，并在此基础上做出对师傅的教育观念认同与否的决定。初任教师经过模仿师傅的教育行为，通常会在某些方面与师傅一致。对于初任教师而言，师傅扮演着向导和指导者的角色，一方面引领初任教师熟悉和适应学校的环境，帮助初任教师在学校环境中社会化，另一方面帮助初任教师解决日常问题，以此提高初任教师的教学能力和课堂管理能力。即使在没有实施师徒合同书制度的学校，同事对初任教师是否接受正式的学校目标及非正式的价值观念同样具有极大的影响力。有研究表明，教师任教数月后，其教育态度与学校同事的相似性，便高于与其受教学校的相似性。[①]

　　初任教师面临的第二个挑战来自现实的冲击，也即师范教育阶段所形成的教学理想在严峻、残酷的日常课堂生活面前的彻底破灭。[②] 现实的冲击容易引发初任教师置身课堂之中的无力感，严重的还会引发职业焦虑。有研究者将初任教师入职第一年概括为"生存关注阶段"，这意味着，如何在现实的冲击之下生存是初任教师关注的最重要方面。在充满不确定性的新环境中，初任教师普遍具有潜在的失败焦虑，担心自己的能力是否能应对学校的环境和教学。出于对"生存"的需要，迫于职业初期的职业压力，初任教师通常会具有高于常态的焦虑水平，容易服从学校既有的管理与规范，对自身作为教师身份的认识也会更多地遵从学校的期望，更倾向于寻求机会证明自己的专业身份，以克服对自己专业能力的怀疑，获取学校、学生和家长的认可，实现对安全、归属和自尊的需要。主要表现为：

　　一是比较注重教师作为知识"传递者"的角色，在课堂上注重对教学大纲规定的学科知识的传授，注重学生对知识与技能的掌握，看重学生的考试成绩，倾向于认为考试成绩是衡量"好学生"的主要标准，具有

　　① 顾明远编：《教育大辞典》第6卷，上海教育出版社1992年版，第453页。

　　② Veenman, S., "Perceived problems of beginning teachers", *Review of educational research*, Vol. 54, No. 2, 1984.

成绩本位倾向。由于初任教师在教学和课堂管理中通常会进行不断的试误，所以他们的自我效能感并不高。

二是由于教师的工作多数都是独立进行的，同事与学校行政管理人员对初任教师的工作并不了解，初任教师也较少能获得同事与学校行政管理人员的积极反馈。在这种情况下，初任教师通常会与学生建立积极的关系，学生的认同对初任教师具有显著的激励作用。初任教师第一次拥有了属于自己的班级和学生，渴望能扮演课堂引导者的角色，内心向往民主、自由、平等的师生关系，一开始通常与学生比较亲近。C 老师入职第一年感到"兴奋而紧张"，想方设法让学生开心快乐，则透露着初为人师的喜悦和面对充满不确定性环境的不适。

三是初任教师通常认为教育在促进学生的身心发展过程中具有决定性的作用，所以相对于课程的社会价值而言，更重视课程对于学生个体的价值，包括课程对于提高学生的思维能力、提高学生未来的工作效率和提高学生未来的生活能力的价值等方面。

L 老师在入职之初，说自己"一点经验也没有，也没有什么教育观念"，事实上，她的教育观念主要来自受教时期教育观念的迁移和师范教育阶段习得的教育观念，只是没有对其合理性进行反思而已。同时，由于家庭对她的职业选择持鼓励态度，在 L 老师入职之际，家人继续给予了她积极的鼓励，为她建立了积极的支持系统。初任教师获得来自学校、学生、同事和家长的积极反馈有助于确立其对自我工作有效性的认识，提高自我教学效能感。美国国家教育研究所的研究表明：一个人第一年教学的情况如何，对他所能达到的教学效能水平有重大影响，而且要持续数年；会影响到整个 40 年教师职业生涯对教师行为起调节作用的教师态度；也确实影响教师是否继续留在教学专业的决策。[①]

二　角色适应：教育观念的内化与适应

角色适应是角色转换的一种，是角色扮演者调整自己的角色行为使之与角色期望逐渐吻合的过程。在角色转换的过程中，初任教师经过 1 年的从教，根据从学生、同事、学校行政管理人员、家长等他人获得的对自身

---

① National institute of education, *Beginning teachers and internship programs.* (*R. F. P. No.* 78 - 0014), Washington, D. C. : NIE, 1978.

教育行为的反馈，不断对自己的角色进行调适，基本实现了由准教师向教师角色的转换，但是，距离成熟教师角色扮演而言，还存在一定的距离，需要不断调整自己的角色行为，对教师角色逐步内化与适应。

有研究表明，教师的关注本质上是具有发展性的，如果教师聚焦于自己作为教师的存活和适应感觉，他们就不会把注意力转移到学生的学习需求上。① 有研究者设计了教师职业生涯发展的三个阶段，将入职第 1 年称为存活期，第 2 年到第 4 年称为调整期，如果一名教师在调整期能发展出教师所应具备的必要条件，就能顺利进入第三个阶段，即成熟期。在调整期，教师需要发展专业知识，提高教学能力和课堂管理能力。也有研究者将该时期称为巩固期或能力建构期，认为这是教师增加专业知识和检测新技能的时期，是一个"要么成功，要么破产"的时期，对后期的教师职业生涯发挥着导引作用。② 无论对这一时期如何命名，这一时期是一个迈向成熟教师的过渡时期，在该阶段，教师的主要任务是对教师角色的逐步内化与适应。教师角色适应与否，直接关乎教师后续的社会化发展，如果角色适应失败，许多教师可能会始终停滞在该发展阶段或选择放弃教职。

在教师角色适应的过程中，多数教师的教育观念与从教第 1 年相比较会发生较为明显的变化。从教第 2 年至第 4 年，教师逐渐适应了学校环境，通常能成功实现角色转型，并逐步适应新的角色，同时，随着对教学基本知识与技能的掌握，对教学和课堂管理渐渐熟悉，2—4 年教龄的教师个人教学效能感较初任教师有了显著增强，他们熟悉和掌握了基本的教学技能，并且与学校同事的关系逐渐密切，他们对自身角色的认知也发生了显著变化：更倾向于认为教师是知识的促进者而非知识的传递者，弱化了对于教学大纲规定的学科知识的教学。度过生存关注期之后，2—4 年教龄的教师开始关注学生，对学生具有较为敏锐的观察能力，开始逐渐关注学生对知识的迁移能力，教学也更注重提高学生的思维和判断能力。

但是，在经历了第 1 年与学生的"友好合作"后，他们更倾向于控制课堂，严格管理学生，这与他们在第 1 年间的尴尬经历有关——同时想做好学生的老师和朋友并不是件容易的事情。

---

① Fuller, F., "Concerns of teachers: A developmental conceptualization", *American Educational Research Journal*, Vol. 6, No. 2, 1969, pp. 207–226.

② ［美］费斯勒、克里斯坦森：《教师职业生涯周期：教师专业发展指导》，董丽敏、高耀明等译，中国轻工业出版社 2005 年版，第 86—87 页。

　　Walter，H. 的研究发现，有94%的初任教师说他们最初曾尝试较为民主的教学方式，但是在实践中遭遇困难后，91%的教师不得不做出让步，转而采取较为专制的教学方式。Harris，L. 研究发现，任教之前，有93%的教师认为学生具有学习能力，任教1年后这一比例下降为88%，任教两年后这一比例下降为86%。任教之前，28%的教师认为许多学生进校时的问题太多，很难成为一名好学生，任教1年后，这一比例上升至47%，任教两年后上升至50%。① 这很容易解释2—4年教龄的教师对于师生关系和师生交往模式认识较之于1年以内教龄的教师发生的变化：1年以内教龄的教师普遍认为师生是合作关系，比较认可民主平等的师生交往模式，从教2—4年的教师有部分认为师生之间是顺从关系，也更加认可相对较为严厉的师生交往模式。

　　初任教师关注自我与生存两个部分，直到适应学校情境之后，自身角色才会发生转换，真正发挥专业的教学能力和态度。在角色转换期间，教师所需要的是尊敬、受喜爱和归宿感，而这些基本需求会影响教师的自我知觉、角色理想以及与他人间的角色关系。角色适应阶段的教师对于课程的价值认可程度较低，已经逐步被学校文化所"同化"。在该阶段教师的眼中，入职之初不适应的事物渐渐都趋于合理化。无论是每日身处的四四方方的长方形教室，还是被学校督导人员透过"小窗户"窥视课堂，教师都会逐渐习惯，并赋予其合理化。合理化是文饰作用的一种形式，也是自我防卫的一种方法，恰当的合理化有助于教师接受现实，适应社会，但过分的合理化，会妨碍教师遵从内心的需要对教育教学进行选择。教师角色适应最典型的表现是对既有教育评价制度的顺从，2—4年教龄的教师中有近1/3认同学校将学生成绩作为衡量教师工作成效的主要标准，是所有教龄段教师中认同程度最高的。可见，被规训的不只是学生，教师作为规训的承担者，同时也是规训的承受者，成为教师的过程本身就是一个"被规训"的过程，而规训的发出者，也不仅是学校，而且是学校之外更为宏观的权力实践。

　　有研究表明，入职初期教师所受到的冲击程度受到学校行政管理者、同事、任务要求和资源等环境因素的影响，积极的、支持性的组织环境比

---

　　① 叶澜、白益民、王枬、陶志琼：《教师角色与教师发展新探》，教育科学出版社2001年版，第293页。

不信任的或孤立的氛围更有助于初任教师应对该时期。[1] 初任教师在积极的、支持性的组织环境中更容易形成积极的教育观念。积极的关键事件是促成教师角色适应的契机，如教师获得学校行政管理人员、学生、家长和同事的认可，或教师地位获得社会的尊重，都能够形成教师教育观念发展的积极环境，促进教师社会化成长。最直接的组织影响来自学校的规章制度和学校领导者的管理风格，从教1年以后，多数教师就由见习教师转为正式教师，学校的教学管理制度、教师考核管理制度等规章制度均形成对教师个体发展的规约，同时，学校领导者的管理风格是否能为教师接受并成为促进教师发展的力量，也会对教师的角色适应产生影响。

随着对角色的逐步内化与适应，教师在学校扮演的角色也出现多样化，除了要扮演教师角色外，开始逐渐扮演课程开发者、教学研究者、学校制度制定的参与者等角色。与入职第1年被动参与师徒合作模式的同事关系不同，入职2—4年的教师通常已建立起自己志同道合的同事圈，开始倚重同事间的合作实现自己的专业发展，如通过共同讨论课程开发、教学内容推进、相互观摩教学、分享课堂管理等途径，汲取发展的力量。

初任教师的社会化重点在于通过个体的主动调适和学校的积极支持，实现角色的转换与适应，强化对教学专业知识技能的训练和课堂管理经验的积累与学习，逐渐建构起符合教师身份的教育观念，掌握教学专业知识技能和课堂管理的方法，并在此基础上，主动学习学科教学与课堂管理的新知识，增进教学的创造力。

第四节　角色调适与角色重建：成熟教师教育观念的发展

成熟教师通常指对教师角色基本适应的教师，也有研究者将该社会化阶段的教师称为有经验的教师。经历了初任教师对教师角色的转换与适应，成熟教师已经对教师角色驾轻就熟。成熟教师的教学能力和课堂管理能力已经达到较高水平，但专业能力还在继续进步。本书中成熟教师界定

---

[1] ［美］费斯勒、克里斯坦森：《教师职业生涯周期：教师专业发展指导》，董丽敏、高耀明等译，中国轻工业出版社2005年版，第69页。

为教龄 5 年以上的教师，依据实证分析，又将 5 年以上教龄的教师分为成熟早期的教师（教龄 5—10 年）、成熟中期的教师（教龄 10—19 年）和成熟晚期的教师（教龄 20 年以上），处于不同成熟阶段的教师教育观念呈现出不同的特点。

成长为一名成熟教师是所有教师社会化发展的目标，尽管成熟教师仍然会面临一系列的角色冲突，需要不断进行角色调适。由于教师所处的社会文化环境和教师个体的专业发展需求不同，教师社会化发展会呈现出多样化的发展路径，成熟教师教育观念的发展相应也会呈现出多样化的发展路径。有的教师面对角色冲突能不断进行角色调适，教育观念陆续获得更新与拓展；有的教师面对角色冲突则无法有效调适，教育观念可能停滞发展或发生歧变。

一　角色调适：教育观念的探索与更新

从教龄上来说，从教第 5 年至第 9 年的教师通常处于成熟早期。这个阶段的教师经历了初任教师的社会化历程，由刚入职时的生存关注转移到教学情境关注阶段。[①] 如果说生存关注阶段教师关注的是"我能行吗"，到了教学情境关注阶段，教师逐渐开始关注"我怎样才能行"。该阶段的教师对教师职业的认可度有了显著提高，对自己的工作满意度也显著提高，教育观念走出混乱状态，逐渐清晰，对学生有了新的认识，课堂管理也逐渐形成自己的风格。随着教龄的增加，成熟早期的教师会逐渐意识到学生具有的差异性，并接受学生的差异，针对不同学生的特点采取不同的教学方法。尊重具有差异的学生采取不同的学习方法是成熟期教师教育观念的特征之一。同时，成熟早期的教师意识到学生的成长受到诸多因素交织的影响，教育仅是促进学生成长与发展的因素之一，会逐渐弱化对学生知识和技能的培养，转而越来越注重学生的能力和修养的提升，关注学生个性和才能的发展。

随着教学经验和课堂管理经验的积累，有的教师在这个阶段开始尝试进行教学改革和课堂管理改革，如果学校能提供良好的外部支持条件，积极与教师沟通，倾听教师的需求，支持教师的教育观念或教学改革，或者

---

① 叶澜、白益民、王枬、陶志琼：《教师角色与教师发展新探》，教育科学出版社 2001 年版，第 295 页。

教师教育培训能够关照到教师的日常教育实践活动，教师极有可能取得改革的成功，从而增加自我效能感。有的教师会受学校的委托担任教研室主任、年级主任等领导职责，肩负教学设计与组织、课程开发和改进、教学方法创新与推广等任务，这是教师角色的拓展，这种积极的拓展将有助于教师个体社会化水平的提高，同时也会促进教师教育观念的发展。

随着教师的日益成熟，教师会逐步强化教育对学生道德观念、合作意识、正义感等基本素质的价值认识，相反，对教学大纲规定的学科知识价值认识则逐渐弱化。成熟教师普遍越来越倾向于认为学生学习的知识难度较大，日益注重学生的能力教育，讲课时也更加兼顾基础知识的讲解和迁移，越来越顾及学生的个人感受而非仅仅关注学生的成绩。从教第10年至第19年的教师，已经完全掌握了教学策略和课堂管理策略，他们的注意力再次转向学生，对学生需要能够给予更深刻和更全面的关注。这个教龄段的教师不再仅仅以学科知识为重，他们更为关注所在学科的教学方法，多数教师形成了自己的教学风格。从教20年以上的教师，越发意识到教育的育人价值和课程的双重价值，更加注重学生的道德观念、合作意识等基本素质的培养，在课堂上更加兼顾基础知识的讲解和迁移，也更加注重学生的能力教育。在欣赏民主、自由、平等关系的师生模式的同时，对说教意味较浓的大管家模式也比较认同。

尽管调查显示，中学教师普遍对采用现代化教育手段持积极态度，但真正采用现代化教育手段教学的教师仍占少数。这一方面与教师沿袭传统的教学习惯有关，另一方面也与缺乏配套的支持系统有关，现代化教学手段的使用受到目前的教育评价制度的制约。如果教育评价仅仅注重认知性的目标，教师沿用传统的教育手段能够更好地实现认知性的目标，逻辑上是完全合理的。

但同时，如果这一阶段的教师完全屈服于来自外部的评价，将其完全合理化，或者与校长、同事、学生、家长没有达成有效的沟通，无法获取预期的教学效果，那么，其教育观念也可能朝着消极的方向进行变化，表现为对教师自身的角色模糊和自我能力的怀疑，对学生失去信心，自我教学效能感下降，甚至无心投入教学改革或教学改革遭遇失败等。如同休伯曼等人的研究显示，"他们只是按明文规定的规则制度、课程表和课时计划行事，绝不多做。碍于正式文件和规定，他们才严格地维持最低限度的勤勉工作"。①

　　处于成熟期的教师相信自己有能力应对教学和课堂管理，对自己能提高学生的学习质量抱有信心。成熟期的教师会逐渐重视各种激励，如专业职称的提升，学校行政人员、学生、家长和同事的认可与表扬，有的教师还能获得超越所在学校范围的专业组织或领域内的认可与奖励，教师个人通常会认为这是对他们的积极激励。

　　任何组织的正式规范、非正式规范或团体氛围对于身在其中的人员的观念与行为都会产生影响。学校同事间的协调与合作同样也是教师社会化的重要影响因素。同事间的非正式团体有属于他们自己的价值和规范，这些价值和规范对于团体内的成员具有极大的影响力。D. Hargeraves 研究发现，学校同事间的非正式规范普遍存在，主要有以下四点：一是教师自主性的规范，即教师在课堂中的行为应该完全自主，不受外人干扰；二是忠于同事群体的规范，同事之间应该相互信赖，一切言行以维护群体利益为重；三是平凡的规范，即同事之间期望在学校工作方面尽量保持步调一致，彼此期望对方在工作中不要表现太热心；四是讥讽的规范，指彼此并不希望对方对教学工作入迷，为学生的进步而狂喜，伴随讥讽的规范是反智主义，即教师间通常不研究和讨论教育理论和工作中的实际问题，而是谈论学校以外的话题。② 通常，在升学竞争比较激烈的学校，平凡的规范和讥讽的规范普遍存在，教师相互间更具竞争意识，而在升学竞争相对缓和的学校，教师更注重相互间的合作，人际关系相对和谐。教师间的人际关系会影响到学校的组织文化氛围，进而影响到教师社会化。

　　教师与学生是教育活动的主体，教师与学生的关系及双方互动是学校环境的重要内容，也是影响教师社会化的重要因素。师生关系作为一种特殊的社会关系，受到社会历史条件的制约和社会中带有根本性质的关系的制约，并随着社会变迁不断发生着变化。随着交往哲学的转向，追求民主平等的师生关系已经成为教育改革努力的方向之一，教育过程中提倡民主的师生关系，即教师和学生在教育过程中具有平等的人格关系和伦理关系。正如联合国教科文组织国际教育发展委员会报告中所言，"学生必须

　　① Huberman, M. & Grounauer, M. & Marti, J. Translated by Neufeld, J. , *The lives of teachers.* New York: Teachers college press, 1993, pp. 78 – 81.

　　② Hargreaves, D. *Interpersonal Relations and education.* London: RKP, 1972. 载周艳《教育社会学与教师研究》，华中科技大学出版社 2008 年版，第 101—102 页。

意识到他们的地位、权利和愿望，权威式的教学形式必须让位于以独立性、互相负责和交换意见为标志的师生关系"。[1] 我国文化传统中教师权威具有固着性，这既有积极的一面也有消极的一面。就我国目前的实际情况而言，大多数人是在一种权威性较浓的文化组织中成长，许多教师养成了一种专制主义倾向的人格。教师对学生基本上采取显性控制的权威方式，即教师对学生明确提出各种目标要求，明言规定学生的各种行为规范。[2]

家长对教师的期望也是一个影响教师社会化的重要因素。如果要建立民主平等的班级生活，教师应该学会与家长进行有效的沟通。教育要取得成功，必须依赖学校之外的力量，学校与社区要共同努力，教师与家长要共同努力，以满足孩子们的不同需要。通过成立"家长团"，在课堂教学行为之外寻找适当的资源和榜样，开展"亲子助学计划"，为孩子的发展提供多方支援，逐步形成学校、家庭、社区、学生的教育"共同体"。

二　角色疏离：教育观念的停滞与歧变

虽然教师社会化理论的基本立场认为，教师个体处于不断的成长与发展中，通过教师社会化的每一个阶段，教师通常都会比之前的一个阶段更加成熟。但有研究表明，教师在社会化过程中会遭遇角色冲突，从而引发角色疏离甚至角色退出，这一阶段通常被称为"挫折期"。[3] 这一阶段也是教师最容易发生职业倦怠的阶段。

角色冲突是社会冲突在微观层面的一种表现形态，包括不同角色扮演者之间的冲突和由于不同角色规范的不同要求而引起的个人在角色行为过程中的矛盾和冲突。[4] 教师在社会化过程中经常面临角色内冲突，一种是由于教师要应对来自不同方面的角色期望，容易造成角色行为的无所适从，一种是理想角色、领悟角色和实际角色存在着差距。有研究表明，当教师的自我意识低时，对严格的角色要求能够服从其规范，而对较松散的

---

①　联合国教科文组织国际教育发展委员会：《学会生存——教育世界的今天和明天》，教育科学出版社 1996 年版，第 110 页。

②　鲁洁：《教育社会学》，人民教育出版社 1990 年版，第 464 页。

③　[美] 费斯勒、克里斯坦森：《教师职业生涯周期：教师专业发展指导》，董丽敏、高耀明等译，中国轻工业出版社 2005 年版，第 143 页。

④　丁水木、张绪山：《社会角色论》，上海社会科学院出版社 1992 年版，第 151 页。

角色规范则缺乏自我约束力。当低的自我概念与弱的角色要求相遇时，不管角色要求与行动者的自我概念吻合抑或相悖，角色要求对行动者均缺乏约束力。① 伴随着教师遭遇社会化的挫折，教师教育观念也出现停滞或发生歧变。

教师面临的角色冲突具有一定的客观性，造成角色冲突既有社会环境方面的原因，如社会变迁、教育改革，也有他人的原因，如他人对教师的期望过高，或多重群体对教师具有不一致的期望，还有教师个体方面的原因，如角色领悟有误、角色扮演失当等。同样，面对角色冲突，既需要社会环境给予支持，针对导致教师角色冲突的原因给予相应的社会协调，也需要他人对教师角色给予合理的期望，更需要教师个体对角色冲突进行适当防范，以避免角色冲突产生，一旦出现角色冲突，教师要进行积极的调适，尽量降低角色冲突的程度。

教师的职业倦怠是引发教师角色模糊甚至角色疏离的重要原因之一。弗罗易登伯格（Freudenberger）最早提出"职业倦怠"的概念，他将职业倦怠描述为人的专业服务处于筋疲力尽的状态。马斯拉切和雅克松（Maslach and Jackson）提出了测量职业倦怠的标准（MBI），从三个心理学维度来描述职业倦怠：疲劳，缺乏个人成就感和人格解体。其中，缺乏个人成就感表达的是教师个人没有实现自己目标的感觉，工作努力没有产生满意的结果，也即认为自己的工作没有意义。同时，职业倦怠还包括情感疏离，如教师和学生的分离感，学生被看作被加工的对象和令人讨厌的东西，而不是一个有价值的人。而且，职业倦怠的教师由于自己感到失败而百般挑剔他的学生，从而形成一个抱怨机制。②

从教 10 年至 19 年教龄段的教师基本属于学校教学一线的中坚力量，明显能感觉到工作负荷过重，在过重的压力下教师容易出现发展的两极分化，一部分教师通过学习与主动建构，较快认同了部分新的教育观念，实现了自我教育观念的部分更新，可以较为从容应对日常教育实践活动，并在日常教育实践活动中寻求工作的意义，升华对工作价值的认识，并持之以恒投入精力与热情。另一部分教师在经历长时间的教学后，对学科知识

---

① 吴康宁等：《课堂教学社会学》，南京师范大学出版社 1999 年版，第 79—80 页。

② Maslach, C. & Jackson, S., "The measurement of experienced burnout", *Journal of Occupational Behaviour*, Vol. 2, No. 9, 1981, pp. 99 – 113.

已完全熟悉,对学校既有的管理模式和学生表现不满意,认为学校提供环境支持力度不足,而出现职业倦怠。还有一部分教师固守传统教育观念与学科知识体系,面对社会的迅速变迁,不断经历着传统教育观念在现实面前碰壁的尴尬与痛苦,无法应对新知识与新技能带来的冲击和挑战,因不堪重负而陷入职业倦怠,教育观念容易陷入混乱状态。

三 角色重建:教育观念的丰富与拓展

每一个社会的某一个发展阶段,都有一个普遍的以不可抗拒的力量强加给个体的教育制度,社会发展的每一个阶段都有一种占优势的教育类型,我们无法背离它而又不受到它强烈的抵制。[①] 基础教育改革,尤其是新课程改革给从教 10 年至 19 年乃至 20 年以上教龄的教师带来明显的冲击。当他们是师范生时,他们接受的是传统意义上的教育,学习和内化的是传统意义上的教育观念,但当他们为人师时,或为人师若干年后,却被要求转变传统的教育观念,这意味着教师要通过继续社会化进行角色重建,从而转变教育观念或使教育观念获得进一步的丰富与拓展。

成熟教师多数实现了既定的职业目标,志向水平开始降低,对教学专业的投入也逐渐减少,许多教师会遭遇发展的瓶颈期,部分教师还会产生职业倦怠,把自己的失败体验归因于学生的素质下降,与学生关系疏远,对学生日益严苛,抱怨学生反叛意识强,耐受挫折力弱,以自我为中心,个性张扬,学生纪律性差等。有的教师教育观念不能适应教育改革,教育观念转而变得更为保守,但也有部分教师在有压力的环境下,升华了对教育价值的认识,更加热心投入工作,取得新的成就。后者通常有分享个人教育成长经历的意愿,希望能够参与到学校组织和教师管理中,以期能够影响和帮助更多的教师。

教师教育观念的丰富与拓展需要社会提供支持性环境,从宏观层面国家政策的制定和执行,到中观层面学校的落实和保障,到教师教育的学习和培训,都会影响到教师教育观念的发展。学校和其他社会环境一样,受到他们所属的更大的社会环境的影响,学校作为教师的工作环境会影响教师的教育观念。学校文化由学校的物质文化、制度文化和心理文化三个层次构成,不同层次的文化会给教师的教育观念以不同类型的影响,物质类

---

① 张人杰:《国外教育社会学基本文选》,华东师范大学出版社 2009 年版,第 4 页。

的文化包括学校的建筑、设施设备等，作为一种客观存在，习以为常后最容易被忽视；制度文化以一系列规范性的文件存在，对教师的教育观念具有直接的影响；心理层次的文化包括学校传统、学校声望、成员间的人际关系、领导风格、领导方式等内容，对教师的教育观念具有潜在的影响。其中，学校管理人员的管理风格对教师教育观念发展的影响尤为重要。如果学校管理人员，尤其是校长没有提供支持性的环境，教师个体无论从教育行为上还是教育观念上都较难实现转变。

　　社会支持网络是对抗压力性事件的有效缓冲器。但谁是最有力的支持者？一个支持性的校长能够把教师看成有价值的同事，启发教师寻求工作的意义。有研究者指出，如果缺乏校长的支持，同事间的支持反而会提高年轻教师的压力和职业倦怠。这是因为同事间有通过制造谣言和情绪感染互相增加压力与焦虑的倾向。① 学校组织文化与校风是影响教师社会化发展的重要因素，而组织文化与校风的形成与校长的角色观与角色行为密切相关。研究认为，在交往实践的教育管理中，管理者与被管理者均为主体，它们之间是"我"与"你"的平等的交往关系，不存在领导的权威、话语的霸权。如果学校实施交往实践的教育管理模式，教师的主动性自然会被激发出来，积极参与到学校管理中。② 同时，如果校长采用专业领导方式，如经常会见教师，给予鼓舞并辅导学生的工作，那么学校的教学效果较佳，教师的专业化水准和工作热情较高。③ 所谓"公正社会"方式，是帮助个体习得价值观和态度的一种整体性策略，它整合了学习和建构两种理论观点，校长和教师要学会以一种民主的程序就学校事务进行决策，从而建立起一个高度共享的教育观念体系。④ 这种方式获得的教育观念比通过观念投射、观念澄清和观念唤醒等其他任何一种形式所获得的观念都要稳定。

　　教师角色重建还需要教育培训给予有效支持。有研究者重新界定了师

① Dworkin, A. G. & Haney, C. A. & Dworkin, R. J. & Telschow, R. L., "Stress and illness behavior among urban public school teachers." *Educ. Admin*, Vol. 26, No. 1, 1990, pp. 60－72.

② 陈大超、郑天坤：《走向交往实践的教育管理》，《教育科学》2005年第6期。

③ Gross, N. & Herriott, R. E. & Staff. *Leadership in Public School*. Hoboken, NJ: Wiley, 1965. 载周艳《教育社会学与教师研究》，华中科技大学出版社2008年版，第95—96页。

④ ［瑞典］T. 胡森编：《教育大百科全书：教育心理学》，曾琦译，西南师范大学出版社2011年版，第17—19页。

范教育的概念，将师范教育拓展至职前教育、初任教师入门指导和在职教育三个阶段，开始对初任教师进行专门的入门指导。杜威认为，当我们抛弃了外在的权威时，并不意味着继而抛弃一切权威，而是需要寻找一个更有效的权威源泉。[①] 针对初任教师的入门指导并非对职前教育的否定，相反，是在职前教育的基础上对初任教师教育观念、知识与能力的一次更新。这完全符合教育观念本身的发展规律，也是终身教育的本质所在，终身教育并非一个教育体系，而是建立一个体系的全面组织所依据的原则，而这个原则又贯穿于体系的每个部分的发展过程之中。[②] 同样，在职教育的目的也是对教师既有教育观念、知识与能力的不断超越。

如果学习和培训仅仅停留在理性认识层面，无法触及教师的教育生活和日常体验，让教师觉得"没有对象感"和"泛泛而谈"，则容易流于形式，无法被教师认同和内化。关于教育观念的培训有两种常见的范式：一种是灌输型的培训，视教师为被动的接收器，运用举例、劝说、权威等方式来传播社会倡导的教育观念与价值规范，各种培训方案所倡导的观念符合个人的、（亚）文化的、社会标准的发展要求。另一种称为价值相对论的培训，这类培训视教师为积极的建构者，从建构的观点来看，没有一种价值观是仅仅靠教育诱发而生的，个体的价值观是各种矛盾价值的统一，具体的观念可以从具体的行为倾向中反映出来，人们虽然可以表达出某种价值观，但在价值冲突的情况下却往往做出与之相反的行动。但同时，真实生活中的观念选择总是在特定的现实条件下做出的，而且这种观念选择在内容和取向上都存在个体差异。

教师教育应该贯穿教师社会化发展过程的始终，在准确诊断教师需要的基础上设计科学有效的培训方案实施教育培训，才有可能获得预期的效果。对于教育观念的改变而言，知识的迁移只是必要条件，而不是充分条件，具体到教育观念的改变，教师培训只是必要条件，让教师从理性上认同特定的教育观念，并不代表在真实的教育情景中教师会选择与认同的教育观念一致的教育行为。

综上所述，教师教育观念的发展是教师社会化的重要内容之一，在教

---

① ［美］约翰·杜威：《我们怎样思维·经验与教育》，姜文闵译，人民教育出版社1991年版，第251页。

② 联合国教科文组织国际教育发展委员会：《学会生存——教育世界的今天和明天》，教育科学出版社1996年版，第7页。

师社会化的不同阶段，从准教师在师范院校经历的预期社会化开始，到入职后的职业社会化，从初任教师成长为成熟教师，教师不断接受挑战，教师的教育观念始终处于动态发展过程中，在社会化的每一个阶段，教师教育观念发展会有不同的侧重。社会化各个阶段相互关联，师范教育阶段进行成功的社会化，确立正确的教育观念是初任教师社会化的基础，初任教师社会化成功与否关乎成熟教师的成长。教师教育观念发展没有既定的路径，不是一个阶梯，不同的人常常沿着不同的路径发展。

教师教育观念发展的过程，就是教师个体经历不同的社会影响与个人认同的交互作用的过程。在这一过程中，教师个体对教育观念的自觉与更新对教育观念发展乃至教师社会化都具有重要意义。虽然教师个体无法控制环境带给自己的影响，但作为观念的主体，每位教师都可以通过教育观念自觉，在既定的社会环境中主动寻求教育观念的更新。

第五章

中学教师教育观念的自觉与更新

　　一切认识，包括科学认识，固然都扎根和记录在某个文化、社会、历史的背景中，固然都从属于这个背景，但问题是要弄清楚这些记录、从属等都是什么，弄清认识和观念是否可能在一定程度上自主化，是否可能获得相对的解放，以及在什么条件下有这种可能。①

——埃德加·莫兰（Edgar Morin）

第一节　中学教师教育观念自觉

　　教师作为教育观念的主体，要对教育观念自觉。教师教育观念自觉是指生活在一定社会环境中的教师对自己的教育观念有"自知之明"，明白它的来历与发展过程，所具有的特色和发展的趋向。教师教育观念自觉的目的是加强对教育观念更新的自主能力，进而实现由观念自觉到行为自觉的转变。教育观念自觉对于教育观念更新而言，具有逻辑上的优先性。

　　Connelly 和 Clandinin 提出关于教师教育观念三维空间的叙事结构：运用三维立体空间，即时间、个体存在和地点，假设教师的教育观念沿着上述各方面定位，居住在一个三维里。② 首先，从时间维度而言，教师的教育观念自觉在纵向上贯穿教师社会化的不同阶段，是一个动态的无止境的过程。每个个体的经验都是连续的，我们所有的经验都是先前经验的结果，也会是下一个经验的前提。在教师社会化的不同阶段，教师需要对自

---

　　① ［法］埃德加·莫兰：《方法：思想观念》，秦海鹰译，北京大学出版社 2002 年版，第 5 页。

　　② Clandinin, D. J. & Connely, F. M. , "Personal experience methods", *Collecting and interpreting qualitative materials* , 1994, pp. 413－427.

己的教育观念形成自觉。其次，从空间维度而言，观念系统具备一定的生态自组织特征，是自主性与依赖性的对立统一体。教育观念自觉还要求教师在横向上不断突破自我封闭，时刻与社会环境交流。杜威认为："社会不仅通过传递、通过沟通继续生存，甚至可以说，社会在传递中、在沟通中生存。人们因为有共同的东西而生活在一个共同体中，交往是他们达到占有共同的东西的方法和形式。这些共同东西包括共同的目的、共同的信仰、共同的期望、共同的知识和社会学家所说的共同心理。"① 最后，从个体存在的特殊性而言，不同教师个体教育观念自觉在内容维度上具有不同的层次与内容。本书侧重从教师教育观念的五个主要维度，讨论教师教育观念的自觉。

一　对教育目的观的自觉

今天，我们正处在社会的深刻转型时期，时代赋予了教育更为艰巨的使命。如何不辱使命，做一名能引领时代发展的教育工作者，是我们必须认真思考的命题。教师专业素养的首要部分就是应该具有与时代精神相通的教育观念，并以此作为专业行为的基本理性支撑点。许多教师仍然坚持认为，教育的目的是为未来美好生活做准备。杜威认为这一观点的不良后果是"丧失动力"，助长了犹豫不决和拖延的心理，使人不得不极大地求助于利用外来的快乐和痛苦的动机。②我们提倡教育适应生活并不只是追求庸俗的急功近利的教育，真正的教育具有适应生活和准备未来生活的双重性。有研究者指出，现代性教育观的出路在于其与后现代性教育观的和合。教育作为培养人的一项社会活动，带有目的性和未来性，倡导富有个性、弹性和本土化的特点的目的性，倡导工具人与目的人统一的"生态人"的教育目的。③

教师教育目的观的实现需要经历一种由抽象价值到具体课程价值的转化，具体到每一位教师，只有认识到自己所任教学科的具体价值，才有可能在教学设计时把对教育价值的认识落实到对具体教学行为的策划中，并

---

① Dewey, J., *Democracy and Education: An Introduction to the Philosophy of Education*, New York: the Macmillan Company, 1916, pp. 4 – 5.

② ［美］霍恩：《杜威的教育目的述评》（上），吴志宏、马容根译，人民教育出版社 1985 年版，第 58—60 页。

③ 于伟：《教育观的现代性危机与新路径初探》，《教育研究》2005 年第 3 期。

进行与教育目的观取向一致的教育实践活动。当前，我国基础教育中课堂教学的目的观需要从单一地传递教科书上呈现的现成知识，转变为培养能在当代社会中实现主动、健康发展的一代新人。有研究者认为，全面发展是人类关于自身发展最崇高的理想，也是迄今对人的素质内涵最精辟和准确的表达，它汲取了生理学、心理学、社会学微观和中观的研究成果，却比这些具体学科所赋予的意义都具有更高的概括度。全面发展教育是现代教育、特别是社会主义现代教育的最根本特征。只有把素质教育定义为全面发展教育，才能表征我国教育的先进性，也才能跟世界范围的现代教育潮流契合。①

《国家中长期教育改革和发展规划纲要（2010—2020年)》则从战略高度回答了"培养什么人和怎样培养人"的核心问题，在教育目的上树立全面发展观念，努力造就德、智、体、美全面发展的高素质人才，更新人才培养观念，同时，明确提出三个坚持，即坚持德育为先，坚持能力为重，坚持全面发展，着力提高学生服务国家服务人民的社会责任感、勇于探索的创新精神和善于解决问题的实践能力。以上内容为我们教育改革与发展的法律依据和政策根据，是教育必须遵循的行动指南，具有必须执行的约束力。中学教师面对的是成长中的、充满生命活力的青少年，教师只有把"人的培育"，而不是"知识的传递"，看作教育的终极目标，他的工作才能不断地向他的智慧、人格、能力发出挑战，成为推动他学习、思考、探索、创造的不息动力，给他的生命增添发现、成功的欢乐，自己的生命和才智在为事业奉献的过程中不断获得更新和发展。②

二　对教育主体观的自觉

教师对教育主体观的自觉需要教师重新认识学生并重新认识自我，注重教育的生命价值。教育是"人为的"和"为人的"社会实践活动，是教师与学生作为独立个体围绕特定目的而展开的相互作用，属于主体间的交往范畴。没有教师与学生的交往，教育关系便不能成立，教育活动便不可能产生。教育活动是教师和学生共主体的活动，教师和学生彼此是对方

---

① 王策三：《认真对待"轻视知识"的教育思潮——再评由"应试教育"向素质教育转轨提法的讨论》，《北京大学教育评论》2004年第3期。

② 叶澜、白益民、王枬、陶志琼：《教师角色与教师发展新探》，教育科学出版社2001年版，第16—17页。

成长不可或缺的"对象性存在"。我们在提倡尊师重教的同时，也必须尊重学生、重视学习。这要求教师更新对教育主体的认识，由传统的教师作为教育的单极主体转向教师与学生共主体的认识。目前，教师的角色正在逐渐发生变化，现代师生关系需要建立在民主、平等、理解和信赖的基础上。①

杜威曾言："教育的真谛不但是新生一代适应当前的环境，还要养成他们继续不停地适应那向着未来而迅速发展的广大世界和日新月异的民主社会。"② 现代教学，同传统的观念与实践不同，突出强调使学习者成为教育活动的中心，要求教学应适应于学习者，而学习者不应屈从于预先规定的教学规则。学习者的地位和作用是确定任何教育体系的性质、价值与最终目的的重要标准。③ 教师已经越来越少地传递知识，而越来越多地激励思考；除了他的正式职能外，他将越来越成为一位顾问，一位交换意见的参加者，一位帮助发现矛盾论点而不是拿出现成真理的人。教师必须集中更多的时间和精力从事有效果的和有创造性的活动：互相了解、影响、激励、鼓舞。④ 要适应这种转变，教师角色需要发生一定的转换，即由知识的传递者转换为知识的促进者，由课堂的管理者转换为课堂的引导者。

三　对教育客体观的自觉

在教育实践活动中，教育内容的选择要同时兼顾到学生的需要和社会发展的需要。"人实际上是因为生活在社会中才成为一个人的。社会与个体这两个概念非但不是对立的，不是只会在相反的意义上展开的，而是相互包含的。社会主要通过教育对个体施加的影响在其目的和结果上都绝对不是压制个体、贬低个体和歪曲个体，而是提高个体的地位，使之成为一个真正的人。"⑤ 教师和学生的存在并不仅仅是为了传授和学习这些知识，

---

① 周南照等：《教师教育改革与教师专业发展：国际视野与本土实践》，华东师范大学出版社 2007 年版，第 6 页。

② ［美］约翰·杜威：《民主主义与教育》，王承绪译，人民教育出版社 2010 年版，第 16 页。

③ 联合国教科文组织国际教育发展委员会：《学会生存——教育世界的今天和明天》，教育科学出版社 1996 年版，第 262—263 页。

④ 同上书，第 108 页。

⑤ 张人杰：《国外教育社会学基本文选》，华东师范大学出版社 2009 年版，第 11—12 页。

这些知识如何关照到学生的日常生活世界才是它的真正价值所在。[①] 学生通过学习教育内容，不断建构自我的认知结构、道德水平和情感意识，获得自我的进一步发展。

教师对教育客体观自觉，应意识到每门课程对于学生的发展而言都具有独特的价值，即学科的育人价值。学科的育人价值建立在学生获取学科的基础性知识之上，但又超越这些硬邦邦的知识，关照到学生的生命世界与日常生活，这是教育客体观自觉的要义。

四　对教育中介观的自觉

教育手段与学习手段直接制约着教育交往的方式，通过影响教育主体作用于教育内容的深度和广度，进而影响着教育活动的成效，制约着教育发展的水平。教师只有认识到教育手段、学习手段在教育整体活动中的地位和作用，才能根据具体的教育情境和教育内容的不同特征来选择适宜的教育手段，并鼓励学生选择适宜的学习手段。毕竟，"不同的科目和不同的学习方式应该在学生的智力发育达到适当的阶段时采用"[②]。教育手段和学习手段能够衡量教师与学生交往能力水平，在历史上，从非语言阶段到语言阶段，从文字的产生到电子媒体的普及，教育手段和学习手段的每一次革新和进步，都拓展了教育活动的时空维度，使教育活动发展到了一个新的水平。随着目前信息技术的发达，加强信息技术的教学应用已经成为各国教学改革的一个重要方向。

康德的"最高实践的原则"指出，"实践的命令宣示将是这样的：你行动时，应该把人性，无论是你自己身上或者是在另一个人身上，总是作为一个目的，而永远不只作为一种手段来使用"。[③] 在目前的教育活动中，教师尤其要对教育中介观自觉，认识到自身的主体性和对方的主体性，在认同学生具有异质性的同时，还要看到不同学生的学习手段存在差异，鼓励学生结合自身特点寻求和选择适合他们自己的最佳学习手段。

对于教师而言，学生的异质性不仅指学生身心发展特征的不同，同时

---

① 叶澜：《重建课堂教学价值观》，《教育研究》2002 年第 5 期。

② ［英］怀特海：《教育的目的》，徐汝舟译，生活·读书·新知三联书店 2002 年版，第28 页。

③ ［加］约翰·华特生：《康德哲学原著选读》，韦卓民译，华中师范大学出版社 2000 年版，第 203 页。

还包括学生所运用的学习手段的差异，尊重学生的自主性同时也体现在尊重学生个体本身和尊重学生对学习手段的支配与选择上，这是教师在教育过程中进行因材施教的前提所在。教师若漠视学生和学生的学习手段，教育则有"教"无"学"，陷入"填鸭式"的囹圄，演变为单向的灌输。事实上，学生作为教育的主体之一，并非消极被动的"白板"，尊重学生的主体性，尊重学生对学习用具、学习媒介等物质性学习手段的自主选择和使用，认同学生结合自身实际对各类学习技巧、策略与方法、学习思想和理论等精神性学习手段进行甄别和运用，鼓励学生运用语言主动与教育者进行各种沟通和交流，把形成学生"主动健康发展的意识和能力作为核心价值"，[①] 这是教育过程具有生命性的最好诠释，更是教师与学生实现生命意义共享的前提条件。

五　对教育评价观的自觉

有研究者指出，目前的学生评价依然存在过分强调学业成就、评价方式单一、评价缺乏反馈和专业支持不足等现象，并提出教育工作者需要转变教育观念，用全面发展的人才观来统领学生评价的实践，综合运用多种评价方式，将纸笔考试与档案袋评价、表现性评定、日常行为观察和问卷评价等多种方法结合起来，全面而及时地揭示学生发展的真实状况，同时还要做好评价信息的准确及时反馈工作，向学生传递有促进作用的评价信息。[②] 学生评价工作的有效开展需要建立科学的评价支持系统，教育行政管理部门和学校行政管理人员要给予教师开展学生评价以积极的支持。

随着教育评价对象的范围不断扩大，评价对象的范围需要扩展到学生德、智、体等各个方面。教师教育评价观尤其要自觉转变为对教育评价功能的认识，由之前的重评优劣、分等级、排名次的甄别功能和选拔功能逐渐转向侧重评价的导向、改进、调节和激励功能，利用教育评价促进学生发展、教师提高和教学实践改进。作为教师，还要引导学生正确认识教育评价的意义，利用评价发现不足，调整努力方向。

---

① 叶澜：《"新基础教育"论——关于当代中国学校变革的探究与认识》，教育科学出版社2006年版，第250页。

② 蔡敏：《突破学生评价改革的瓶颈》，《教育测量与评价》（理论版）2011年第12期。

第二节　中学教师教育观念更新的路径

教师作为教育活动的主体之一，通过与学生的教育交往，引领学生实现社会化的成长，使学生朝着自我完善和符合社会要求的方向发展。作为教师教育行为"幕后操纵者"的教育观念，直接影响教师的教育态度、教育方式与教育策略选择，进而影响与之交往的学生的发展走向。教师建构正确的教育观念是其进行科学有效教育实践活动的前提条件。

教师教育观念是一个自主的依赖环境的系统，教师教育观念是开放的、动态发展的和未完成的，它所具有的统一性与多样性相互依存、有序性与无序性彼此促进、构成性与生成性相辅相成、自主性与依赖性对立统一的特质启示我们要运用新的框架认识和分析复杂性事物。"认识问题是每个人和所有人的日常问题。我们需要新一代的观念系统，即开放的、理性的、批评的、反思的、自我批评的、有能力自我革新的、甚至有能力自我革命的理论。"① 对于教师个体而言，如欲建构科学的教育观念，教师需要与此时此地的生态环境进行交流，这种交流不仅包括来自他者的直接反馈，如与学生、家长、同事等直接互动对象的积极对话，也包括来自教师通过阅读，与理论、文本的视界融合，还包括来自文化和社会对教师教育观念潜在的制约和无形的滋养。通过与生态环境的交流及自我批判反思，教师教育观念可以突破既有的界限，实现新陈代谢与自我更新。

被称为现代"对话概念之父"的马丁·布伯认为，"存在"并非"我"自身所具有，而是发生于"我"与"你"之间，个体"我"不应当把他者视为客体而形成"我—他"关系，而是应当建构平等的"我—你"关系，使人与世界、与他人之间构成平等的相遇，这种"我—你"关系和敞开心怀便被称为"对话"。教师教育观念的更新就是教师在不同的社会化阶段，在特定的社会环境中，通过教师与日常生活世界的互动诠释，不断地与他人互动、对话、沟通，从而使教育观念获得动态发展的过程。

---

① ［法］埃德加·莫兰：《方法：思想观念》，秦海鹰译，北京大学出版社2002年版，第269—279页。

鉴于教师教育观念是一个多层次的系统，文化、社会和个体本身共同构成观念系统的"生态环境"，以下从教师教育观念系统的微观生态环境出发，分析教师教育观念更新的可能路径。

如果要构建正确的教育观念，不同社会化阶段的教师首先要与实践"对话"，反思日常教育实践的情境与事件，深刻洞察和审视自己的教育观念；要与理论"对话"，研究学习先进的教育理论知识，汲取先进教育理论的力量；与自我"对话"，澄清自己既有的教育观念；要与他人对话，包括与学生"对话"，反思教育交往模式，汲取学习共同体的力量；与同事"对话"，探究共同关心的话题，汲取职业共同体的力量；要与家长"对话"，寻求家长的有效参与和支持，汲取教育共同体的力量。

一　与实践对话，反思日常教育实践

教育活动本身是一个需要不断进行阐释性思考和行动的实践，教师主动体验教育生活，或者反思自己的体验都是教育实践。充满智慧的反思本身就是一种经历，是一种感知或赋予其反思的经历，并且能给教师的日常行为和经历赋予一种关心的、思维的品质[①]。日常教育实践本身就是思考和行动交织的过程，教师与实践对话，主动反思日常教育实践活动的具体情景和特殊事件，可以更深刻地洞察和审视自己的教育观念，发现既有的教育观念如何支配自己在日常教育实践活动中的行为——哪些观念是合理的，应该学习或坚持；哪些观念是不合理的或错误的，理当改进或摈弃。

"实践智慧是一种与正确计划相联系并坚持正当行为的践行能力，而这种践行的对象是那些对人善或不善的事物。因为制作在自身之外尚有别的目的，但践行却不会是这样，因为良好的践行本身就是目的。"[②] 与日常教育实践"对话"，需要教师自觉审视自己的日常教育实践活动，成为自己日常教育实践活动的研究者，对特定教育情境之下自己与学生的互动进行反思与分析，注重自己的真实体验并反思其合理性，关注自己的教育观念在具体情境中的动态生成以及如何转换为教育行为并对学生产生影响。

---

① ［加］马克斯·范梅南：《教学机智——教育智慧的意蕴》，李树英译，教育科学出版社2001年版，第273—274页。

② ［古希腊］亚里士多德：《尼各马可伦理学》，苗力田译，中国社会科学出版社1990年版，第1140A30—1140B11页。

教师教育观念重建需要植根于教师的日常教育实践，关注教师在日常教育实践中如何内化为教育观念，教育观念如何外化为教育行为，教师教育观念在自己的教学实践中如何实现内化的过程。[1] 制约和影响转变教学观念的因素是个综合系统，活生生的教学实践不仅是生长和创造新的教学观念的沃土，而且它最终必然是检验教学观念是否转变的唯一标准。[2] 教师唯有具备理性的自觉，对日常教育活动进行积极的自我反思、体验和感悟，才能批判分析既有教育观念的合理性，才能检验陆续更新的教育观念的合理性。

二 与理论对话，汲取先进教育思想

在教育研究界和教育实践的日常经历之间存在一条鸿沟，作为日常教育的实践者，教师对日常教育实践如课堂教学、师生交流、教师言语行为、教案设计等的运作方式与规范体系之间存在一种发展张力——他在现有理论体系中加入自己的策略，在细微之处呈现了自我兴趣与欲望，有时候，是潜在的和非正规的教育理论指导着教师的教育实践。[3] 如何使这种张力获得良性发展，将这种张力引向教师教育观念的更新，教师与理论"对话"，研究学习先进教育理论的思想，将先进教育理论的思想融入自己的日常教育实践是必然的选择，这就如同在学术性文本和自己的生活之间建立起一座桥梁。

身处特定的文化、历史和周围的具体环境中，教师往往容易对周遭事物形成"刻板影响"。与理论对话，在一定程度上是教师自身与文献作者的对话。通过研究和学习，教师可以运用先进理论批判审视自己的日常教育实践，可以看到对习以为常事件的不同解释。在日常教育实践活动中，教师经常会遇到观念系统内部的矛盾和冲突，如儒家文化传统强调群体意识、忽视个体价值的教育主体价值观遭遇西方交往哲学的主体间性，这时就需要转换立足点，通过学习先进的教育理论来反思既有教育观念的合理性。

建构主义理论认为，个体通过图式的形成和变化获得认知的发展，个

---

① 叶澜：《重建课堂教学价值观》，《教育研究》2002 年第 5 期。

② 杨启亮：《转变教学观念的问题与思考》，《教育科学》2000 年第 2 期。

③ 丁钢：《教育与日常实践》，《教育研究》2004 年第 2 期。

体的认知发展受三个过程的影响：同化、顺化和平衡。在具体的研究学习过程中，教师教育观念系统内部会发生一系列的变化，首先是同化新的教育观念，对新的教育理论思想进行过滤或改变，并将其纳入自己原有的观念体系之中；其次，调节自己既有的观念体系结构，适应新的教育观念进入，当新的教育观念不能够顺利进入时，教师还要对既有的观念进行修改或重建；最后使得教育观念系统达到新的平衡状态。至此，教师运用原有经验对新教育理论思想进行了自己的意义阐释，完成了对先进教育理论思想的意义建构。

教师具备了对先进教育理论思想的理性认识后，还需要在自己的日常教育教学实践活动中践行这些教育观念，现实的教育实践能否体现教师新建构的教育观念，是衡量教师与理论对话成功与否的标志。

三　与自我对话，反思既有教育观念

建构主义理论关注社会个体如何以原有的经验、心理结构和信念为基础来建构现实，重视实践活动中个体的主体性作用，重视个体面对社会具体情境所进行的意义建构。教师教育观念的更新有两个方面的内涵：一方面是对原有教育观念的改造和重组；另一方面是对新教育观念的意义建构。教育观念深深植根于文化和日常社会生活中，如果教师不对教育观念进行有意识的反思，往往意识不到它正确与否。有研究表明，一般而言，操纵教师如何教学的最有意义和最根深蒂固的影响，均是源于他作为学习者所获得的教学形象、模式和概念[1]。与自我进行"对话"，澄清既有的教育观念，对既有的教育观念有明确的认知，是教师教育观念自觉的首要环节，也是教师教育观念更新的逻辑起点。

教师要批判反思自己既有的教育观念，以自己为对象展开元认知思维，不断重新建构新的教育观念，即通过元认知思维，自我向内探索，将自己既有的教育观念析出、解构，并深入分析影响自身教育观念的内外部因素，从而合理取舍，建构新的教育观念。教育哲学的任务并不是把对立的思想派别调和起来，寻求中庸之道，也不是挑选出各派的观点，加以归并组合，教育哲学的任务是需要引导出一套新的概念，以指导新的教育实

---

① ［美］布鲁克菲尔德：《批判反思型教师 ABC》，张伟译，中国轻工业出版社 2002 年版，第 61 页。

践。个人的教育观念亦是如此，不是把自己既有的教育观念和社会倡导的教育观念进行调和，也不仅是选取部分既有教育观念与社会倡导的教育观念进行杂糅，而是在反思既有教育观念的基础上观照日常教育实践。

四　与他人对话，汲取共同体的力量

（一）与学生对话，汲取学习共同体的力量

"没有了对话，就没有了交流；没有了交流，也就没有了真正的教育。"① 在教育过程中，教师和学生作为教育中的主体性要素，在课堂生活中的交往影响着双方的成长。"师徒是人类古老的共舞舞伴，教学的一个伟大收益就在于它每天都提供给我们重返这古老舞池的机会。这是螺旋上升地发展的代际舞蹈，在此过程中，长辈以他们的经验增强晚辈的能量，年轻人则以他们新的生机充实、激发长者，在他们的接触和交流中重新编织人类社会的结构。"②

苏霍姆林斯基认为，"常常以教育上的巨大不幸和失败而告终的学校内的许许多多冲突，其根源在于教师不善于与学生交往。"③ 教师期望效应是教师教育观念影响学生的重要机制。教师期望效应指的是教师的期望和学生接受教师期望的结果，它可以使学生修正自我态度，产生符合教师期望的行为表现。同样，在教师与学生交往过程中，学生对教师的角色期望也是引起教师自我实现预言的重要力量，教师从与学生的交往中获得的自我形象，影响教师个体的自我概念、成就动机和抱负水平，从而间接地影响教师的教育观念。

"教师首先应该是研究者。他们所面对的不再是小学生，而是成熟、独立和精神已有追求的年轻人。"④中学生通常介于13—18岁，他们的智力发展达到了顶点，自我意识也显著增强。作为社会未来成员，中学生的

① ［巴西］保罗·弗莱雷：《被压迫者的教育学》，顾建新等译，华东师范大学出版社2001年版，第41页。

② ［美］帕克·帕尔默：《教学勇气》，吴国珍等译，华东师范大学出版社2011年版，第103页。

③ ［苏］彼得罗夫斯基·A.B.，施巴林斯基·B.B.：《集体的社会心理学》，卢盛忠译，人民教育出版社1984年版，第174页。

④ ［德］雅斯贝尔斯：《什么是教育》，邹进译，生活·读书·新知三联书店1991年版，第145页。

元学习能力和科学研究能力的培养，独立思考能力和批判反思精神的养成，均向教师提出了挑战。与学生进行"对话"，意味着教师需要反思在教育活动中自己与学生的交往模式，是以教师为中心呢？还是以学生为中心？抑或以教材为中心？反思自己是否尊重学生在教育实践活动中的自主性，是否能意识到不同学生的学习手段存在差异，是否尊重学生对学习手段自主选择等。

事实上，教育交往具有主体间性，教师与学生是学习共同体，双方是一种完整意义上的交往关系。在教育活动中，教师与学生以"共主体"为中心，进行平等的对话，彼此共同塑造相互间的关系。教师作为社会代表者出场，其社会本质因学生在教育活动中的成长得到认可和证实。

教学中存在两种最难对付的真相，一是除非教师把教学与学生生命内部的鲜活内核联系起来，与学生内心世界的需要联系起来，否则永远不会"发生"教学，如果我们忽视了对学生内心世界的引导，就根本不会有改变人的优秀教学；二是只有教师能够与自己的内心对话，才有资格说教师深入了学生的内心中。心灵深处直面心灵深处才产生共鸣，如果教师不能发出内心深处的声音，就无法听到学生内心深处的声音。教师教育观念深深镶嵌于与学生教育交往的具体情景中，学生和教师对同样的行动有不同的解释。教师要理解、感知和聆听学生的需要，与学生进行"对话"，体验具体的教学情景对于学生的意义，了解学生对于自己的看法，倾听学生的意见，透过学生的眼睛"俯视"教育交往中的自己，观察"熟悉而陌生的自己"，从而洞察隐藏在自己行为表现背后的缄默的教育观念及时调适不合理的教育观念，摒弃错误的教育观念。

（二）与同事对话，汲取职业共同体的力量

现实是共同联系的关系网，我们只有存在于这种共同联系中才能认识现实。"在真正的共同体中，连接着我们关系的核心是重要的主体本身——不是亲密性，不是公民性，也不是问责性，而是活生生的主体的力量。当我们试图去了解真正共同体的主体时，我们就展开各种复杂形式的沟通——分享观察和释义，互相纠正和补充，一时因论争而分开，但接着又因达成了共识而结合。真正共同体绝对不是线性的、静态的、分等级的，而是圆形的、互动的、动态的。"①

尽管教师的教学风格是个人化的，教师在教育实践活动中多处于孤立的状态，但就教师的社会化发展而言，教师建构合理的教育观念、发展其专业知识与能力不能完全依靠个人的努力，经常需要他人，如校外专家或其同事的帮助与合作。② 在一个教学群体中，教师或拥有不同的学科专业背景，或拥有不同类型的知识结构，或具备不同的个人特质，或承担不同类型的科学研究任务，年龄、教龄、个人生活经历等都不尽相同，教师必须意识到同事作为职业共同体的价值。"正如交响乐团运用不同乐器音响的交响演奏成一曲交响乐那样，在这个'和而不同'的共同体中，每一个人通过亲力亲为的探究，形成与我共生的众多异质的他者的关系，从而构成了自我参与其中的共同体。"③

在日常教育实践活动中，教师会遭遇类似的教学情境和问题，这给教师之间相互合作、从各自不同的角度解决问题提供了机会。创设一种相互尊重的、民主的对话氛围，将大家在日常教育实践活动中经历的共同主题，如学生厌学、教学失控、科研积分差、社会服务项目无法推进等作为讨论焦点，积极主动与同事进行对话。如同事在讨论日常教育实践活动中遇到的具体事件时，教师可以反思自己对此类事件的教育观念和可能的行为反应，同时与同事的教育观念与行为进行对照。这种对话越是深入，就越能够促使教师对自己的教育观念进行内在探寻，对自己在日常教育实践活动的行为进行批判思考，并不断生成对教育实践活动更为全面和深刻的认识。

（三）与家长对话，争取教育共同体的力量

作为"学习共同体"的学校，不仅是学生间相互合作共同学习的学校，也是教师作为教育专家合作的相互学习的学校，还是家长和市民参与学校教育合作的相互学习的学校。学校教育是一个复杂的系统工程，需要全社会的广泛支持和参与，更需要家长的理解、关心和支持。因此，把家长当作教育的伙伴，寻求家长的有效参与和支持，是教师教育观念更新路

---

① ［美］帕克·帕尔默：《教学勇气》，吴国珍等译，华东师范大学出版社 2011 年版，第103 页。

② 李德显、杨淑萍：《日本教师文化研究》，辽宁大学出版社 2008 年版，第159—160 页。

③ ［日］佐藤学：《学校的挑战——创建学习共同体》，钟启泉译，华东师范大学出版社2011 年版，第214 页。

径的重要方面。

苏霍姆林斯基说过："生活向学校提出的任务是如此的复杂，以致如果没有整个社会首先是家庭的高度的教育学素养，那么不管教师付出多大的努力，都收不到完满的效果。"① 有研究指出，家校沟通是指学校与家庭之间关于学校计划及学生的进步方面的沟通。② 只有学校与家庭之间建立有效的沟通平台，教师与家长之间建立良好的"对话"机制，才能够形成教育的最大"合力"。仅就此次对 A 班的研究而言，在家庭教育与学校教育之间存在着显著的张力。如果家庭与学校之间缺乏有效的"对话"，家长与教师教育观念遵循着不同的价值走向相互分离甚至冲突，将会导致学生自身和谐统一的教育生活世界被破坏，出现所谓的"5 + 2 = 0"的情形。

大规模的社会化从家庭开始，阻止了意识和良心的发展。达到自主性要求以受压抑的经验向度重新恢复为条件；它们的解放要求以抑制在这个社会中组织生活的不自主的需求和满足为条件。③ 教师需要怀着对家长保持开放的、信任的和期望的态度，积极与家长"对话"，获悉学生作为"孩子"的身份在家庭中经历的社会化历程，以关注到具有差异性的学生的不同需要并给予适当的引导。同时，教师还可以就学生在学校的表现与家长交流，家长借此则可以开展更好的家庭教育，双方形成合力，对纠正学生的偏差行为、引导学生健康成长具有重要意义。

米尔斯认为，社会学视角使我们能够把握历史和人生阅历之间的关联。④ 通过社会学视角的分析，能够在"个体的特殊体验"与"更为广泛的社会事件"之间建立起某种实质性关联，有助于人们在更为广阔的社会背景下认识和理解个人在具体事件中所蕴含的文化脉络。社会学视角强调人们的社会经历是其行为的基础，是人生阅历和历史的横切面，其意图

---

① ［苏］苏霍姆林斯基：《给教师的建议》，杜殿坤译，教育科学出版社 1984 年版，第 397 页。

② Epstein, J. L., "School/Family/Community partnerships: Caring for the Children We Share", *Phi Delta Kappan*, No. 5, 1995, pp. 701 – 712.

③ ［美］赫伯特·马尔库塞：《单向度的人：发达工业社会意识形态研究》，刘继译，上海世纪出版集团 2011 年版，第 194 页。

④ ［美］詹姆斯·汉斯林：《社会学入门：一种现实分析方法》，林聚仁译，北京大学出版社 2007 年版，第 4 页。

在于对社会行动进行阐释性的理解，从而对社会行动的过程及结果予以因果性的解释。人的社会化是生物人成长为社会人，并适应社会生活的过程。在此过程中，一方面，个体通过学习过程逐步内化为社会普遍的价值标准；另一方面，社会环境透过不同层次的因素影响和作用于个体思想观念、心理特征和行为方式。

　　事实上，教师的教育观念是自主的依赖环境的系统，一旦教师的教育观念系统形成，如果观念所处的系统不发生改变，教师教育观念也很难发生转变。如果要实现教育观念的更新，教育观念所处的社会环境需要予以支持。正如恩格斯所指出的："每一个时代的理论思维，都是一种历史的产物，在不同的时代具有非常不同的形式，并因而具有非常不同的内容。"① 在教师教育观念更新的过程中，国家作为宏观水平层面的社会支持者，需要在教育政策制定、教育体制转变、教育领域改革等方面为教师教育观念更新提供引导和支持。同时，作为教师身处的中观社会环境，学校需要营造开放、民主的文化氛围，为教师教育观念更新提供有效的中观社会支持。教师教育部门需要系统设计教师培训，采取有效的培训形式与有针对性的培训内容，使教师教育培训切实观照到教师的日常教学实践，纵向上贯穿教师社会化发展的各个阶段，横向上契合教师教育观念系统发展的多重需要。

---

① 《马克思恩格斯选集》第 4 卷，人民出版社 1995 年版，第 284 页。

附录 1

书信与日记（节选）

主题：请教老师——研究题目聚焦与研究方法选择

李老师，您好！

自春节以来，一直没和您联系，主要是因为关于论文题目和研究方法没有比较成形的思考，怕打扰老师，还恳请见谅。

近两个月来，结合开题报告，重新仔细研读老师的《课堂秩序论》、费孝通老先生的《江村经济》、陈向明老师的《质的研究方法与社会科学研究》和丁钢老师的《教育叙事研究》，渐渐澄清了两点想法：一是将研究题目聚焦师生互动，从师生互动这一最基本的交往活动出发寻求教师行为背后所隐匿的教育观念，包括其教育目的观、教师角色观、学生观、教育方法观、学习方法观、教育评价观等方面，进而对教师教育观念与教育行为实然情况进行深描和解释。二是选择质的研究方法进行研究，通过深入课堂生活，观察师生互动的情境与过程，同时进行深度访谈和实物分析。

初步设想高考前后（高考前 2—3 周，暑假期间，高三开学 2—3 周）进入研究现场，因为这段时间是各种社会因素和个人因素最为交织的时期，师生互动也相应更加复杂多元与意味深长。

李老师，不知不觉中博士已经读第三年了，自知时间金贵。想到马上要毕业，心里着急却并不慌乱。着急是因为一直在工作，虽然之前在学校待了一年半，但毕业几年来没能静心读书，上学后发现亏空太大，反而更加求胜心切，于是舍本逐末，一度陷入压力危机，状态坏极了，极度怀疑自己，几近抑郁，得亏有您和杨老师用心良苦，循循善诱，给我引导，才让我静下心来。不慌乱是因为自己一直对读博心怀虔诚，渴望通过此次历练获得蜕变，真正步入自己梦寐以求的研究领域，特别是关于研究方法的规范训练，批判反思习惯的真正养成。这样想来，之前的弯路就当是自己的教训了，虽然代价有点大，但因为是自己走的路，自己更要负责任。只是恳请老师多保重身体，不要因为我的事情上火着急。

今天先写到这里，随后我打电话过去征求老师的意见。

春天来了，愿老师全家开心快乐！

学生：海芳

2013 年 3 月 31 日

李老师回复：关于研究题目聚焦与研究方法选择

时间最好放在比较稳定的时间段里。这样会贴近正常的教学生活。高考时是各年级复习考试的时候，恐怕学校安排比较紧张，不一定容易联系。

你看情况定吧！

2013 年 4 月 5 日

论文日记之研究背景

2013 年 4 月 8 日

记得当时开题报告初稿给李老师看时，老师说，为什么要限定在新课程改革背景下进行研究？当时懵懂，没有清晰回答老师的疑问。等看书之后，才渐渐发现，教师的教育观念与教育行为的研究岂是一次课程改革就可以作为分界线研究的呢？同时，新课程改革还在进行中，其理念先进与否，做法妥当与否，还都在争论中，如何能用一个待定的事物作为论文出发的大背景呢？

最近与言讨论，多次争锋，倒是澄清了许多问题。一是研究背景要充分的开阔，至于中国社会当下的深刻转型只是背景之一，昨晚看费老先生的《江村经济》，以一个小村落生活的基本方面，如生丝价格下跌、婚龄推迟、口粮不足等看到世界格局的变迁、技术革命的发展、社会变迁对中国的影响等，以小见大，真是羡慕极了！二是分析问题的理论工具要充分掌握，体现在论文中就是要不着痕迹地自如运用，而不是像自己以前那样，为了理论而理论，生搬硬套，泛泛而谈，无法做深入浅出的分析。论文就像夹生饭，米是米，水是水。当然这需要非凡功力的。费老就举重若轻，他的论文，通俗易懂，深刻有趣，没有生僻机械的词语，全是自然肺腑之言，看了让人忌妒（连他的导师也有这种感觉）！三是进一步体会到了，一种理论就是一种视角，没有丰厚深刻的理论储备，就看不清问题，没有思路，极像身处大雾中，四周茫茫一片。想起高中时晨起在雾中跑步，听到有脚步声时远时近，却只能看到自己。

所以这次论文，要充分开阔研究背景，认真研读理论工具，慢慢来。

论文日记之分享

2013 年 4 月 18 日

今天霍老师从大连回来，见面后，聊得很开心。一来是给她接风，为她完成博士论文庆祝；二来是听她讲述做博士论文的心得体会。更多的是，好久没见了，真心想念。

听她一席话，自己受益良多。她从北京师范大学访学时就开始了资料储备和积累，分门别类建立标签将资料进行了电子化储备，据她说，当时抱着一摞一摞的书，看见有用的就摘下来，储备了大量的资料。这一块的内容自己现在正在做。

关于研究方法，她说到了我的心坎里。她说，读博期间认真扎实掌握一门研究方法是多么重要的事情，亲自设计工具，根据实际情况不断修正，数据回来后，录入、分析过程中又重新审视数据，工作量巨大，但收获颇丰。而且这次通过深入生活做研究，感慨良多。看来搞教育的就要深入教育生活实践，从实践回归理论写作后，笔墨里有自己的思想，有充沛的感情。这和使用别人的资料感觉完全不同。论文初稿完成后，23 万字，感觉就像自己的孩子一样，一个字都不舍得删减。我能想象到那种感觉。

她说，博士论文凝结了很多人的汗水和辛苦。导师、老师、家人、同学、同事、朋友和所有被访者，这样的好。我们一起走过，真好！

我祝福她，亲爱的朋友，越来越好！

论文日记之"中国人"研究

2013 年 4 月 22 日

看陈向明博士学位论文《旅居者和"外国人"——留美中国学生跨文化人际交往研究》，论文的主要理论为人际关系理论，自己看了也非常受益，发现许多理论需要狠狠补课。一口气买了好多"中国人"的书——《中国人的性格》《中国人的观念与行为》《中国人的价值观》

《中国人的心理》等。回来后才发现有一部分正是自己在辽师图书馆港台书籍阅览室手抄的内容，心下喜悦，当时看着就心动，下午的阅览室只有我一个人，奋笔疾书，老师看了微笑，说，明天也开，不用着急。她不知道，第二天一早我就回到太原了。

之所以看该系列的书，是因为透过师生互动分析教师教育观念和行为，除了要对社会互动理论、人际交往理论进行深入解析外，还有一个最重要的理论前提，那就是对中国人的观念与行为、价值观、心理等进行分析。逐步了解后更坚信了这点。特别是中国传统文化对每个人的观念与行为的规约，对社会互动双方观念与行为的规约。这些内容目前只是粗略地看，其实是需要深入思考、分条梳理的。

总觉得目前自己的思想还处在混沌状态，极像练气功的人，浑身是气，形散且游离。昨天整理傅维利老师《重大教育问题研究》的课堂笔记，看到理论分析工具时，说找到先进的、合适的理论，确定理论分析框架后，要一板一眼往下深入，这"一板一眼"给了自己很好的启示。回想自己之前用到过交往理论分析教育要素，之所以费力花好多工夫，就是因为舍本逐末，没有吃透理论，知道点皮毛就舞弄，没有一板一眼地进行深入分析。很多路，都是走过才知道深浅。

很幸运，自己选择读博，主动要一个化蛹成蝶的蜕变。无论多痛，我都愿意。

论文日记之复杂性

荆雯：

刚才看到有鸽子栖在斜对面的楼顶上，大部分是白色的，也有灰色的。偶尔还有喜鹊掠过。

昨天重读了费老先生的《江村经济》，陈向明老师的是无论如何也没有看完，到现在只读完了四篇序言和论文的第一部分：背景——研究者的故事。第二部分：中景——被研究者的故事和第三部分：远景——思考的故事只能慢慢读下去了。至于她的《质的研究方法和社会学研究》和我所做的课堂观察，倒是读书的时候时时想起，却还没有来得及浏览。

之所以要读费老的论文和陈老师的论文，是想学习他们的研究方法。前者是社会学田野调查的典范，后者是国内质的研究的标杆。昨天重读费老先生的论文时，看到了去年此时咱俩一起读书做的笔记，心中一直感觉温暖，于是又在旁边做了批注。

前几天看复杂性理论，整个人着了魔。复杂性思维是一种新的认识论和方法论，自己看了很受启发，颠覆了之前的很多观念，特别是二元论、有序性和确定性，并因此重新读《哲学的故事》，连你姐夫都开始看《开放的社会及其敌人》。复杂性我主要读了埃德加·莫兰的《复杂性思想导论》《方法》的其中一卷和尼古拉斯·雷舍尔的《复杂性——一种哲学概观》，后者是吴彤翻译的，译得很好。如果你喜欢，我就发部分笔记给你看，或者买书给你寄过去。

还有，最近看网易公开课《人性的哲学与科学》，看到了第六课，消化得很慢，但很精彩。

你姐夫昨天看到了我给你写信，打趣说，你俩这样写信，日后可以出一本《书信往来集》，我想，可不是呢！

荆雯，你的论文都要定稿了吧，不知道用到了哪些研究方法和理论工具，你有空儿时就写信来，告诉我你论文写作过程中的感想。我很想听，就像坐在你对面唠嗑，深夜两点了还不困。反而越来越兴奋。

2013 年 11 月 13 日

论文日记之给 L 老师的信

L 老师：

您好！

您能答应接受访谈，我不胜感谢！去年进行课堂观察您前前后后给我张罗联系，我就想等论文初稿出来先给您看，并好好谢您。没想到前段时间和导师深入交流论文，又增加了"教师的教育观念发展历程研究"的叙事研究，知道您工作忙，我抱着试试看的心理给您发信和打电话，没想到您爽快答应，真是太感谢了！

L 老师，此次访谈主要想听您讲讲接受师范教育以来教育观念的发展和演变历程。我估计 20 年了吧，这期间，随着您个体生活经历的变化、耳闻目睹事件影响，您对教师角色、学生、课程、教育手段、学习手段等方面认识和观念一定经历了复杂的变化。围绕这个主题，我设计了访谈提纲，详细内容还请 L 老师查看邮件的附件。

L 老师，此次访谈的内容我将整理并归类进行理论分析，所有围绕该部分的研究成果发表前都会请您先阅读，所有研究成果您都可署名和使用。研究的主要目的就是通过对教师个体教育观念的变化历程和影响因素分析，为有类似经历的师范生、处于不同成长阶段的教师提供了解自我教育观念、建构科学教育观念的经验借鉴，为师范教育、教师培训、学校管理等提供理论依据。

　　关于访谈地点和访谈时间，看您的时间安排。

2014 年 5 月 26 日

附录 2

中学教师教育观念访谈提纲

L 老师：

您好！

非常感谢您接受这次访谈。此次访谈主要想请您谈谈接受师范教育以来，您个人的教育观念，特别是对教师角色、学生、课程、教育手段、学习手段等方面认识的发展历程。研究结果将形成"教师的教育观念发展历程"的叙事研究，为有类似经历的师范生和处于不同成长阶段的教师提供反思自我教育观念、建构科学教育观念的经验借鉴，为师范教育、教师培训、学校管理等提供理论依据。

围绕这个主题，我初步设计了开放式的访谈提纲，供您参考。

一、接受师范教育之前，您对教育有怎样的认识？

（一）报考师范学院之前，您是如何认识教师这一职业的？

（二）当时报考师范学院的初衷是什么？

二、在师范教育期间，您形成了怎样的教育观念？

（一）在师范学院理论学习期间，您对教育（教师、学生、课程、教育手段、学习手段）形成了怎样的认识？

（二）在进行教育实习过程中，您对教育的认识与理论学习期间相比是否发生了变化？

（三）师范学院毕业时，您形成了怎样的教育观念？

三、参加工作后，您对教育的认识发生了怎样的变化？

（一）刚参加工作时，实际的教育活动与您之前对教育的认识是否有差别？若有，体现在哪些方面？您是如何应对的？

（二）参加工作多长时间后，您就适应了教育教学活动，并形成了自己的教学风格？当时您对教育各个方面（教师、学生、课程、教育手段、学习手段）是如何认识的？

（三）请问参加工作后您还参加了哪些类型的专业学习和教师培训？这些学习和培训给您的教育观念带来怎样的变化？

（四）您曾荣获太原市和山西省的"优秀班主任"荣誉称号。请问担任班主任后，尤其是连续担任几届班主任之后，您对教育各个方面（教师、学生、课程、教育手段、学习手段）的认识发生了怎样的变化？

（五）您如何评价新课程改革？您认为新课程改革前后，我们的教育模式发生了哪些根本性的变化？在执行课程改革的过程中，您遇到过哪些挑战，是如何应对的？

（六）是什么样的因素或事件促使您采取了小组合作教学模式进行教学？您认为小组合作教学较之于常规大班级同步教学，具有什么优势和不足？您对小组合作教学的认识在不同阶段发生了怎样的变化？

四、教师教育观念的理论思考

（一）如今您已是高级教师，教龄已有20年了，如果请您将自己的教育观念发展历程进行阶段划分，您会将它划分为几个阶段，划分的依据是什么？您认为每个阶段的教育观念分别有什么样的特征？

（二）有研究认为，教师教育观念是影响教师专业发展的重要因素，您如何评价这种看法，请结合您的个人经历谈谈您的感想。

（三）您认为应该如何建构科学的教育观念，作为观念主体，教师自身应该付出怎样的努力？师范学校、任教学校乃至各级各类教师培训机构应该提供怎样的外部支持？

附录 3

中学教师教育观念调查问卷

问卷编号：【 　　 】

尊敬的老师，您好！

非常感谢您参与这次问卷调查。这次调查的目的在于从整体上了解当前教师的教育观念。调查用于教育研究，不作商业用途，不署名，不对外公开。我们诚恳希望得到您真实的回答，您的热忱参与对于我们至关重要。

问卷分为两部分，填答约需要 20 分钟，问题的答案无所谓对错，请在您认为最恰当的选项上打"√"或在"（ ）"填写选项对应的数字（多选题在题目后有注释），请不要漏填。

第一部分　基本情况调查

性别：（1）男（2）女

教龄：（1）1 年以内　（2）2—4 年　（3）5—9 年　（4）10—19 年　（5）20 年以上

职称：（1）三级教师　（2）二级教师　（3）一级教师　（4）高级教师

职务：（1）无　　（2）班主任　（3）教导主任　（4）校长

学历：（1）中专以下　（2）专科　　（3）大学本科　　（4）硕士以上

所在学校：（1）初中　（2）高中

所教科目：_____

所在省份：_____省（自治区、直辖市）

地区：（1）农村　　（2）县级市　　（3）大中城市

第二部分 正式问卷

1. 您认为学生通过教育可以获得最重要的是什么？（　　　　）

（1）道德观念、合作意识、正义感等基本素质

（2）基本的生活习惯、自立、自律能力

（3）教学大纲规定的学科知识

（4）探索未知领域的学习方法、解决问题的方法

（5）个性和才能的发现、发展与外化

（6）科学和艺术的基本素养

2. 您认为教育最能促进学生哪方面的发展？（　　　　）

（1）学生对于知识和技能的掌握

（2）学生的思维、判断能力的提高

（3）学生良好的态度和品质的培养

（4）其他

3. 您认为作为教师最需要的品质是什么？（　　　　）

（1）具有洞悉学生的观察力和理解力

（2）具有引导学生成长的人格特质

（3）对教育活动充满热情

（4）具有所教学科的专业知识

（5）其他

4. 您认为教师在教育活动中扮演了怎样的角色？（　　　　）

（1）知识的"传递者" （2）知识的"促进者"

（3）课堂的"管理者" （4）课堂的"引导者"

（5）学业的"评价者" （6）其他

5. 您认为现在的中学生最显著的特点是什么？（　　　　）

（1）以自我为中心 （2）学习能力强，知识面广

（3）有强烈的反叛意识 （4）自控能力弱

（5）耐受挫折力弱 （6）个性张扬，喜欢与众不同

6. 您认为好学生的主要标志是什么？（　　　　）

（1）对学习有浓厚兴趣 （2）考试成绩好

（3）品行端正，行为习惯好 （4）身心健康

（5）比较听话，守规矩 （6）具有创新思维

7. 您认为学生应该如何对待学校的权威和秩序？

	同意	基本同意	不太同意	不同意
（1）学生应该服从教师的管理				
（2）学校规则虽然麻烦，但学生还是应该遵守				
（3）世界是竞争的，学校里学生之间有竞争很正常				
（4）教师按成绩优劣给学生排座位是理所当然的				
（5）社会是合作的，学校需要培养学生的合作意识				

8. 您认为学生在学校感到痛苦的事情是：（　　　　　）（10 项中，只要情况符合即可选择）

（1）上课时间太长　　　　　（2）课外活动时间太短

（3）和老师交流的时间少　　（4）教学方法单调

（5）教学内容枯燥　　　　　（6）考试频繁

（7）以考试成绩排名　　　　（8）学校里受限制和约束的事太多

（9）没有朋友　　　　　　　（10）在学校里不被重视

（11）其他＿＿＿＿＿＿＿　（12）学生没有什么痛苦的事

9. 您认为教师与多数学生是怎样的关系？（　　　　　　）

（1）合作关系　　（2）对立关系　　（3）顺从关系

（4）强制关系　　（5）其他

10. 如果教师对待学生不公平，会影响到学生的哪些方面？（　　　　）

（1）学习兴趣　　（2）学习态度　　（3）学习成绩　　（4）心理健康

11. 关于您所教的课程，请回答下列问题：

	非常重要	比较重要	不太重要	不重要
（1）您所教的课程对于提高学生的思维能力				
（2）您所教的课程对于提高学生未来的工作效率				
（3）您所教的课程对于提高学生未来的生活能力				
（4）您所教的课程知识对于社会来说				
（5）您所教的课程对于学生将来升学				

12. 您通常会提问学生哪一方面的问题？（　　　　　　）

（1）侧重对基础知识的讲解与拓展的问题

（2）侧重对所授内容进行迁移与拓展的问题

（3）针对课堂的特点有针对性地设计

（4）（1）和（2）兼而有之

13. 您认为目前学生所学知识的难度对于他们来说：（　　　　　　）

（1）难度较大　　（2）比较适中　　（3）比较容易

14. 您所在的学校配备哪些现代化的教学手段？（　　　　　）（多选）

（1）计算机　　（2）投影仪　　（3）录音机　　（4）DVD 机

（5）电视机　　（6）其他

15. 请选择您在教学中经常使用的教学资源形式：（　　　　　）（多选）

（1）演示文稿（PPT）　　　（2）音频文件　　　（3）视频文件

（4）图片　　（5）动画　　（6）网页　　（7）其他＿＿＿＿＿

16. 您认为现代化的教育手段对教学有什么影响？（　　　　　　　）
（多选）

（1）形象、直观、生动、活泼，能够更好地激发学生的学习兴趣

（2）丰富了教学形式，提高了教学效率

（3）展示过于直观，会限制学生思考的主动性和想象力

（4）削弱了教师与学生之间的面对面交流

（5）其他＿＿＿＿＿＿＿＿＿＿＿＿＿＿

17. 除了传统的学习用具外，您所在的班级有多少学生经常使用电脑、点读机、电子书等电子学习用具？（　　　　　　）

（1）基本没有学生用　　　（2）有少部分学生用

（3）大多数学生都在用　　（4）不清楚

18. 您所在的班级有多少学生经常会用到百科类搜索、在线课堂等网络学习资源？（　　　　　）

（1）基本没有学生用　　　（2）有少部分学生用

（3）大多数学生都在用　　（4）不清楚

19. 您如何看待学生的学习方法？（　　　　　　）（多选）

（1）学习方法很重要，学生应该自主选择最有效的学习方法

（2）学习方法不太重要，学生只要跟上老师的节奏就可以

（3）大部分学生能够灵活地运用各种学习方法

（4）只有少部分学生能够灵活地运用各种学习方法

20. 您就学生的学习方法通常会强调哪些方面？（　　　　）（多选）

（1）在讲课时会经常给学生讲授学习方法

（2）一般不会单独强调学习方法

（3）要求学生课前进行预习，并教给学生预习的方法

（4）要求学生课后进行复习，并教给学生复习的方法

21. 关于教育评价，请您回答下列问题：

	是	否
（1）我认为衡量教师工作成效的主要标准是学生的成绩		
（2）我们学校经常按照教师所教班级学生的成绩评价教师		

22. 您如何看待上课时老师频繁提醒学生"看黑板""拿笔勾画重点""快点把笔记做到书上""写错了，再好好想想""对了，很好"的现象？（　　　　）（多选）

（1）这是老师应该做的，说明老师很负责任

（2）老师是课堂的主人翁，一般老师都会这样做

（3）这是教师权威在课堂渗透的表现

（4）频繁提醒学生会在无意识中培养学生"听从老师"的意识，削弱学生的主体性

23. 您怎样看待学生端坐在长方形的教室里，教师站在讲台上，背对黑板，面对所有学生进行互动的方式？（　　　　）

（1）已经习惯了，没有太在意

（2）这样的教室是一个"与世隔绝"的小空间，师生之间的交往会受限制

（3）这样的空间和布局不会影响师生之间的互动

（4）这样的空间和布局暗示了师生之间的不平等

24. 下面的话语中，哪一句是老师对学生讲得最多的？（　　　　）

（1）今天不好好学习，日后就成不了国家栋梁

（2）如果不努力，就不能成为独立自主的公民走向社会

（3）社会竞争这么激烈，如果不努力，就会被严酷的竞争所淘汰

（4）为了自己的前途，不要怕吃苦，今天努力，以后享福

（5）其他 _____

25. 您平时的工作感受：

	没有过	偶尔如此	时常如此	总是如此
（1）自己的工作是值得从事的、有意义的				
（2）在学校可以自在地工作				
（3）感觉现在工作负荷过重				
（4）感觉各级主管部门的检查是一种负担				
（5）对自己的工作效果产生怀疑，有些力不从心				
（6）曾经对于学生的疑问感到棘手				
（7）自己的教育观念有些混乱				
（8）自己的教育观念与学校的教育方针有些矛盾				
（9）认为自己是胜任教师职业的				

26. 某初中二年级 3 班的同学整体活泼好动，班级的课堂比较活跃，班级的成绩在全年级 7 个班中属于中等水平。L 老师对学生认真负责，每次发现学生犯错都会严厉批评，学生们对他很敬畏，暗地里叫他"法官"；李老师性格开朗，和学生打成一片，学生们亲切地叫她"Angel"（英语"天使"）；班主任张老师经常在课上课下抓住一切机会给学生们讲做人做事的道理，学生们戏称他为"大管家"。请问您更欣赏哪一位教师与学生的交往模式？（　　）

（1）"法官"模式　　（2）"Angel"模式　　（3）"大管家"模式

27. 某初中一年级共有 6 个班级，只有 1 班实行小组合作教学。一个学期下来，比较其他 5 个班而言，1 班的班级活动最多，班级氛围最融洽，班里的同学大多都养成了很强的合作意识。其余 5 个班的同学间相互竞争得比较厉害，同学们在学习成绩上相互较劲，班级整体氛围比较紧张。但是，期中和期末两次考试，1 班的成绩均排在了年级的倒数第二。如果您是 1 班的班主任，是否会考虑放弃小组合作教学模式，并说明理由。（　　）

（1）会考虑放弃，因为小组合作教学会削弱学生间的竞争意识，对提高学习成绩不利

（2）不会考虑放弃，虽然 1 班的成绩暂时落后，但合作精神从长远看有利于学生的成长

（3）不会考虑放弃，会积极寻求在培养学生合作意识的同时培养学生竞争意识的方法

（4）其他 ＿＿＿＿＿＿＿＿＿＿

28．临近期末，某高中二年级 3 班数学课 L 老师听说同年级有的班级数学课占用了综合实践活动课，他也想占用综合实践课为该班的同学们补补数学，于是，他找到本班的综合实践课李老师说明了情况，但李老师有些为难，她解释说，自己好不容易争取到了带领该班同学参加社区两年一次的民俗文化推广活动机会。两位老师一起去找班主任谈话。假如您是班主任老师，您将如何决定？（　　）

（1）为了提高同学们的数学成绩，决定占用

（2）为了让同学们参加民俗文化推广活动，决定不占用

（3）根据本班数学成绩在同年级中的排名情况决定是否占用，若排名靠后，就占用

（4）根据同年级中其他班级的情况决定是否占用，若多数班级已占用，就占用

（5）到班级中征求同学们的意见，根据大多数同学的意见决定是否占用

（6）其他 ＿＿＿＿＿＿＿＿＿＿

29．某高中一年级，每个月都进行测验，并把学生的成绩单张贴在教室里。学生通过成绩单，能够看到自己各科的分数和在全年级的排名，包括总分的排名和各科的排名以及自己的进、退步情况。在一次班会上，王天和刘睿对学校公布学生考试成绩排名表达了截然不同的看法。王天认为，公布学生考试成绩排名虽然有压力，但自己因此有了努力的动力，为了能够每次都有进步，自己不断努力，排名更靠前了。刘睿则认为，学校公布成绩和排名情况很伤自尊心，连续两次都排在倒数几名，都不想再学习了。您如何看待学校公布学生考试成绩排名的做法？（　　）

（1）虽然会伤害少数学生的自尊心，但是可以提高班级的整体成绩，应该提倡

（2）虽然会提高班级的整体成绩，但是会伤害少数学生的自尊心，应该制止

（3）经过其他中学实践，举办月考并公布成绩的做法对提高升学率行之有效，应该提倡

（4）其他_____

30. 有研究者指出，学生是否会运用科学的学习方法进行学习直接影响学生的学习能力和学业成绩水平，并建议开设学习方法课程，为不同阶段的学生讲授不同科目的学习方法。关于他的研究和建议，您如何认识？（　　　　）

（1）同意他的观点，学习方法很重要，学校应该开设专门的课程为学生讲授学习方法

（2）基本同意他的观点，学习方法很重要，但学校不必开设专门的课程讲授学习方法，因为任课老师会在教学的同时讲授该科目的学习方法

（3）基本同意他的观点，学习方法很重要，但应靠学生个人的悟性，而不是靠学校或老师教授

（4）不同意他的观点，学生在学校只要听老师的就行，无须专门考虑学习方法

（5）其他_____

附录 4

A 班学生综合情况调查问卷

问卷编号：【　　　】

亲爱的同学，你好！

感谢你参与这份问卷调查。本次调查主要为了从整体上了解当前中学生学习课堂表现和家校沟通的现状。本次调查仅用于教育研究，不作商业用途，不对外公开。诚恳希望得到同学们真实的回答。调查问卷共 25 个题目，填答问卷需要 20 分钟，问题的答案无所谓对错，请在你认为最恰当的选项上打"√"（多选答案在题目后有注释），请不要漏填。感谢同学们的合作，祝同学们暑假快乐！

1. 课堂上老师的提问中最多的是下列哪一方面的问题？（　　　）

（1）侧重对基础知识的讲解与拓展

（2）侧重对所授内容进行迁移拓展

（3）针对课堂的特点有针对性地设计

（4）（1）和（2）兼而有之

2. 你认为课堂上老师提问较多的是哪些学生？（　　　）

（1）全体学生，机会均等　　　　（2）学困生

（3）中等生　　　　　　　　　　（4）优生

3. 你们的小组中，经常参与回答问题的同学或在讨论中积极发表观点的同学有？（　　　）

（1）全体学生　　　（2）1、2、3 号　　　（3）4、5、6 号

4. 老师教育学生最好的方式是？（　　　）

（1）表扬与批评相结合

（2）学生犯错后立即给予批评或警告

（3）不当众批评同学，私下说服教育

5. 你认为师生关系是否影响到你学习某门课的兴趣？（　　）

（1）很大影响　　（2）有些影响　　（3）没有影响，关键还是靠自己

6. 你对老师联系家长有什么看法？（　　）

（1）很反感，因为老师总是告状

（2）不反感，老师与家长交流更好地促进我成长

（3）无所谓，关键看老师平时对学生的态度

7. 你与大多数老师关系如何？（　　）

（1）很好，我与谁都可以聊得来

（2）一般，有事才会找老师

（3）能不去找老师我就不会去麻烦老师

（4）我对老师没什么好感

8. 你的家长经常问你学校的事情吗？（　　）

（1）经常　　　　　　（2）偶尔　　　　（3）几乎没有

9. 你的生活习惯怎么样？（　　）

（1）自主性强。自己的事情自己做，放学回家后先完成作业，然后才看电视或者玩

（2）自主性弱。自己的事情需要大人督促提醒

（3）时间很紧，反正作业得写，顾不上管其他，家人帮助处理生活问题

10. 每个家庭中家长与孩子的关系模式都不相同，你们家的状况是？（　　）

（1）平等，民主和谐的朋友关系

（2）专制，简单粗暴的长幼尊卑关系

（3）溺爱娇惯关系，事事以孩子为中心，孩子是"小皇帝"或"小公主"

11. 下面这些话中哪几句是你在家经常会听到的？（　　）

（1）考不上大学就扫大街！

（2）这一次考试第几名呢？

（3）为什么在学校打人呢，一定是你的不对。

（4）我这么辛苦赚钱，还不是为了你！

（5）好啦，好啦，有事明天再说，我现在没空！这一次考试第几名呢？

（6）你怎么这么笨啊，教那么多次还是教不会！

（7）你别说，我知道你想什么，还不是……

12. 家人关心孩子成长，是否要以身作则，即要求孩子怎样，自己也要怎样。你的态度是？（　　　）

（1）应该以身作则，如果要求孩子刻苦努力，家长也要勤奋、敬业

（2）要求孩子不要贪玩，自己就不要打麻将到很晚

（3）两码事，家长就这个水平了，保证家庭的经济来源就行了

13. 家人在你心目中的形象接近？（　　　）

（1）裁判　　（2）警察　　（3）严师　　（4）朋友　　（5）保姆

14. 你认为家长批评孩子的哪种方法最有效？（　　　）

（1）摆事实，讲道理　　　　　　　（2）与孩子讨论，允许申辩

（3）暗示、提醒　　　　　　　　　（4）严厉批评直到孩子认错

15. 你在与家人的交流中，觉得最大的困难是什么？（　　　）

（1）与家长有代沟

（2）家长不会耐心倾听自己的心声，听不进去自己的意见

（3）家长不知道怎样告诉孩子如何适应社会

16. 你认为在学校感到痛苦的事情是：（只要情况符合即可选择）如果有其他的，请填写在（其他）项中。

（1）上课时间太长　　　　　（2）课外活动时间太短

（3）和老师交流的时间少　　（4）教学方法单调

（5）教学内容枯燥　　　　　（6）考试频繁

（7）以考试成绩排名　　　　（8）学校里受限制和约束的事太多

（9）没有朋友　　　　　　　（10）在学校里不被重视

（11）学生没有什么痛苦的事　（12）其他＿＿＿＿＿＿

个人信息一览表

姓名		性别		出生日期	
学校		班级		所在小组	
毕业小学		毕业幼儿园			
是否划片入学		是否流动人口			
是否独生子女		是否单亲家庭子女			
是否教师子女		是否留守儿童			
父亲工作性质		母亲工作性质			
其他监护人工作性质					

附录 5

研究图表索引

　* “图绪 – 1”，意为绪论第一图，其余同理。“图 1 – 1”意为第一章第一幅图，“图 1 – 1”的名称为“交往结构模式图”，页码 18 为该图所在页码。其余同理。

序　号	名　　称	页码
表 3 - 5	2012—2013 学年第二学期初一年级排名表表样	123
表 3 - 6	A 班第一次月考成绩单表样	123
表 3 - 7	A 班小组名册	158
表 3 - 8	各组日均分公示	159
表 3 - 9	班务公开本格式	160

附录6

攻读博士学位期间的科研成果

一 参与研究的课题

[1] 教育部人文社会科学一般项目"我国教师文化的民族性研究"（项目编号：11YJA880045）。

[2] 教育部人文社会科学研究规划基金项目"小学教师教学风格研究"（项目编号：14YJA880032）。

二 公开发表的论文

[3]《论交往视域下的教育要素》，《教育科学》2013年第2期。（全国教育类核心，中国人文社会科学核心，RCCSE中国核心，CSSCI来源）

[4]《复杂性思想视域下教师教育观念特质研究》，《教育理论与实践》2014年第8期。（全国中文核心，中国人文社会科学核心，CHSS-CD—2004）

[5]《论教师教育观念的复杂性》，《教学与管理》2014年第4期。

[6]《论学习手段作为教育要素的合理性》，《教育理论与实践》2014年第2期。（全国中文核心，中国人文社会科学核心，CHSSCD—2004）

[7]《教师教育观念形成的社会学解读》，《辽宁师范大学学报》（社会科学版）2012年第2期。（中国人文社会科学核心，中国人文社会科学学报核心，CSA来源）

[8]《论大学教师教育观念的建构途径》，《山西高校社会科学学报》2013年第12期。

[9]《论大学生媒介素养教育中高校媒体的主动建构》，《山西高校社会科学学报》2011年第6期。

参考文献

一 翻译专著

[澳] 迈克尔·A. 豪格、[英] 多米尼克·阿布拉姆斯：《社会认同过程》，高明华译，中国人民大学出版社 2011 年版。

[澳] 乔纳森·H. 特纳：《人类情感：社会学的理论》，孙俊才、文军译，东方出版社 2009 年版。

[澳] 约翰·特纳：《自我归类论》，杨宜音译，中国人民大学出版社 2011 年版。

[巴西] 保罗·弗莱雷：《被压迫者的教育学》，顾建新等译，华东师范大学出版社 2001 年版。

[德] 哈贝马斯：《交往与社会进化》，张博树译，重庆出版社 1989 年版。

[德] 黑格尔：《逻辑学》（下卷），杨一之译，商务印书馆 1976 年版。

[德] 马丁·海德格尔：《存在与时间》，陈嘉映、王庆节译，生活·读书·新知三联书店 1987 年版。

[德] 马克思、恩格斯：《马克思恩格斯选集》第 4 卷，人民出版社 1995 年版。

[德] 马克斯·韦伯：《社会科学方法论》，韩水法等译，中央编译出版社 1999 年版。

[德] 雅斯贝尔斯：《什么是教育》，邹进译，生活·读书·新知三联书店 1991 年版。

[法] 埃德加·莫兰：《方法：思想观念》，秦海鹰译，北京大学出版社 2002 年版。

[法] 埃德加·莫兰：《方法：天然之天性》，吴泓缈、冯学俊译，北京大学出版社 2002 年版。

[法] 埃德加·莫兰：《复杂思想：自觉的科学》，陈一壮译，北京大学出

版社 2008 年版。

［法］埃德加·莫兰：《复杂性理论与教育问题》，陈一壮译，北京大学出版社 2004 年版。

［法］埃德加·莫兰：《复杂性思想导论》，陈一壮译，华东师范大学出版社 2008 年版。

［法］米歇尔·福柯：《规训和惩罚》，刘北成、杨远缨译，生活·读书·新知三联书店 2007 年版。

［法］利奥塔：《非人——时间漫谈》，罗国祥译，商务印书馆 2000 年版。

［加］马克斯·范梅南：《教学机智——教育智慧的意蕴》，李树英译，教育科学出社 2001 年版。

［古希腊］亚里士多德：《尼各马可伦理学》，苗力田译，中国社会科学出版社 1990 年版。

［美］C. 赖特·米尔斯：《社会学的想象力》，陈强、张永强译，生活·读书·新知三联书店 2010 年版。

［美］布鲁克菲尔德：《批判反思型教师 ABC》，张伟译，中国轻工业出版社 2002 年版。

［美］彼得·M. 布劳：《社会生活中的交换与权利》，李国武译，商务印书馆 2012 年版。

［美］菲利普·津巴多、迈克尔·利佩：《态度改变与社会影响》，邓羽译，人民邮电出版社 2007 年版。

［美］费斯勒、克里斯坦森：《教师职业生涯周期：教师专业发展指导》，董丽敏、高耀明等译，中国轻工业出版社 2005 年版。

［美］赫伯特·马尔库塞：《单向度的人：发达工业社会意识形态研究》，刘继译，上海世纪出版集团 2011 年版。

［美］霍恩：《杜威的教育目的述评》（上），吴志宏、马容根译，人民教育出版社 1985 年版。

［美］理查德·迈·英格索：《谁控制了教师的工作》，庄瑜译，华东师范大学出版社 2009 年版。

［美］帕克·帕尔默：《教学勇气》，吴国珍等译，华东师范大学出版社 2011 年版。

［美］乔治·H. 米德：《心灵、自我与社会》，赵月瑟译，上海译文出版社 2005 年版。

［美］约翰·杜威：《民主主义与教育》，王承绪译，人民教育出版社
　　2010 年版。

［美］约翰·杜威：《我们怎样思维·经验与教育》，姜文闵译，人民教育
　　出版社 1991 年版。

［美］詹姆斯·汉斯林：《社会学入门：一种现实分析方法》，林聚仁译，
　　北京大学出版社 2007 年版。

［日］横山宁夫：《社会学概论》，毛良鸿等译，上海译文出版社 1983
　　年版。

［日］筑波大学教育学研究会：《现代教育学基础》，钟启泉译，上海教育
　　出版社 1986 年版。

［日］佐藤学：《学校的挑战——创建学习共同体》，钟启泉译，华东师范
　　大学出版社 2011 年版。

［苏］苏霍姆林斯基：《给教师的建议》，杜殿坤译，教育科学出版社
　　1984 年版。

［瑞士］皮亚杰：《发生认识论原理》，王宪钿译，商务印书馆 1985 年版。

［苏］彼得罗夫斯基·A. B.，施巴林斯基·B. B.：《集体的社会心理学》，
　　卢盛忠译，人民教育出版社 1984 年版。

［苏］苏霍姆林斯基：《学生的精神世界》，吴春萌、林程译，教育科学出
　　版社 1981 年版。

［英］怀特海：《教育的目的》，徐汝舟译，生活·读书·新知三联书店
　　2002 年版。

二　其他翻译文献

国际 21 世纪教育委员会：《学习——内在的财富》，教育科学出版社 1997
　　年版。

［加］约翰·华特生：《康德哲学原著选读》，韦卓民译，华中师范大学出
　　版社 2000 年版。

联合国教科文组织国际教育发展委员会：《教育——财富蕴藏其中》，教
　　育科学出版社 1996 年版。

联合国教科文组织国际教育发展委员会：《学会生存——教育世界的今天
　　和明天》，教育科学出版社 1996 年版。

［瑞典］T. 胡森编：《教学》，西南师范大学出版社 2011 年版。

［瑞典］T. 胡森编：《教育社会学》，西南师范大学出版社 2011 年版。

［瑞典］T. 胡森编：《教育心理学》，西南师范大学出版社 2011 年版。

［瑞典］T. 胡森编：《教育大百科全书》第 8 卷，张斌贤等译，海南出版社 2006 年版。

三　中文专著

陈向明：《质的研究方法与社会科学研究》，教育科学出版社 2010 年版。

陈晏清等：《马克思主义哲学高级教程》，南开大学出版社 2001 年版。

丁钢：《声音与经验：教育叙事研究》，教育科学出版社 2008 年版。

丁钢：《中国教育的国际研究》，上海教育出版社 1996 年版。

丁水木、张绪山：《社会角色论》，上海社会科学院出版社 1992 年版。

费孝通：《乡土中国》，上海人民出版社 2007 年版。

傅道春：《教学行为的原理与技术》，教育科学出版社 2008 年版。

傅道春：《新课程中课堂行为的变化》，首都师范大学出版社 2002 年版。

江文瑜：《口述史法》，巨流图书公司 1996 年版。

李德显、杨淑萍：《日本教师文化研究》，辽宁大学出版社 2008 年版。

厉以宁：《西方教育社会学文选》，五南图书有限出版公司 1992 年版。

林清江：《教育社会学》，复文图书出版社 1978 年版。

卢乃桂、操太圣：《中国教师的专业发展与变迁》，华东师范大学出版社 2008 年版。

鲁洁：《教育社会学》，人民教育出版社 1990 年版。

任平：《交往实践的哲学：全球化语境中的哲学视域》，云南人民出版社 2003 年版。

任平：《走向交往实践的唯物主义》，人民出版社 2003 年版。

沙莲香编：《社会心理学》，中国人民大学出版社 2002 年版。

台湾师大教育研究所：《教育社会学》，复文图书出版社 1979 年版。

王枬：《教师发展：从自在走向自为》，广西师范大学出版社 2008 年版。

文崇一、萧新煌：《中国人观念与行为》，中国人民大学出版社 2012 年版。

吴康宁：《教育社会学》，人民教育出版社 2001 年版。

吴康宁等：《课堂教学社会学》，南京师范大学出版社 1999 年版。

奚从清：《角色论——个人与社会的互动》，浙江大学出版社 2010 年版。

谢维和：《教育活动的社会学分析》，教育科学出版社 2000 年版。

杨耕：《为马克思辩护：对马克思哲学的一种新解读》，北京师范大学出版社 2004 年版。

杨国枢：《中国人的价值观——社会科学的观点》，中国人民大学出版社 2013 年版。

杨国枢：《中国人的心理》，中国人民大学出版社 2012 年版。

叶澜、白益民、王枬、陶志琼：《教师角色与教师发展新探》，教育科学出版社 2001 年版。

叶澜：《"新基础教育"论——关于当代中国学校变革的探究与认识》，教育科学出版社 2006 年版。

叶澜：《教育概论》，人民教育出版社 2003 年版。

中共中央马克思恩格斯列宁斯大林著作编译局：《马克思恩格斯选集》第 1 卷，人民出版社 2012 年版。

周南照等：《教师教育改革与教师专业发展：国际视野与本土实践》，华东师范大学出版社 2007 年版。

周晓红：《现代社会心理学——多维视野中的社会行为研究》，上海人民出版社 1997 年版。

周艳：《教育社会学与教师研究》，华中科技大学出版社 2008 年版。

四　中文期刊

［法］埃德加·莫兰：《论复杂性思维》，《江南大学学报》（人文社会科学版）2006 年第 5 期。

蔡敏：《突破学生评价改革的瓶颈》，《教育测量与评价》（理论版）2011 年第 12 期。

陈大超、郑天坤：《走向交往实践的教育管理》，《教育科学》2005 年第 6 期。

丁钢：《教育与日常实践》，《教育研究》2004 年第 2 期。

董奇、赵德成：《发展性教育评价的理论与实践》，《中国教育学刊》2003 年第 8 期。

高潇怡、庞丽娟：《论教师教育观念的本质和结构》，《社会科学战线》2009 年第 3 期。

郭元祥：《课程观的转向》，《课程·教材·教法》2001 年第 6 期。

扈中平：《教育目的中个人本位论与社会本位论的对立与历史统一》，《华南师范大学学报》（社会科学版）2000 年第 2 期。

姜美玲：《课程改革情境中的教师信念与教学实践：一项叙事探究》，《当代教育科学》2005 年第 10 期。

金生鈜：《"规训化"教育与儿童的权利》，《教育研究与实验》2002 年第 4 期。

库姆斯：《师范教育的新设想》，《华东师范大学学报》（教育科学版）1989 年第 4 期。

李德显、韩彩虹：《成绩本位教师文化分析》，《全球教育展望》2008 年第 12 期。

李德显、李海芳：《论交往视域下的教育要素》，《教育科学》2013 年第 2 期。

李海芳、李德显：《复杂性思想视域下教师教育观念的特质研究》，《教育理论与实践》2014 年第 9 期。

李召存：《关于教育观念的理论思考》，《教育理论与实践》2002 年第 6 期。

林崇德：《教师素质的构成及其培养途径》，《中国教育学刊》1996 年第 6 期。

刘劲杨：《构成与生成——方法论视野下的两种整体论路径》，《中国人民大学学报》2009 年第 4 期。

庞丽娟、叶子：《论教师教育观念与教育行为的关系》，《教育研究》2000 年第 7 期。

裴娣娜：《对教育观念变革的理性思考》，《教育研究》2001 年第 2 期。

王策三：《认真对待"轻视知识"的教育思潮——再评由"应试教育"向素质教育转轨提法的讨论》，《北京大学教育评论》2004 年第 3 期。

王小棉：《论教师隐性教育观念的更新》，《教育研究》2003 年第 8 期。

谢维和：《班级：社会组织还是初级群体》，《教育研究》1998 年第 11 期。

辛涛、申继亮：《论教师的教育观念》，《北京师范大学学报》（社会科学版）1999 年第 1 期。

杨启亮：《教师专业发展的几个基础性问题》，《教育发展研究》2008 年第 12 期。

杨启亮：《转变教学观念的问题与思考》，《教育科学》2000 年第 2 期。

杨宜音：《社会心态形成的心理机制与效应》，《哈尔滨工业大学学报》（社会科学版）2012 年第 11 期。

叶澜：《更新教育观念，创建面向 21 世纪的新基础教育》，《中国教育学刊》1998 年第 2 期。

叶澜：《重建课堂教学价值观》，《教育研究》2002 年第 5 期。

易凌云、庞丽娟：《教师教育观念的内涵、结构与特征的思考》，《教师教育研究》2004 年第 3 期。

于伟：《教育观的现代性危机与新路径初探》，《教育研究》2005 年第 3 期。

张人杰：《教师专业化：亟需更深入研究的若干问题》，《比较教育研究》2005 年第 9 期。

赵昌木：《教师成长：角色扮演与社会化》，《课程·教材·教法》2004 年第 4 期。

赵昌木：《教师成长：实践知识和智慧的形成和发展》，《教育研究》2004 年第 5 期。

郑金洲：《教育观念的世纪变革》，《集美大学学报》2003 年第 3 期。

钟启泉、姜美玲：《新课程背景下教学改革的价值取向及路径》，《教育研究》2004 年第 8 期。

朱宁波：《新课程与教师专业成长》，《教育科学》2004 年第 6 期。

朱小蔓：《谈谈"教师专业化成长"》，《南通师范学院学报》（哲学社会科学版）2001 年第 1 期。

五　政策与法律

第八届全国人民代表大会常务委员会第四次会议：《中华人民共和国教师法》，1993—10—30.

第八届全国人大第三次会议：《中华人民共和国教育法》，1995—3—18.

中华人民共和国教育部：《基础教育课程改革纲要（试行）》，2001—06—08.

中华人民共和国教育部：《中小学教师职业道德规范》，2014—07—04.

中华人民共和国教育部：《国家中长期教育改革和发展规划纲要（2010—2020 年）》，2010—7—29.

六 中文其他文献

顾明远编：《教育大辞典》第 6 卷，上海教育出版社 1992 年版。

李淮春编：《马克思主义哲学全书》，中国人民大学出版社 1996 年版。

李行健编：《现代汉语规范词典》，外语教学与研究出版社 2004 年版。

李亦园、杨国枢编：《中国人的性格》，中国人民大学出版社 2012 年版。

夏征农编：《辞海》，上海辞书出版社 1999 年版。

王康编：《社会学词典》，山东人民出版社 1988 年版。

张人杰编：《国外教育社会学基本文选》，华东师范大学出版社 2009
年版。

中央教育科学研究所比较教育研究室：《简明国际教育百科全书·教学》
（下），教育科学出版社 1990 年版。

中央教育科学研究所比较教育研究室编译：《简明国际教育·人的发展》，
教育科学出版社 1989 年版。

七 学位论文

胡娟：《幼儿教师的儿童观研究》，博士学位论文，北京师范大学，
2002 年。

鞠玉翠：《教师个人实践理论的叙事探究》，博士学位论文，华东师范大
学，2003 年。

李家黎：《教师信念的文化研究》，博士学位论文，西南大学，2009 年。

吕国光：《教师信念及其影响因素研究》，博士学位论文，西北师范大学，
2004 年。

王丽华：《教师意识研究》，博士学位论文，华东师范大学，2009 年。

赵昌木：《教师成长研究》，博士学位论文，西北师范大学，2003 年。

周贵礼：《论当代教师思维方式变革》，博士学位论文，华中师范大学，
2011 年。

周海玲：《制度下的教师文化》，博士学位论文，华东师范大学，2005 年。

八 外文文献

Ambrose, R., *Catalyzing Change in Preservice Teachers' Beliefs: Effects of the Mathematics Early Field Experience*, Paper presented at the annual meeting of the American Educational Research Association, 2001.

Burden, P. R. , *The teachers' perceptions of the characteristics and influences on their personal and professional development*, Dissertation abstracts international, 5404A, 40 , 1980.

Bussis, A. M. , & Chittenden, E. A. , & Amarel, M, *Beyond Surface Curriculum: An Interview Study of Teachers'Understandings*, Boulder, CO: Westview Press, 1976.

Calderhead, J. , *Teachers: Beliefs and Knowledge*, Handbook of Educational Psychology, 1996.

Clandinin, D. J. & Connely, F. M. , *Personal experience methods*, Collecting and interpreting qualitative materials , 1994.

Cruickshank, D. R. & Callahan, R. , "The other side of the desk: Stages and problems of teacher development", *The Elementary School Journal*, 1983.

Dworkin, A. G. & Haney, C. A. & Dworkin, R. J. & Telschow, R. L. , " Stress and illness behavior among urban public school teachers ", *Educ. Admin*, Vol. 26, No. 1 , 1990.

Echterhoff, G. , *Shared Reality Theory*, Handbook of Theories of Social Psychology, 2012.

Eco, U. , Reply. In S. Collini (Ed.), *Interpretation and over interpretation*, Cambridge, UK: Cambridge University Press, 1992.

Epstein, J. L. , *School/Family/Community partnerships: Caring for the Children We Share*, Phi Delta Kappan, 1995.

Fuller, F. & Bown, O. , "Becoming a teacher. In K. Ryan (Ed.)", *Teacher education* (The 74th yearbook of the study of education), 1975.

Fuller, F. , "Concerns of teachers: A developmental conceptualization", *American Educational Research Journal*, Vol. 6, No. 2, 1969.

Geeas, V. , "Contexts of socialization. In Rosenberg M. Tuener R H (eds.)", 1981 Social Psychology: Sociological Perspectires. Basic Books, 1981.

Goetz, J. & Le Compte, M. , *Ethnography and Qualitative Design in Educational Research*, Orlando, FL: Academic Press, 1984.

Gross, N. & Herriott, R. E. & Staff. *Leadership in Public School*. Hoboken, NJ: Wiley, 1965.

Hall, G. & Hord, S. M. , *Changes in Schools: Facilitating the Process*, Albany, NY: SNUY Press. 1987.

Hammersley, M. & Atkinson, *Ethnography: Principle in Practive*, London & New York: Routledge, 1983.

Hargreaves, A. , *Changing Teachers, Changing Time: Teachers Work and Cultures in the Postmodern Age*, London: Cassell, 1993.

Hargreaves, D. , *Interpersonal Relations and education.* London: RKP. , 1972.

Huberman, M. & Grounauer, M. & Marti, J. translated by Neufeld, J. , *The lives of teachers*, New York: Teachers' College Press, 1993.

Lacey, C, *The Socialization of Teachers*, London: Methuen and Co. Ltd. , 1977.

Lortie, D. C. , *Schoolteacher: A Sociological Study*, Chicago, IL: University of Chicago Press, 1975.

Maslach, C. & Jackson, S. , "The measurement of experienced burnout. " Journal of Occupational Behaviour, 1981.

National institute of education, *Beginning teachers and internship programs* (R. F. P. NO. 78 - 0014), Washington, D. C. : NIE, 1978.

Nespor, J. , "The Role of Beliefs in the Practice of Teaching", *Curriculum Studies*, Vol. 19, No. 4, 1987.

Pajares, F. , "Teacher's Beliefs and Educational Research: Cleaning up a Messy Construct", *Review of Educational Research*, Vol. 62, No. 3, 1992.

Polanyi, M. , *Personal Knowledge: Toward a Post - Critical philosophy*, Chicago: University of Chicago Press, 1958.

Rosenshine, B. V. , "Synthesis of Research on Explicit Teaching", *Educational Leadership*, No. 53, 1986.

Siles, P. et al, *Teacher Careers: Crisis and continuities*, Lewes, UK: Falmer Press, 1985.

Veenman, S. , "Perceived problems of beginning teachers" *Review of educational research*, Vol. 54, No. 2, 1984.

Viney, L. L & Bousfield, L. , "Narrative Analysis: A Method of Psychosocial Research for Aids - Affected People", *Social Science and Medicine*, Vol. 32, No. 7, 1991.

后　记

　　所有的研究都是一场际遇吧？我从小就向往能当一名教师，在报考大学志愿时身不由己地学习了金融，考取研究生时却毅然选择了教育学，渴望毕业后能成为一名教师。读硕期间，关注点始终围绕着教师文化。毕业后，如愿进入高校做了一名大学教师，梦想像恩师一样，谦和、从容，与学生分享自己的思想。渐渐发现，如果想要与学生分享更多，自己需要更深刻地成长，遂下定决心要继续读书，做一名优秀的教师。梦想是会成长的吧，一步接着一步。

高山仰止

　　攻读博士的经历一定是每个经历过的人毕生的财富，要多珍贵有多珍贵。我想说的是它对于我的特殊意义。十余年前，师从恩师时，自己功底浅薄，无知无畏，承蒙恩师循循善诱，自己亦步亦趋，迎着风雨，用尽力气，获得了第一次蜕变。只是当时懵懵懂懂，并未觉得蜕变的痛楚。这次有幸再次回到恩师身边，聆听恩师教诲，切切实实感受到了成长的痛楚，就像夜里竹子拔节时发出的声响。面对自己的愚钝与后知后觉，恩师给予了无限的包容与鼓励。高山仰止，景行行止，虽不能至，然心向往之。对于恩师，这是自己读博以来最真切的心声。恩师李德显与师母杨淑萍给予我的信任、鼓励与关爱是我毕生的财富。

　　感谢辽宁师范大学教育学院的所有导师，感谢傅维利教授、张桂春教授、朱宁波教授、杜岩岩教授、蔡敏教授、杨晓教授、陈大超教授！他们心系教育的热忱、高瞻远瞩的视界、严谨治学的学风深深地影响着我。感谢我们的辅导员陈英宝老师，为我们每一个人的成长不辞辛苦，默默地付出。

侧耳倾听

这是自己第一次进到课堂做观察，以前读叶澜老师的文章，倡导要让课堂焕发生命的活力，该论断已足以让我倾心，甚至欢欣鼓舞了，没想到真正到了课堂，那伴着欢笑和泪水的体验，感性迸发与理性约束的较量，才真正令人着迷甚至痴狂。在整理资料的过程中，这些体验一次次重新拥抱我，给我感动的同时更让我深思。那些教师，他们在教育的最前线，他们是教育改革的亲历者，日复一日，年复一年，窗外阳光明媚，枝条黄了又绿，他们在教室里默默书写自己的教育人生。很想邀请每一位教育研究者走到课堂里去。因为，如果我们侧耳倾听，每一份问卷后都有一个生命在述说，每一则故事都是一首诗歌。课堂观察临近结束时，A班的同学专门拍了一张合影给我，在合影的背面，每位同学都签了名；在调查问卷中，许多问卷上教师都批注了对具体问题的更为细致的感想和看法。这次研究，本质上是一次生命意义的交流。最初，我只是作为研究者进行关注，关注被时代洪流裹挟的个体生命，如实地记录社会转型进程中普通教师教育观念的发展。最后，获得的却是与教师、学生的生命意义上的沟通和交流。

理论力量

这是自己第一次如此痴迷于理论，对于社会心理学，对于复杂性思想，由不知所云到一知半解，由模模糊糊到逐渐清晰，简直为它们"着了魔"。前者关注个体如何在受他人影响的同时又超越羁绊缔造丰腴的生命，后者则是一种美丽的、迷人的、甚至诱人的理论，让我超越二元对立的思维，重新认识和把握事物的不确定性。它们对于我的启示，远远超出文本分析本身的价值。

风雨同行

攻读博士这一路走来，想要感谢的人太多，家人、师长、朋友、同学、同事，如若没有他们的支持与鼓励，我无论如何也不能走到现在。此刻，想对他们说，感谢一路有你，感谢风雨同行，想要好好陪伴他们，像他们爱我一样爱他们，像他们给我力量一样给他们力量。想要陪他们看每一个日出，一边是海，一边是山，中间是郁郁的绿和蝉的歌。

玉兰花开

毕业论文的交付是对自己学生时代的一种郑重告别。"We learn to do things by doing them"，这是亚里士多德在《尼各马可伦理学》中的一个重要论断，直译过来是"我们在做事的过程中学会做事"，攻读博士就是这样的一个历程吧，我们在读书的过程中学会读书，在研究的过程中学会研究。自己曾在日记中写道"距离博士毕业的日子越来越近了，心下开始舍不得。曾经是多么心向往之，置身其中却又倍感煎熬，还没结束却已开始了万般不舍的生活！"乍听是多么矛盾啊，但却是这样的真实！毕业越来越近了，我亦是越来越不舍！

3月，图书馆前的玉兰含苞待放；4月时，白的、粉的、紫的各种花大朵大朵绽开，图书馆完全掩映在花海里；如今，5月了，玉兰新生的果实和嫩叶，沐浴着初夏明媚的阳光，安静地生长。

李海芳

2015 年 5 月 26 日